主办：江苏师范大学哲学范式研究院
原中共中央编译局江苏师范大学发展理论研究中心

当代中国马克思主义哲学研究

Marxist Philosophical Researches in
Contemporary China

2022

【总第 9 辑】

主　编／曹典顺
副主编／冯建华（执行）　靳书君

中央编译出版社
Central Compilation & Translation Press

《当代中国马克思主义哲学研究》

学术委员会主任：陈先达

学术委员会：（按姓氏笔画排列）

丰子义　王南湜　孙正聿　刘森林　刘陆鹏

张一兵　杨　耕　陈先达　陈　忠　杨金海

汪信砚　吴晓明　李景源　欧阳康　郝立新

学 术 顾 问：任　平
主　　　编：曹典顺
副 主 编：冯建华（执行）　靳书君
编 委 会：曹典顺　冯建华　靳书君　张丽霞　卞伟伟
本期执行编辑：张丽霞

主办单位：江苏师范大学哲学范式研究院
　　　　　　原中共中央编译局江苏师范大学发展理论研究中心

江苏师范大学哲学范式研究院

研究院顾问

任平,教授,哲学博士,博士生导师,江苏师范大学前校长。中央"实施马克思主义理论与建设工程"专家,江苏省社科名家,国家哲学社会科学基金项目评审专家,中国辩证唯物主义研究会副会长、中国马哲史学会马恩哲学思想研究分会会长,中国社会科学评价研究院马克思主义理论期刊评价专家委员会主任。

研究院院长

曹典顺,教授,哲学博士,博士生导师。中宣部"四个一批"理论人才,国家"万人计划"哲学社会科学领军人才,江苏省"333工程"一层次中青年首席科学家,国家社科基金同行评议专家。兼任中国马哲史学会马恩哲学思想研究分会副会长,中国马克思恩格斯研究会常务理事,江苏省马克思主义理论研究会副会长。

研究院简介

江苏师范大学哲学范式研究院，成立于 2018 年，其前身为江苏师范大学哲学范式研究中心，现顾问是任平教授，院长为曹典顺教授。哲学范式研究院拥有校内和校外研究人员 26 人。哲学学科以哲学范式研究院为依托，在学科带头人曹典顺教授带领下，连续获得江苏省十三五、十四五重点学科，已成为江苏省哲学研究重镇，并在全国产生较大学术影响，哲学团队获批 2017 年江苏高校哲学社会科学优秀创新团队。

哲学范式研究院立足中国马克思主义哲学的范式建设研究，围绕马克思主义哲学研究范式创新、唯物史观与中国特色社会主义道路研究，唯物史观出场史研究等领域展开了广泛而深入的研究，获批国家社科基金重大、重点、一般、青年、后期资助项目 20 余项，在《中国社会科学》《哲学研究》《马克思主义研究》《马克思主义与现实》等权威刊物上发表了一系列高水平的学术成果，获得教育部人文社科优秀成果二、三等奖各 1 项，江苏省哲学社科成果一、二、三等奖共 6 项。

哲学范式研究院一方面立足于已有基础，继续发挥既有特色优势，争取建立当代中国马克思主义哲学研究的"评价中心"；另一方面，进一步拓宽研究思路与视野，更新研究方法与观念，加强与哲学界的交流，争取成长为有一定影响力、特色鲜明的马克思主义哲学"交流中心"。

哲学范式研究院分别于 2011 年、2013 年、2015 年、2017 年、2019 年、2022 年成功举办"中国马克思哲学高峰论坛（2011）""中国马克思哲学高峰论坛（2013）""中国马克思哲学高峰论坛（2015）暨中美哲学家论坛""中国马克思哲学高峰论坛（2017）""中国马克思哲学高峰论坛（2019）""中国马克思哲学高峰论坛（2022）"。国内外众多知名专家学者云集论坛，《光明日报》理论版、《中国社会科学报》《哲学动态》刊登论坛研究综述或专题报道，在国内外产生一定的学术影响。

以范式建设研究推进新时代中国马克思主义哲学的创新发展

——《当代中国马克思主义哲学研究 2022》序

自 2012 年创刊以来，《当代中国马克思主义哲学研究》辑刊已经走过了十个年头。其间，《当代中国马克思主义哲学研究》辑刊同步、同态、同构地记录、反映和表达着中国马克思主义哲学在哲学范式建设方面的研究状况、研究前沿和研究成果，辑刊的主办者江苏师范大学哲学范式研究院也已经发展成为积极评价全国马克思主义哲学创新见解的学术基地和文献基地。

伴随着马克思主义哲学中国化实践的不断深入，尤其是党的十八大以来，中国进入了中国特色社会主义新时代，马克思主义哲学研究的各种思想体系更加成熟，进一步从哲学角度进行中国马克思主义哲学范式建设研究的意义凸显，越来越成为推进中国马克思主义哲学创新发展不可或缺的研究领域。我们认为，新时代中国马克思主义哲学的范式建设研究应该包含五个基本领域，即新时代中国马克思主义哲学范式建设的问题意识研究、新时代中国马克思主义哲学范式建设的方法论根据研究、新时代中国马克思主义哲学范式建设的学派及其发展研究、新时代中国马克思主义哲学范式建设的实践逻辑研究和新时代中国马克思主义哲学范式建设的理论创新成果研究。在《当代中国马克思主义哲学研究》辑刊的下一个十年，将围绕这些研究领域，继续设置"范式专题"

"专家评论""学术视点""发展理论"和"中国道路"等五个栏目。"范式专题"属于新时代中国马克思主义哲学范式建设意义上的哲学基础理论问题研究,"专家评论"属于新时代中国马克思主义哲学范式建设意义上的热点问题研究,"学术视点"属于新时代中国马克思主义哲学范式建设意义上的哲学基础理论问题研究,"发展理论"属于新时代中国马克思主义哲学范式建设意义上的社会哲学问题研究,"中国道路"属于新时代中国马克思主义哲学范式建设意义上的政治哲学问题研究。这就意味着,《当代中国马克思主义哲学研究》辑刊的论文,就是江苏师范大学哲学范式研究院学术团队所承担的国家社会科学基金哲学社会科学领军人才项目(名称为"新时代中国马克思主义哲学的范式建设研究")的研究成果。

自 2020 年以来,新冠疫情蔓延全球,成为多元文化协同发展机制中的变量,社会生活似乎在发生彻底改变,尤其是在网络媒介信息传播的助推下,一些闻所未闻的新事物在动摇着人类的旧有习惯、生活观念与生活方式,不同文化之间的对立与冲突加剧,人类前所未有地需要先进思想的引领。在这一整体时代语境下,中国马克思主义哲学的研究者不仅需要满怀热情地捍卫马克思主义经典思想,反思如何保持先进理论惯性,而且需要以理论关切现实的自觉创新学术发展,在聚焦实践的努力中守正创新。从哲学范式映照社会历史的学术视野中理解,当代中国马克思主义哲学研究的核心要义在于,对当代中国实践智慧准确给出哲学表达,不仅能够传承马克思主义哲学理论的"硬核",以深度解释中国革命、建设与发展的历史,彰显马克思主义哲学的实践哲学特质和优势,而且能够聚焦中国现代化的实践,以方法论意识的自觉,深入拓展马克思主义哲学理论的辩护边界,书写当代社会发展的历史逻辑、理论逻辑与实践逻辑。从应该守正创新的意义视角理解,中国马克思主义哲学又可以称之为当下中国的哲学史,能够帮助人们树立道路自信、理论自信、制度自信和文化自信。当然,它更应该是以哲学"爱智"精神站在思想高地、引领中国当代改革发展的原创性思想源泉,即能够帮助人们总结和解释"中国式现代化"的生成与发展，为中华民族伟大复兴贡献理论智慧。

作为中国马克思主义哲学范式建设研究的主要参与者与见证者，我们深知凝练和准确回答中国马克思主义哲学范式创新发展问题是一项十分艰巨的任务，也非常欣喜地发现，我们在问题意识导引下的马克思主义哲学范式图谱研究得到越来越多同行的广泛参与和关注，其理论贡献及其辐射影响日趋明显，并且成为中国马克思主义学派进一步走向成熟的重要标识。本辑的出版，正是以新时代中国马克思主义哲学的范式建设问题为总揽，以五个专题栏目聚焦基础理论创新和当代中国发展的逻辑，呈现学界关于新时代中国马克思主义哲学范式建设研究的前沿成果。

从哲学研究的传统来看，解决关于范式建设的认识论问题，需要从深入反思和完善其本体论预设的努力中获得思想的灵感。《中国马克思主义哲学基础理论创新的问题意识》聚焦中国马克思主义哲学自身发展所需的基础理论创新问题，从检视中国马克思主义哲学概念框架体系的本体地位入手，解析马克思主义哲学的发展何以需要中国马克思主义哲学的基础理论创新，由此系统地论证中国马克思主义哲学基础理论创新的内涵及要求。文中提出，中国马克思主义哲学必须实现基础理论的自我创新，其努力不仅是马克思主义哲学创新的理论标识，是中国马克思主义哲学实现自身理论确证的必要前提，也是中国马克思主义哲学在"理论逻辑"意义上实现自身发展的理论基础。这一系列论断秉承以"元哲学"分析把握基础理论创新问题的立场，阐明了从社会基本矛盾、资本功能、共产主义、真理标准等方面论证中国马克思主义哲学认知意蕴的可行性与必然性。该文是作者从问题意识导向入手对新时代中国马克思主义哲学基础理论创新的独立思考，也是作者立足讲好"中国故事"、创新新时代中国马克思主义哲学范式研究的最新探索，具有从基础理论创新认知要素及其关联角度把握新时代中国马克思主义哲学研究的建设性意义。

"范式专题"栏目在本辑共推出八篇文章，以反映近两年来中国马克思主义哲学各研究范式的动态，推介创新成果，帮助学界整体掌握基于方法论自觉的新时代中国马克思主义哲学前沿进展。《唯物史观东方逻辑史：马克思东方社会理论史研究的新方向》关注出场学视域中唯物史观东方逻辑史，文中追溯马克思晚年东方理论的出场学意蕴，在系统梳理出场学视域下唯物史观生成逻辑研究动向的基础上，提出从反思理论前提的角度将唯物史观东方逻辑史分为"开端""深化"和"升华"三个阶段，以此揭示唯物史观东方逻辑各出场形态何以承袭、发展马克思晚年东方理论，论证唯物史观东方逻辑是坚持唯物史观"历史科学"本性和"历史与逻辑相一致"原则的必然产物。《马克思主义哲学文本文献学视阈的唯物史观东方逻辑理论》致力于探讨唯物史观东方逻辑理论的存在、来源及其辩护，该文采用文本—文献学的视阈和方法解析唯物史观东方逻辑理论何以是马克思对唯物史观的全新范式理解，从研究社会形态结构、社会发展趋势和现实生活世界三个方面，深描唯物史观东方逻辑理论的基本架构，阐释该理论范式在解释社会形态差异性存在、发展道路与生活实践等方面的理论魅力。以上两篇文章均有发掘马克思主义哲学基础理论创新方面的深入思考，显示出哲学范式研究在方法论自觉维度的研究优势。《马克思主义哲学对话范式中的梅洛-庞蒂辩证法与马克思辩证法》探讨梅洛-庞蒂何以继承和发展了马克思的历史生成辩证法，其说理细致入微，并且阐释了梅洛-庞蒂辩证法之于当代中国马克思主义哲学研究的意义。《马克思主义辩证法原理演进的研究范式》总结出辩证法研究在我国的三个递进演进范式，以结合"内史"和"外史"的态度解读我国辩证法理论研究的进阶，理出了当代中国辩证法研究"时代性范式"的出场逻辑及发展趋势，读来颇有启发。《思想阐释、方法运用与体系构建：部门哲学范式研究的推进与拓展》回顾部门哲学范式研究在近两年（2020—2021）的进展，将已有努力总结为三个方面，并针对创新和发展部门哲学范式研究所需解决的基本问题，提出提升思想原创性比重、彰显中国主体性原则以及克服研究"碎片化"等系列主张，新意莹然。《马克思主义哲学中国化范式研究的逻辑叙事评述（2020—2021）》对两年来马克思主义哲学中国化范式研究的微观叙事与总体逻辑做出梳理和总结，并提出深化中国马克思主义哲学中国化范式研究的建议，值得一读。《以时代问题引领马克思主义哲学的创新》回望近两年来"反思的问题学"进展及出场成果，这是作者对"反思问题学"范式研究前沿动向的年度续写，再次展现了从范式出场角度认识和评价中国马克思主义哲学学术前沿的方法论优势。《论"两个史观"的出场逻辑》研究"两个史观"的出场逻辑，其主要目的在于给出一个贯通"唯物史观"与"正确党史观"的方法论路径：通过阐释"物"与"法"的具体化运用，厘清"思"与"史"辩证循环，在统一"物"与"法"的基础上融合"思"与"史"的循环，以此来理解历史场域的现实性和出场逻辑。

本辑"专家评论"栏目主要关注中国马克思主义哲学在解释"中国式现代化"方面的出场与贡献，推出两位专家的力作。《论全面认识"中国式现代化新道路"的出场逻辑》沿用其出场学理论研究模式，以方法论自觉统领关于中国式现代化的哲学分析，以关切当代中国马克思主义哲学实践智慧的理论自觉，即从历史逻辑、现实逻辑、理论逻辑与文明逻辑等多个维度入手，系统地呈现"中国式现代化新道路"的出场。众所周知，任平教授在当代中国马克思主义哲学多个领域都提出有重大影响的原创性思想，他注重以方法论创新聚焦当代中国发展实际，理论成果视野雄阔，见地深刻，一直是学界继往开来、守正创新的榜样。该文围绕解析"中国式现代化新道路"之"新"在何处展开，对"走自己的路""两个大局""文明互鉴""新时代中国方案"等关切续写中国式现代化的主题做出了深入、系统的阐释，递进地回答、论证了"人类文明新形态"何以是历史的必然，具有启示学界新时代中国特色社会主义思想研究的重要意义。

《中国教育现代性与中国式教育现代化的哲学基础》论证中国式教育现代化的哲学基础在于中国教育现代性，这是国家社科基金重大项目"改革开放以来中国特色社会主义的发展逻辑研究"系列成果的续写，是着力于从教育实践视角诠释改革开放以来中国社会发展逻辑的又一成果。该文依据中国现代性的建构逻辑解释中国式教育现代化的哲学基础，从界分中国教育现代性的认知要素入手，从中国式教育现代化的哲学目标、哲学根据与哲学理想等角度系统地解释这些认知要素之间的结构关联，得出了一系列具有启发"新文科"建设意义的论断，在新时代中国马克思主义哲学指导教育哲学研究方面做出了进一步的探索。文中提出，中国当代教育必须首先解决好"培养什么样的人"的问题，对此的回答因为时代文化变迁而不断丰富，并因此总是需要马克思主义哲学的思想引领，而马克思主义哲学研究以注重实践为基本特征，应当具有关切中国当代教育发展实际的理论自觉。这说明，本文从关联现代性与教育现代化角度探讨新时代中国马克思主义哲学在教育领域的思想引领地位及作用方式，是从思维方式入手对中国式教育现代化基本前提、主旨与主体的深刻检视，也是新时代中国马克思主义哲学立足中国发展实际的应然选择。

本辑"学术视点"栏目主要关注关于马克思主义哲学经典主题研究的进展，以帮助读者把握新时代中国马克思主义哲学的前哨状况。本辑收录的文章，涉及唯物史观的创立、社会主义意识形态建设和马克思的实践范畴。《从马克思关于人的本质理论的三个命题看唯物史观的创立》讨论马克思人的本质理论与唯物史观的联系，认为"人就是人的世界，就是国家、社会"，是马克思对人的社会关系本质的最初论述，文中将马克思对国民经济学"利己的人"假定的批判作为其批判资产阶级经济学的理论前提，主张"人的需要即人的本质"这一命题没有把人理解为单纯的消费者，因而不排除生产关系决定人的其他社会关系，并主张"人是人的最高本质"是一个蕴含着价值取向的人的本质理论命题，由此提出马克思以人性为标尺展开的社会批判赋予了唯物史观批判的锋芒。《社会主义意识形态引领力建设与文化认同》基于全球化背景，探讨社会主义意识形态建设问题，认为建构和发展文化认同必须与社会主义意识形态紧密结合、与实现中国梦紧密结合，既是文化认同建设课题的应有之义，也是时代发展的要求。作者将文化认同与国家认同、国家认同与政治认同相联系，提出把中华文化的文化认同和马克思主义与社会主义意识形态的政治认同紧密结合起来，以此构建适应当代发展的新型国家认同。《马克思实践范畴的本体意蕴刍议》对马克思实践范畴做出独立阐发，属于旧题新作。从本体论角度阐释实践的存在及其辩护，是马克思实践本体论的亮点，该文将已有关于马克思实践本体意蕴的研究归于现实世界的本质与人的生存本体这两个方面，但是作者没有着力从认识论功用阐释实践，而是强调在传统哲学本体论背景下给之以进一步解释，其值得肯定的创新之处在于，以结合欧洲大陆哲学思辨精神和英美分析哲学的态度，论证马克思的实践范畴何以符合传统哲学关于本体的规定性。

"发展理论"栏目以研究马克思主义哲学经典范畴及思想的理论进阶为基本主题，是以科学理论的自反性要求对马克思主义哲学研究的自我理论检视与完善，目的在于从源头上为发展理论解释、指导新时代中国马克思主义哲学的研究提供启示或借鉴。本辑该栏目共收录两篇文章。《批判逻辑的转变与马克思解放政治学的建构》得出一个基本论断：马克思解放政治学源于《论犹太人问题》，其基本原则在《〈黑格尔法哲学批判〉导言》中确立并在《共产党宣言》中得以系统化和革命化。解析《〈黑格尔法哲学批判〉导言》中三大批判的转变及其对于马克思解放政治学的建设性意义，是本文的亮点。《"全部历史的真正发源地和舞台"：马克思的市民社会概念解读》认为，马克思在《德意志意识形态》中真正形成了以唯物史观为基础的科学的市民社会理论，实现了对旧哲学的超越。认识和消除学界关于市民社会概念的认识分歧，是深度把握马克思主义哲学建构逻辑的基本点,该文追问市民社会概念演变的思想逻辑,将马克思《德意志意识形态》对市民社会的解读置于其复杂思想演变的整体背景之中,这既有利于通过概念思辨从源头上认识和消除哲学认识论问题,也是对发展哲学坚持"逻辑与历史统一"基本立场理论优势的具体阐释。

"中国道路"栏目面向筑牢新时代中国马克思主义哲学研究的现实根基,内容聚焦反映马克思主义哲学研究当代中国的理论与实践特色,其主题既包括对新时代中国马克思主义自身理论建构逻辑的阐释,也包括学界以理论关切现实研究的前沿动向。在本辑收录的两篇文章中,《"中国马克思主义哲学学派"的建设与"中国马克思主义哲学"的范式构筑》关注如何理解中国马克思主义哲学学派与范式构筑的关系问题。作者在文中提出,在理论普遍性的意义上理解中国马克思主义哲学的理论特质及原创性贡献,需要研究范式视角的概括与解释;提升中国马克思主义哲学学派意识的自觉,则是研究范式构变、逐步走向成熟的认识论前提。该文重点解析新时代中国马克思主义哲学范式构筑的根源、架构理论空间与形成标识,提出中国马克思主义哲学范式澄清的学术标志性意义,提出以打造中国马克思主义哲学学派驱动中国马克思主义哲学范式的研究,并对如何响应建构中国马克思主义哲学话语方式和学术体系的使命任务等,做出了值得进一步反思和借鉴的阐释。《唯物史观视阈中的新时代城市哲学的前提意义》聚焦新时代中国特色城市哲学研究所需的思想前提,属于唯物史观当代实践价值创新研究之作。该文立足马克思城市哲学作为科学理论的解释和预测功能,以唯物史观审视探究新时代城市哲学的理论前提、制度前提、价值前提和政治前提,就新时代城市化的趋势、制度依据、城市的功能作用及治理等,提出了一系列值得深思的见解,这既是理解马克思城市哲学理论的学术需要,也是准确把握新时代中国特色社会主义城市哲学的理论需要。

时代标示中国发展的新方位，呼唤着创新的思想。辑完本期，深深地感受到新时代为当代中国马克思主义哲学研究的繁荣与发展提供了强大动力和理论空间，诚挚希望更多的读者和我们一道关注新时代中国马克思主义哲学的范式建设，在建构和创新"中国马克思主义"的征程中不断前行。

是为序。

曹典顺

2022 年 12 月于江苏师范大学哲学范式研究院

目录 Contents

中国马克思主义哲学基础理论创新的问题意识
  曹典顺 ·· 1

一　范式专题

唯物史观东方逻辑史：马克思东方社会理论史研究的新方向
  冯建华 ·· 21
马克思主义哲学文本文献学视阈的唯物史观东方逻辑理论
  张丽霞 ·· 40
马克思主义哲学对话范式中的梅洛-庞蒂辩证法与马克思辩证法
  卞伟伟 ·· 63
马克思主义辩证法原理演进的研究范式
  马丽娟 ·· 79
思想阐释、方法运用与体系构建：部门哲学范式研究的推进与拓展
  于桂凤 ·· 95

马克思主义哲学中国化范式研究的逻辑叙事评述（2020—2021）
　　覃世艳　杨　灿……………………………………… 121

以时代问题引领马克思主义哲学的创新
　　——"反思的问题学"研究范式2020—2021年研究综述
　　孟献丽　张　旺……………………………………… 142

论"两个史观"的出场逻辑
　　——"物""法"统一与"思""史"循环
　　孙　琳……………………………………………… 161

二、专家评论

论全面认识"中国式现代化新道路"的出场逻辑
　　任　平……………………………………………… 183

中国教育现代性与中国式教育现代化的哲学基础
　　曹典顺……………………………………………… 200

以马克思主义哲学中国化为范式开展当代中国哲学研究
何以必要与何以可能
　　——读汪信砚教授《马克思主义哲学中国化——理论与方法》
　　皮家胜……………………………………………… 217

三、学术视点

从马克思关于人的本质理论的三个命题看唯物史观的创立
　　谢江平　张亚润……………………………………… 229

社会主义意识形态引领力建设与文化认同
　　李　丽……………………………………………… 244

马克思实践范畴的本体意蕴刍议

　　任祥伟 ·················· 260

四、发展理论

批判逻辑的转变与马克思解放政治学的建构
　　——再读《〈黑格尔法哲学批判〉导言》

　　张天勇　张　雪 ·················· 277

"全部历史的真正发源地和舞台":马克思的市民社会概念解读

　　何乐如　姜海波 ·················· 292

五、中国道路

"中国马克思主义哲学学派"的建设与"中国马克思主义哲学"的
　　范式构筑

　　张丽霞 ·················· 309

唯物史观视阈中的新时代城市哲学的前提意义

　　曾　东　王天成 ·················· 326

中国马克思主义哲学基础理论创新的问题意识

曹典顺

[**摘 要**] 构建具有中国特色的哲学理论，就是建设和创新中国马克思主义哲学，也包含哲学基础理论意蕴上的理论创新。中国马克思主义哲学的基础理论创新，既包含"概念框架体系"意义上的自我创新和"理论形态体系"意义上的自我创新，也包含"理论前提"意义上的自我创新和"理论逻辑"意义上的自我创新。"概念框架体系"意义上的自我创新是适应马克思主义哲学"理论发展"的需要，"理论形态体系"意义上的自我创新是表征马克思主义哲学"创新理论标识"的需要，"理论前提"意义上的自我创新是阐明中国马克思主义哲学"自我确证理论前提"的需要，"理论逻辑"意义上的自我创新是明确中国马克思主义哲学"自身发展理论基础"是什么的需要。

[**关键词**] 中国马克思主义哲学　马克思主义哲学　哲学基础理论创新

---

* 本文系国家社科基金项目"新时代党的历史观研究"（22BKS056）阶段性成果。

"任何真正的哲学都是自己时代的精神上的精华"①。马克思的这一观点很明确,哲学是一种需要不断实现自身发展的理论。那么,哲学怎样才能实现自身的发展呢?我们认为,只有保持哲学基础理论创新才是保障哲学拥有长久生命力的动力和可能,因为,哲学基础理论创新是整个哲学理论体系创新的核心要素。所谓中国马克思主义哲学的基础理论创新,就是指中国马克思主义哲学不仅实现了"概念框架体系"意义上的自我创新和"理论形态体系"意义上的自我创新,而且实现了"理论前提"意义上的自我创新和"理论逻辑"意义上的自我创新。系统梳理和科学归纳中国马克思主义哲学基础理论意义上的自我创新,既是为中国马克思主义哲学的进一步创新发展提供学术资源需要,也是打造具有中国特色哲学社会科学的基本要求。

一、马克思主义哲学发展需要中国马克思主义哲学基础理论创新

马克思主义哲学的理论发展史表明,该哲学具有强大的理论生命力。这种理论生命力是以哲学理论自身的发展为前提的,也就是说,马克思主义哲学自身发展的要求与中国马克思主义哲学基础理论创新具有一致性,属于马克思主义哲学发展的理论要求。所谓理论要求是指理论受自身内驱力的指引,并将这种驱动外化以满足自我创新和发展的需要。中国马克思主义哲学基础理论创新之所以是马克思主义哲学发展的理论要求,是因为基础理论创新是理论体系创新的核心,或者说,马克思主义哲学要想继续保持其生命力,就应该在把握时代精神的同时,对自身的基础理论进行创新,即由于中国马克思主义哲学是基于中国道路的发展实际所实现的马克思主义哲学的创新发展,所以,其基础理论创新应该属于马克思主义哲学发展的理论要求。如果把马克思主义哲学理

---

① 《马克思恩格斯全集》第1卷,北京:人民出版社1995年版,第220页。

解为"元哲学"的话,那么,作为其最新理论成果的中国马克思主义哲学就可以理解为"应用哲学"。不论是从中国道路的社会实践视角理解,还是从中国特色社会主义发展的科学性视角理解,与之相对应的作为中国马克思主义哲学基础理论的中国道路逻辑、中国特色问题意识逻辑和中国特色社会主义科学性逻辑,都表征着中国马克思主义哲学基础理论创新应该是推动前者发展的理论要求。

中国马克思主义哲学基础理论创新是中国道路诠释的结果,这一结果体现了马克思主义哲学发展的实践性特征要求,即中国道路逻辑创设属于马克思主义哲学发展的理论要求。中国马克思主义哲学之所以要将作为其"元哲学"的马克思主义哲学运用到当代中国社会发展的实际状况之中,是基于这一"元哲学"实践性特征的内在要求,或者说,作为"元哲学"的马克思主义哲学的实践性特征内含有作为其"应用哲学"的中国马克思主义哲学的理论结果。之所以如此,是因为脱离了实践的思维是否具有现实性的问题,是经院哲学的问题①,即人们需要基于社会现实来探讨思维及其理论成果。之所以基础理论创新是中国道路诠释的必然结果,还是因为中国道路是一种全新的社会实践,这种全新的社会实践在历史上既没有现成的经验作为参照,也没有既定的理论体系可以直接搬来套用。中国道路的社会实践必然要求中国马克思主义哲学进行基础理论创新,这一点符合马克思主义哲学实践性的内在要求,即任何地区、任何民族在应用马克思主义哲学来指导自身实践时,必须要结合该地区、该民族自身的实际情况。这也就是说,马克思主义哲学不是僵化的教条,在任何时候、任何条件下它都应该根据应用者本身的实际状况来进行创造性转化和创新性发展。换言之,马克思主义哲学的实践性要求不是指实践要生硬地迎合理论以谋求发展,而是指"实践是能动的,它在历史中自我产生着。就是说,它是一种连续不断的更新"②。

---

① 参见《马克思恩格斯文集》第1卷,北京:人民出版社2009年版,第500页。
② 科西克:《具体的辩证法》,傅小平译,北京:社会科学文献出版社1989年版,第171页。

就当代中国的现实问题视角理解，中国马克思主义哲学基础理论创新是现实问题表征的结果，这一结果体现了马克思主义哲学发展的时代性特征要求，即中国特色问题意识逻辑应该属于马克思主义哲学发展的理论要求。黑格尔将哲学理解为"被把握在思想中的它的时代"①，即哲学本质上是以抽象的理论反映该时代的现实问题。马克思则进一步认为，这种反映受"生产力和与之相适应的交往的一定发展"②所制约，也就是说，哲学家的哲学理论是由其所处时代的物质生产所决定的。然而，哲学家们的哲学理论不是对现存世界纯粹的直观，而是对现存世界的反思，是一种能动性的反映。也正是在此种意义上，马克思指出，"观念、范畴……是历史的、暂时的产物"③。如同由生产力决定的社会关系的变迁一样，哲学的观念、范畴也是随着时代语境的变化而变化的。基于对这一时代性特征的理解，中国马克思主义哲学在实践过程中根据时代语境的变化，不断创新社会现实问题意义上的基础理论研究。一方面，坚持时代性原则，采取批判的、革命的精神对当今中国的社会问题进行反思，以此指引中国道路的发展，推进社会主义事业的进步；另一方面，该哲学立足于当今社会发展实际，总结理论经验，以实现理论创新，这即是说，中国马克思主义哲学是随着时代发展而创新的哲学理论，基础理论创新是其理论的根本要求。"时代是思想之母，实践是理论之源"④。党的十九大报告作出了进入新时代的历史定位。⑤ 这一重大的战略定位正是改革开放以来，中国共产党人以马克思主义哲学为根本指导思想，总结长期的实践经验，对当代中国的现实问题以及新发展阶段作出的科学判断与准确把握。我们总是在解决问题的过程中

---

① 黑格尔：《法哲学原理》，范扬、张企泰译，北京：商务印书馆2017年版，序言第14页。

② 《马克思恩格斯文集》第1卷，北京：人民出版社2009年版，第524—525页。

③ 《马克思恩格斯文集》第1卷，北京：人民出版社2009年版，第603页。

④ 《习近平谈治国理政》第二卷，北京：外文出版社2017年版，第34页。

⑤ 参见《决胜全面建成小康社会 夺取新时代中国特色社会主义伟大胜利——在中国共产党第十九次全国代表大会上的报告》，北京：人民出版社2017年版，第15页。

推进了历史的发展①，人类历史进步的历程就是解决一个个历史问题的过程，而"理论创新只能从问题开始"②。因为，问题作为事物发展过程中的矛盾是普遍存在的，创新的过程就是从时代中存在的主要问题出发，发现问题，解决问题，并随着实践的进一步深化对原有的理论进行创新性阐释和发展。

就中国特色社会主义发展的科学性视角理解，作为"应用哲学"的中国马克思主义哲学基础理论创新是科学建构社会主义理论的必然结果，这一结果体现了其"元哲学"马克思主义哲学发展的科学性特征要求，即作为哲学基础理论表达的中国特色社会主义科学性逻辑，既是作为"应用哲学"的中国马克思主义哲学基础理论创新的重要方面，也是作为"元哲学"的马克思主义哲学发展的理论要求。之所以做出这样的判断，是因为马克思主义哲学的科学性内含了对世界的真理性认识。马克思主义哲学的科学性之所以内含真理性认识，不仅因为其是从客观世界的现实状况以及人的实践作用出发，揭示了人类社会的发展规律，指明了"资本主义必然灭亡、社会主义必然胜利"的历史必然性，还是因为其内在的批判性表明了其理论自身不是一成不变的终极真理，即它是不断自我完善、不断生成自身的开放性理论。因此，从当下的现实状况出发，将理论批判和现实斗争相结合，就不是用现成的原理作为普世的真理，而是从世界本身的原理中阐发新原理。③ 从社会实践意义上理解，中国共产党自成立以来就是以马克思主义哲学为指导，以自身现实状况为基础，在理论与现实相结合的过程中推动了社会发展，并以此获取中国马克思主义哲学基础理论创新的科学性根据。事实上，中国道路建设

---

① 参见《年轻干部要提高解决实际问题能力 想干事能干事干成事》，载《人民日报》，2020年10月11日，第1版。

② 《习近平谈治国理政》第二卷，北京：外文出版社2017年版，第342页。

③ 参见《马克思恩格斯全集》第1卷，北京：人民出版社1956年版，第416—417页。

的实践过程已充分地检验了这种理论的科学性与真理性。①

二、中国马克思主义哲学基础理论创新是马克思主义哲学创新的理论标识

所谓理论标识就是指理论的形成和发展具有某种标志性特征和要素，并获得学界普遍认可，以此达成的学术共识。既然哲学基础理论创新是哲学理论体系创新的内核和标志，能否确立自身的理论标识是衡量哲学理论创新成败的重要标准，那么，中国马克思主义哲学基础理论创新就构成了马克思主义哲学理论创新的标志性特征，是其创新的理论标识。换句话说，作为"元哲学"的马克思主义哲学理论创新主要表现为作为其"应用哲学"的中国马克思主义哲学的基础理论创新，或者说，这种"元哲学"的理论创新的关键要素是实现最新理论成果的基础理论创新。如不论是从作为"元哲学"马克思主义哲学的生存方式理论和现代性理论视角理解，还是从其生活方式理论和世界历史理论视角理解，其基础理论创新的成果表明，这一"应用哲学"的基础理论创新是"元哲学"意蕴上创新的理论标识。

就该"元哲学"的生存方式理论视角理解，与之相应的"应用哲学"认为的社会主义的本质就是"解放生产力，发展生产力，消灭剥削，消除两极分化，最终达到共同富裕"表明，作为"应用哲学"的中国马克思主义哲学的基础理论实现了作为"元哲学"的马克思主义哲学意义上的基础理论创新，即社会主义本质理论能够成为马克思主义哲学创新的理论标识。马克思认为，历史形成的首要前提是有生命的个人的存在。② 马克思之所以强调是人的存在而非动物的存在，是因为人能够进行有意识的活动，并将这种意识运用到现实进行生活资料的生产。这

---

① 参见《在纪念马克思诞辰200周年大会上的讲话》，北京：人民出版社2018年版，第14页。

② 参见《马克思恩格斯文集》第1卷，北京：人民出版社2009年版，第519页。

种生产也间接开始了人们生活本身的生产活动,人用以进行生产生活资料的方式同时体现着人的生存方式,这即是说,一个人的生命表征是与其生产相统一的。① 人的生存方式与生产活动之间存在的这一密切联系,导致生产活动影响人的生存方式,因为,人的生产是什么样的,人就是什么样的。社会主义本质理论是中国马克思主义哲学对社会主义社会生产力发展状况的概括,强调社会主义的本质是要妥善处理好其存在于该社会中的生产力问题,社会主义社会能否取得长足发展取决于该社会生产力的发展状况,实现社会主义共同富裕的目标需要人们共同努力地投入生产活动以实现生产力的发展。总之,一方面社会主义本质理论体现了作为"应用哲学"的中国马克思主义哲学对其"元哲学"的生存方式理论的继承;另一方面表明了该理论是结合当时的现实问题对社会主义发展的核心问题所做出的回答,是对中国社会现实发展问题的准确把握,因而带有这一时代的特殊印记。换言之,社会主义本质理论是对马克思主义哲学基础理论的创新,并且这一理论是经过当代中国道路检验和认证的正确的科学理论。

就该"元哲学"的现代性理论视角理解,与之相应的"应用哲学"的社会治理现代化理论要求将完善和发展中国特色社会主义制度作为全面深化改革的总目标表明,作为"应用哲学"的中国马克思主义哲学的基础理论,实现了作为"元哲学"意义上的马克思主义哲学的基础理论创新,即社会治理现代化理论是马克思主义哲学创新的理论标识。马克思提出,资产阶级只有通过不断变革以生产工具为主要内容的生产关系,才能维系自身基本生存,进而谋求发展②,这就是说,资本主义社会的发展取决于其社会生产关系的发展状况,社会必须不断地进行生产才能够实现现代化的目标。或者说,现代性理论是在资本运行的背景下形成的,现代性的成长离不开资本主义的发展。这就是说,马克思的现

---

① 参见《马克思恩格斯文集》第1卷,北京:人民出版社2009年版,第520页。
② 参见《马克思恩格斯文集》第2卷,北京:人民出版社2009年版,第34页。

代性理论肯定了资本主义生产力发展的积极作用，同时提出社会有机体的观点，要各方面协调共同促进社会进步，即马克思认为，现代社会是一个有机体，由于受到政治、经济等方面的共同影响，一直处于变化发展之中。因此，社会治理就是一个系统工程，涉及社会生活的方方面面。社会治理现代化是国家治理现代化的重要内容，社会治理现代化水平体现了中国特色的国家治理能力、制度建设水平和党的执政能力。正是基于此，社会治理现代化理论是根植于中国特色社会主义实践环境，从决胜建成全面小康社会的奋斗过程中总结、凝炼出的实践经验，遵循着马克思主义唯物史观的基本原理，即社会治理体系不是既定不变的结晶体，而是一个会根据现实境况不断更新的理论体系。

就该"元哲学"的生活方式理论视角理解，与之相应的"应用哲学"的和谐社会理论要求构建"民主法治、公平正义、诚信友爱、充满活力、安定有序，人与自然和谐相处"的社会主义和谐社会表明，作为"应用哲学"的中国马克思主义哲学的基础理论实现了作为"元哲学"的马克思主义哲学意义上的基础理论创新，即和谐社会理论是作为"元哲学"的马克思主义哲学创新的理论标识。马克思作为伟大的无产阶级革命家，一生都在为了无产阶级革命而进行奋斗。他见证了资本主义社会中工人受剥削压迫的苦难生活，因此，他想努力探索一条能够实现共产主义的伟大道路。在马克思看来，私有制是社会苦难的源泉，工人为了生活需要，出卖自身劳动力，获得与自身劳动力价值不相符的工资，而资本家从中获取剩余价值。资本家在获得一定财富后，进一步扩大生产规模，压榨工人以此获得更多财富，最终导致出现严重的贫富差距。按照马克思的理解，此时的工人并非是真正的人，因为，真正的人是实现自身全面自由发展的人。马克思将真正人的存在的理想社会形态称为共产主义社会。我们认为，中国特色社会主义社会是当今世界最接近马克思理想形态的社会，社会主义和谐社会理论表征着新时代中国道路建设的重要目标，因为，社会和谐是社会主义社会最为重要的价值目标，

"社会和谐是中国特色社会主义的本质属性"①。这种认知逻辑要求，在新的历史条件下，为了完成建设社会主义和谐社会的目标，就需要将一切可团结的力量组织起来，形成人人有责、人人共享的局面，共同构建人与人、人与自然和谐共生的社会状态，保障"人民安居乐业、社会安定有序、国家长治久安"②。

就该"元哲学"的世界历史理论视角理解，与之相应的"应用哲学"的人类命运共同体理论要求各国"在追求本国利益时兼顾他国合理关切，在谋求本国发展中促进各国共同发展"的人类命运共同体表明，作为"应用哲学"的中国马克思主义哲学的基础理论实现了作为"元哲学"的马克思主义哲学意义上的基础理论创新，即人类命运共同体理论是马克思主义哲学创新的理论标识。马克思认为，随着工业革命的发展，西欧资本主义生产力获得极大提升，并由此突破了地域限制开辟世界市场，世界各国之间的交往逐渐扩大，由原来自给自足、独立封闭的状态转变为各国交往频繁、分工明确的状态，即随着社会历史发展进程中人们相互影响的活动范围越大，社会历史也就越来越扩展为世界的历史。③ 这就是说，世界市场形成后，各国之间分工合作互相影响，一些落后国家也不得不被卷入世界潮流，摆脱原来愚昧无知的状态，并构建起全新的物质文明和精神文明的世界。作为"应用哲学"的中国马克思主义哲学的人类命运共同体理论，正是根据中国所处的国内环境和国际环境的发展状况，对作为其"元哲学"的马克思主义哲学的世界历史理论进行创新发展。习近平认为，"世界命运应该由各国共同掌握……发展成果应该由各国共同分享"④。这即是说，世界历史掌握在世界各国人民手里，由世界各国人民共同参与构建，并且应该由各国人民共同分享

---

① 《十八大以来重要文献选编》（上），北京：中央文献出版社 2014 年版，第 79 页。
② 《十八大以来重要文献选编》（上），北京：中央文献出版社 2014 年版，第 79 页。
③ 参见《马克思恩格斯文集》第 1 卷，北京：人民出版社 2009 年版，第 540—541 页。
④ 《习近平谈治国理政》第二卷，北京：外文出版社 2017 年版，第 540 页。

世界发展带来的福利。当今世界正朝向多元化方向发展，中国为世界贡献出中国智慧，提出构建人类命运共同体。

三、中国马克思主义哲学基础理论创新是中国马克思主义哲学自我确证的理论前提

所谓理论前提就是指某种思想或理论得以确立并构成自身的理论资源和实现条件，其中既有世界观意义上的理论前提，也有方法论意义上的理论前提，还包含价值观意义上的理论前提。按此理解，中国马克思主义哲学自我确证的理论前提，就是中国马克思主义哲学自我追问中国马克思主义哲学"是什么"和"怎么是"等关乎哲学理论自我存在的问题，即该哲学基础理论创新成果能够表征该哲学"是什么"和"怎么是"的问题。从方法论视角理解，中国马克思主义哲学的实践观点的思维方式是该哲学自我确证的方法论前提。从世界观视角理解，中国马克思主义哲学的中华民族伟大复兴的中国梦世界观是该哲学自我确证的世界观前提。从价值观视角理解，中国马克思主义哲学的社会主义核心价值观是该哲学自我确证的价值观前提。

实践观点的思维方式是中国马克思主义哲学自我确证的方法论逻辑，也就是说，从这种意义上理解，如果没有表征马克思主义哲学的实践观点的思维方式理论产生，就没有中国马克思主义哲学理论体系的建构，即实践观点的思维方式就是其所属哲学自我确证的方法论前提。实践观点的思维方式创新的关键在于如何正确理解理论与实践的辩证关系。至于如何正确认识理论与实践的关系，中国马克思主义哲学不是从抽象的、理论的层面出发把哲学基础理论看作普遍适用的原理，而是从现实的、具体的问题出发，把实践作为哲学基础理论创新的基本原则，即中国马克思主义哲学坚持用实践作为理论的来源和坚持理论再指引实践的辩证统一方法来处理现实问题，而非以僵化的教条作为解决现实问

题的万能公式。或者可以说，正是这一辩证统一的认知逻辑推动着哲学基础理论的不断创新。马克思的世界观不是教条，而是理论研究的出发点与方法。① 当今中国正处于"百年未有之大变局"的时间节点上，作为马克思主义哲学"科学运用"最新理论成果的中国马克思主义哲学，从"理论服务于实践"的前提逻辑出发，在社会实践的各个方面取得的优异成果，无一不体现了中国马克思主义哲学的实践观点的思维方式是带领人民推进中国道路建设的方法论前提。甚至可以说，当今中国的中国道路建设是迄今为止人类历史上最有特点和规模的实践创新，这一实践也必然能够为理论创新和学术发展提供宝贵的资源。②

中国马克思主义哲学的中华民族伟大复兴的中国梦世界观是该哲学自我确证的世界观逻辑，也就是说，如果没有表征中国马克思主义哲学世界观的中华民族伟大复兴的中国梦世界观创新，就没有中国马克思主义哲学理论体系的构成，即中国马克思主义哲学的中华民族伟大复兴的中国梦就是该哲学自我确证的世界观前提。一个民族的世界观是引领该民族走向复兴的理论指引，"哲学是理论形态的世界观"③，因此，中华民族伟大复兴的中国梦世界观作为中国马克思主义哲学世界观逻辑，其创新是建立在马克思主义哲学基础理论上，并扎根于当代中国的发展现实提出的符合我国社会发展要求且能够实现改造世界任务的理论。正是在此意义上，实现中华民族伟大复兴的中国梦是建立在坚持马克思唯物史观基础理论根基上的创新。换言之，实现中华民族伟大复兴的中国梦世界观逻辑与人类社会发展的一般规律相一致，具有其存在的现实性和合理性。就世界观逻辑具有现实性来说，坚持发展作为第一要务也就是坚持人类社会发展的一般规律。用马克思的理论表达就是，时代任务得以产生的前提是能够保障该任务顺利完成的物质条件已经生成或至少已

---

① 参见《马克思恩格斯文集》第10卷，北京：人民出版社2009年版，第691页。
② 参见《习近平谈治国理政》第二卷，北京：外文出版社2017年版，第342页。
③ 袁贵仁等主编：《马克思主义哲学》，北京：人民出版社、高等教育出版社2009年版，第1页。

生发萌芽。① 中国马克思主义哲学之所以提出实现中华民族伟大复兴的中国梦，是因为当下中国已经孕育出推动中国梦的实现必须以生产力的高度发展为现实前提，或者说，已经具备满足奋斗目标的物质基础。就世界观逻辑具有合理性而言，以人为本也就是坚持人民是历史主体与推动社会历史发展动力的观点。因为，"历史活动是群众的活动"②，是一个个活生生的人，而非抽象的历史范畴在创造历史和现实活动③，即中国梦的提出不仅是为了实现"人的自由全面"发展这一终极目标，而且其实现依靠每一位中国人，需要每个人为之奋斗。

中国马克思主义哲学的社会主义核心价值观是该哲学自我确证的价值观逻辑，也就是说，如果没有表征中国马克思主义哲学价值观的社会主义核心价值观创新，就没有中国马克思主义哲学理论体系的构成。核心价值观作为一定地域范围内，人们普遍形成和认同的价值共识，在社会发展中最能把握人心。正是因为价值观对一个民族、国家具有这种强大的引领性作用，所以，习近平总书记多次强调要培育和践行表征中国道路发展方向的社会主义核心价值观，而该任务本身就是将科学的理论与具体的实践相结合的理论表征。作为中国马克思主义哲学理想追求的社会主义核心价值观，围绕价值目标、价值取向和价值准则三个层面相应体现了其国家观、社会观和个人观。就价值目标体现中国马克思主义哲学的国家观而言，富强、民主、文明、和谐凝结了中国特色社会主义国家在经济、政治、文化、社会层面的价值追求。在富强层面，追求共同富裕不仅是全国人民的共同目标，而且是我国不断推进实现的路径。在民主层面，人民民主是社会主义的生命和灵魂，贯彻全过程人民民主理论不仅是中国马克思主义哲学人民主体性的体现，而且能够保障中国道路建设拥有不竭的生命力源泉。在文明层面，文明是人类社会进步的

---

① 参见《马克思恩格斯文集》第2卷，北京：人民出版社2009年版，第592页。
② 《马克思恩格斯文集》第1卷，北京：人民出版社2009年版，第287页。
③ 参见《马克思恩格斯文集》第1卷，北京：人民出版社2009年版，第295页。

体现，正如马克思所说的，"一国人民愈文明，该国国民财富就愈能增加"①，即文明在我国不仅是表征道德层面的要求，而且其要求是与人的生产与发展状况具有同一性。在和谐层面，和谐是一种对立统一的状态。人与人、人与社会、人与自然之间的和谐发展，是克服对立面达到的统一状态。就价值取向体现中国马克思主义哲学的社会观而言，自由、平等、公正、法治体现我国社会主义初级阶段的理念和手段。自由、平等、公正是共产主义理想的价值诉求，法治是保障自由平等实现的必要措施。就价值准则体现中国马克思主义哲学的个人观而言，爱国、敬业、诚信、友善是个人所需遵守的伦理原则。早在中学时期，马克思就表达了个人的价值体现，人们只有在保障其同时代的其他人的幸福与完满前提下，才能实现自身的幸福与完满。② 这就是说，只要当社会中的每一个人都秉承此价值信仰，才能为人类社会做出更大的贡献，或者说，社会主义核心价值观意蕴上实现的哲学基础理论创新，从多个层面共同承载着人民对于实现人的彻底自由与社会完美和谐的向往，共同构成了建设社会主义现代化国家的价值保障。

四、中国马克思主义哲学基础理论创新是中国马克思主义哲学自身发展的理论基础

中国马克思主义哲学基础理论创新不仅是该哲学自我确证的理论前提，还是其自身发展的理论基础。所谓理论基础，就是指某种思想或观念赖以存在和确立的哲学本体论意义上的根基和原则。按此理解，中国马克思主义哲学自身发展的理论基础就是以中国马克思主义哲学基本原理为核心的具有本体论意义的基础理论。可以说，中国马克思主义哲学自身发展要求其进行基础理论创新，该哲学的基础理论创新又内含其自

---

① 《马克思恩格斯全集》第 26 卷（上），北京：人民出版社 1972 年版，第 295 页。
② 参见《马克思恩格斯全集》第 1 卷，北京：人民出版社 1995 年版，第 459 页。

身发展的理论基础。作为"应用哲学"的中国马克思主义哲学始终坚持实践的观点，凝炼并发展作为其"元哲学"的马克思主义哲学基础理论，即为了实现自身理论发展需要的中国马克思主义哲学，在中国道路建设中，将作为其"元哲学"的马克思主义哲学基础理论与自身社会发展的具体形势相结合，推动实现了中国马克思主义哲学基础理论创新。也就是说，无论是从作为哲学基础理论的社会基本矛盾认知和资本功能认知的视角理解，还是从作为哲学基础理论的共产主义阶段认知和真理标准认知的视角理解，从属于中国马克思主义哲学的社会基本矛盾转化原理、资本功能原理、共产主义阶段原理和真理标准原理等理论都应该是该哲学自身发展的理论基础。

就社会基本矛盾认知的哲学基础理论视角理解，目前我国社会的主要矛盾已经转化为人民对美好生活的需要与社会现实不平衡不充分发展之间的矛盾。这一转化表明，对新时代我国社会主要矛盾转化的哲学概括意味着，中国马克思主义哲学的社会主要矛盾理论创新理解应该是该哲学自身发展的理论基础，也就是说，该哲学的发展不能背离作为其哲学基础理论的社会主要矛盾转化原理。关于社会矛盾理论，马克思认为，随着社会生产力的发展，旧的生产关系与生产力的关系由其前的和谐一致转变为冲突与矛盾[①]，也就是说，随着社会生产力的迅速发展，落后的社会生产关系不再适应先进的社会生产力、落后的上层建筑不再适应当下的经济基础之时，社会革命的时代就要来临，因为，社会的主要矛盾是社会发展的基本动力。中国社会主要矛盾判断的最大依据来自现存社会现状。中国综合国力显著提升，经济总量在世界主要国家中居于前位等现实状况表明，中国已经进入了新时代，但社会中依旧存在着发展不平衡等亟待解决的问题，而中国特色社会主义的主要矛盾变化关乎历史全局的变化，因此，要重视社会主要矛盾的变化，把握社会主要矛盾变化的理论分析，有利于促进国家的发展与社会的进步。

---

① 参见《马克思恩格斯文集》第 2 卷，北京：人民出版社 2009 年版，第 591 页。

就资本功能认知的哲学基础理论视角理解，在数字经济背景下，社会主义市场经济努力发挥数字资本在经济转型中的积极作用，处理好资本扩张与利益分配的关系，推动经济社会高质量发展。对当今中国社会资本功能所表现的新形式的哲学概括表明，中国马克思主义哲学的资本功能理论创新理解应该是该哲学自身发展的理论基础，也就是说，中国马克思主义哲学的发展不能背离作为其哲学基础理论的资本功能原理，即不能将表征资本主义社会本质的资本逻辑作为中国马克思主义哲学的理论基础。马克思认为，资本与社会生产力存在内在关联，即资本存在的核心意义在于促进生产力的发展。① 这可以理解为，由于资本可以创造出更多社会物质财富，因此，处于特定历史发展阶段的现代社会为了实现自身的进步和发展离不开资本的积累和加持。需要注意的是，在资本主义社会中，资本的目的只是为了创造更多的剩余价值，在那里，人只是物化的人，而显然与社会主义为了保障人的自由的本质相冲突。中国特色社会主义市场经济体现着社会主义条件下追求社会生产力发展与人的发展的创造性结合，就是"'蛋糕'不断做大了，同时还要把'蛋糕'分好"②。习近平总书记的这一观点可以理解为，采取公有制经济与非公有制经济结合来调动人民积极性、使全社会创造出更大的生产力、将中国特色社会主义这块"蛋糕"做大的同时，还要发挥中国特色社会主义优势，即还要注重"蛋糕"的分配，实施具有中国特色的社会分配制度，即在保证全体公民劳有所得的前提下，注重分配的公平，努力做到充分体现中国特色社会主义的制度优势。

就共产主义阶段认知的哲学基础理论视角理解，按照马克思共产主义社会两个阶段即共产主义社会第一阶段和共产主义社会高级阶段的划分标准，中国马克思主义哲学创造性地提出社会主义初级阶段理论，即中国社会主义不仅处于马克思所说的共产主义社会第一阶段即社会主义

---

① 参见《马克思恩格斯文集》第7卷，北京：人民出版社2009年版，第288页。
② 《习近平谈治国理政》第一卷，北京：外文出版社2014年版，第97页。

社会阶段，而且处于社会主义社会的初级阶段。这一历史定位表明，对社会主义历史发展阶段现状的把握意味着，共产主义阶段理论创新理解应该是中国马克思主义哲学自身发展的理论基础，也就是说，中国马克思主义哲学的发展不能背离作为马克思主义哲学基础理论的共产主义阶段原理。在马克思看来，由于共产主义的第一阶段从资本主义的阵痛中产生出来并不太久，因而其政治要素的发展仍然受这种社会发展形态的经济结构制约和影响。① 这即是说，马克思认为共产主义的第一阶段仍然无法彻底摆脱资本主义的权利不平等的状态，只有当社会上升到更高级的阶段——整个社会的物质生产力获得极大丰富阶段，那时社会中存在的脑力劳动与体力劳动的对立也已经消失了，资产阶级权利的狭隘眼界也会被摆脱掉，成为名副其实的"各尽所能，按需分配"的社会。作为"应用哲学"的中国马克思主义哲学能够对其所处社会的阶段准确把握，能够很好地体现对作为其"元哲学"的马克思主义哲学的共产主义阶段理论的合理发挥与积极运用。从其对中国现状把握可见，中国特色社会主义不但处于共产主义第一阶段，而且处于该阶段中比较低级的阶段，即目前中国正处于社会主义初级阶段。当然，这并不意味着该阶段是完全静止的既定阶段，即"社会主义初级阶段不是一个静态……是一个阶梯式递进……的积累和发展变化的过程"②。也就是说，可以通过全体人民的共同努力奋斗来摆脱社会主义初级阶段，进入更高阶段。当然，社会主义初级阶段是中国社会发展进程中不可或缺的一个阶段，即社会主义初级阶段理论是对中国特色社会主义社会所处阶段的理论分析，是中国马克思主义哲学自身发展的理论基础。

就真理标准认知的哲学基础理论视角理解，中国特色道路确立始终坚持实事求是，并在实践中检验和发展真理的思想路线。这一思想路线的确立表明，中国马克思主义哲学的真理标准理论创新理解是该哲学自

---

① 参见《马克思恩格斯文集》第3卷，北京：人民出版社2009年版，第435页。
② 《深入学习坚决贯彻党的十九届五中全会精神 确保全面建设社会主义现代化国家开好局》，载《人民日报》，2021年1月12日，第1版。

身发展的理论基础，也就是说，中国马克思主义哲学的发展不能背离作为该哲学基础理论的真理标准原理。"人的思维是否具有客观的真理性……是一个实践的问题。"① 马克思的这一认知表明，思维真理性的确证来自实践的证明，或者说，实践是思维真理性的标准，思维离开实践，其真理性的探讨也将变为非现实性的。换句话说，思维是从实践中产生出来，只有再经过实践的验证确保其正确性，才能称其为真理。同样，马克思主义哲学的真理观必须落到现实，才能够真正发挥其现实作用。因此，中国马克思主义哲学将马克思主义哲学的真理观与中国道路的发展现实相结合形成了"实践是检验真理唯一标准"的真理标准理论。由此可见，中国马克思主义哲学是在马克思主义哲学真理观基础上，坚持适应中国社会发展状况的标准所取得的创新性成果，从实践中产生并经过实践检验的理论。或者说，"实践是检验真理的唯一标准"就是要求将中国马克思主义哲学运用到中国道路建设的实践中，表征着中国马克思主义哲学的真理标准原理的创新发展，或者说，真理标准理论为中国马克思主义哲学自身发展提供了理论基础。

（作者曹典顺系江苏师范大学哲学范式研究院院长，江苏省习近平新时代中国特色社会主义思想研究中心特约研究员，国家万人计划哲学社会科学领军人才，教授，博士生导师；主要研究方向为哲学基础理论、马克思主义文本文献学和社会哲学等）

---

① 《马克思恩格斯文集》第 1 卷，北京：人民出版社 2009 年版，第 500 页。

一

范式专题

唯物史观东方逻辑史：马克思东方社会理论史研究的新方向

冯建华

[摘　要]　马克思晚年东方社会理论中蕴含出场学视域，必然提出唯物史观东方逻辑。唯物史观东方逻辑史的建构，应该遵循出场学原则，研究唯物史观东方逻辑不同的出场阶段、出场形态，研究各出场形态的出场语境、现实根据、内容、性质、产生过程、创新意义，揭示各个出场阶段演变、发展的内在逻辑关系。唯物史观东方逻辑史包括三个基本阶段与形态：作为开端的马克思晚年东方社会理论阶段与形态、作为东方逻辑深化的唯物史观苏联逻辑、作为东方逻辑升华的唯物史观中国逻辑。唯物史观东方逻辑各出场形态对于马克思晚年东方理论的继承发展，并不都是原创人自觉意识到的，而是当代中国学者依唯物史观作为唯一的"历史科学"本性、按照"历史与逻辑相一致"原则建构而成。

[关键词]　马克思晚年东方社会理论　唯物史观东方逻辑史　建构原则　唯物史观西欧逻辑　唯物史观中国逻辑

近年来，马哲史研究范式聚焦唯物史观史研究，出现了以出场学视域研究唯物史观的生成逻辑的新动向。① 在这一研究动向中，立足于对

---

① 冯建华：《出场学视域中的唯物史观演进逻辑：近年来唯物史观理论史研究的新动向》，见任平主编：《当代中国马克思主义哲学研究 2019》，北京：中央编译出版社 2021 年版，第 19—37 页。

马克思晚年东方社会理论史的研究，提出出场学视域中唯物史观东方逻辑研究领域，以此开展唯物史观东方出场逻辑史的相关研究，开辟出马克思东方社会理论史研究的新方向。这一方向的代表性成果有任平的《论唯物史观的中国逻辑及其世界意义》（载于《哲学研究》2019 年第 8 期），《论新现代性的中国道路与中国逻辑》（载于《江苏社会科学》2019 年第 2 期），曹典顺的《唯物史观理论演进的研究范式》（载于《中国社会科学》，2019 年第 8 期），张丽霞、任平的《唯物史观生成逻辑之辨》（载于《理论探讨》，2019 年第 6 期），张丽霞、任平的《论唯物史观多重形式出场的必然性》（载于《理论探讨》，2020 年第 6 期），张丽霞、任平的《论唯物史观东方逻辑出场的思维方法》（载于《世界哲学》，2020 年第 6 期），贾丽民的《也论马克思的东方社会理论：从〈论唯物史观东方逻辑出场的思维方式〉谈起》（载于《当代中国马克思主义研究 2019》）。笔者就其中关于马克思晚年东方社会理论中蕴含的出场学视域的根据，何以能够提出唯物史观东方逻辑，如何以出场学视域研究唯物史观东方逻辑，如何理解其方法论要求，唯物史观东方逻辑出场史的整体结构、基本面貌和内容，以及进一步研究需要说明和深入研究的问题进行论述，以期推动这一领域的研究。

一、唯物史观的东方逻辑：
基于出场学视域提出的研究领域

传统马哲史范式研究认为，马克思东方社会思想出现在 19 世纪 50 年代对资本主义政治经济学批判的过程中，注意到了印度农村公社为代表的"亚细亚社会"，并对其进行初步研究。这一思想集中出现在马克思晚年的人类学研究阶段，即受到摩尔根《古代社会》一书影响，将其研究重心转向研究原始社会，和以俄国为代表的东方社会的农村公社命运，主要着眼于东方工业化落后国家、非工业国家的社会发展道路，尤其是其革命的前途问题，提出以俄国为代表的东方社会有可能"跨越卡夫丁峡谷"，直接过渡到共产主义发展道路的理论。马克思晚年东方社会思想主要表现在《马·科瓦列夫斯基〈公社土地占有制，其解体的原因、进程和结果〉一书摘要》《给〈祖国纪事〉杂志编辑部的信》《给维·伊·查苏利奇的复信》《〈共产党宣言〉俄文版序言》《马克思人类学笔记》等著作中。

马克思在晚年研究东方社会中提出了许多新思想。其一，东方社会有可能跨越资本主义直接进入共产主义的思想。俄国"可以不通过资本主义制度的卡夫丁峡谷，而把资本主义制度所创造的一切积极的成果用到公社中来"①，"在《资本论》中所作的分析，既没有提供肯定俄国农村公社有生命力的论据，也没有提供否定农村公社有生命力的论据"②。其二，俄国农村公社跨越资本主义条件。"我根据自己找到的原始材料对此进行的专门研究使我深信：这种农村公社是俄国社会新生的支点；可是要使它能发挥这种作用，首先必须排除从各方面向它袭来的破坏性影响，然后保证它具备自然发展的正常条件"③，"对于这个问题，目前唯一可能的答复是：假如俄国革命将成为西方无产阶级革命的信号而双方互相补充的话，那么现今的俄国土地公有制便能成为共产主义发展的起点"④。其三，对《资本论》中体现的唯物史观深入反思。把《资本论》阐发的人类历史发展道路的规律看作是仅限于西欧资本主义起源的历史概述，如果"彻底变成一般发展道路的历史哲学理论……也会给我过多的侮辱"，"使用一般历史哲学这一把万能钥匙……的最大长处就在于它是超历史的"⑤。

传统马哲史研究中对于马克思晚年人类学思想，尤其是东方社会思想的性质，对于这一思想与唯物史观的关系作了两类定位，一类是唯物

---

① 《马克思恩格斯文集》第3卷，北京：人民出版社2009年版，第575页。
② 《马克思恩格斯文集》第3卷，北京：人民出版社2009年版，第590页。
③ 《马克思恩格斯文集》第3卷，北京：人民出版社2009年版，第590页。
④ 《马克思恩格斯文集》第2卷，北京：人民出版社2009年版，第7页。
⑤ 《马克思恩格斯文集》第3卷，北京：人民出版社2009年版，第466—467页。

史观的证明论；一类是唯物史观深化论。这些定位当然是正确的，但是仅仅满足于这样直接的结论还不够，还应该有更加深入的问题意识，应该联系唯物史观本性的研究，联系后来列宁"一国胜利论"、中国特色社会主义理论与实践，才能解决更深层问题。

首先，唯物史观"证明论""深化论"都是正确的，问题在于如何证明？如何体现深化？这一证明与《资本论》中对唯物史观的证明方式是否完全一致？如果有差异，差异何在，是什么性质的差异？只有结合马克思晚年与其本人之前就同一问题上某些具体结论的变化，对唯物史观本身进行前提反思，才能真正理解这一思想与唯物史观的关系，也更进一步理解列宁东方社会的无产阶级革命思想、中国特色社会主义思想与唯物史观的内在关联。

马克思在《德意志意识形态》（以下简称《形态》）中依据西方社会发展的历史批判了黑格尔唯心主义历史哲学的意识形态，创立了经典的唯物史观（后文称为广义唯物史观——笔者注），但还只是一种理论假说，这种理论假说需要证明。准确地说，这种理论假说的直接证明依然是立足于西方工业化国家、采取经济学批判方式进行的（《资本论》所揭示的资本逻辑的一般规律就是采取"从后思维"方式，立足于英国这个特殊的西方最发达国家进行解剖，而得出的结论），并且赋予西方社会发展规律，尤其是西方当时资本主义产生、发展、灭亡的规律具有唯物史观的"铁的必然性"，它是以对唯物史观一般规律（广义唯物史观）在当下西方社会发展规律（狭义唯物史观）的唯一性理解为前提，证明方式是直接证明这种规律的铁的必然性、唯一性，因此才得出东方落后国家社会发展前途也是唯一的，即自我灭亡后并入西方主导的世界历史。在这一点上没有差异性、特殊性，差异和特殊性只能表现在前资本主义发展阶段、古代阶段。

马克思晚年东方社会思想实际上遇到了直接证明唯物史观的困难，因而在两个方面进行了修正：其一，直接将狭义唯物史观限定为仅适用于西方资本主义社会的逻辑，在此之前，马克思没有对广义唯物史观与狭义唯物史观①的适用范围进行区分，而是将后者作为前者的直接证明、应用，作为一般历史规律的广义唯物史观在当代历史的普遍、唯一形式。其二，狭义唯物史观又不仅仅是广义唯物史观的证明和应用，而是其真正的立足点和现实基础。马克思晚年深入反思了立足于西方社会历史而建构起来的一般唯物史观，回到《关于费尔巴哈提纲》（以下简称《提纲》）"改造世界"的实践唯物主义本性，回到《形态》中论述的"历史科学"本质，即它不是"适用于各个历史时代的药方和公式"，而是"从对人类历史发展的考察中抽象出来的最一般的结果的概括。这些抽象本身离开了现实的历史就没有任何价值"②，更加强调其作为历史辩证法的方法论意义，应该立足于不同国家和民族、不同时代的具体现实性、特殊性、差异性，才能避免将其作为"超历史"的历史哲学、思辨哲学。

因此，马克思晚年东方社会理论对唯物史观的证明不同于《资本论》的证明，后者是对唯物史观的线性直接证明，前者则是在反思唯物史观辩证本性基础上、非线性的深入证明。马克思这一思想深度体现了唯物史观的本性，不是从哲学逻辑和结论直接推出现实生活和历史，而是从具体的现实生活、现实历史概括出哲学，由此才能真正解释马克思晚年东方社会思想较之过去的变化（世界历史观的变化、东方社会发展道路的变化等内容），这些变化不是背离唯物史观，恰恰是丰富、发展了唯物史观。

马克思晚年东方社会理论所引起的对唯物史观本性、对于狭义唯物史观适用范围的新认识，是用出场学视域理解唯物史观的思想基础。出场学视域最能全面、深入解释马克思创立唯物史观后的全部思想演变，

---

① 张一兵将《德意志意识形态》中创立的经典唯物史观称为"广义历史唯物主义"，其适用范围是整个人类历史各阶段；将《资本论》及其手稿中创立的、立足经济学批判的唯物史观称为"狭义历史唯物主义"，仅适用于资本主义这个特殊历史阶段。参见张一兵：《回到马克思》，南京：江苏人民出版社1999年版。

② 《马克思恩格斯文集》第1卷，北京：人民出版社2009年版，第526页。

而过去仅仅以唯物史观一般原理的"直接应用"来解释马克思的世界历史、《资本论》、东方社会思想则显得不够深入。出场学视域就是反对把唯物史观看成是不变的"在场形而上学",不是封闭的结论和不变的原理,而主张将其理解为是基于特定时代语境、以特定出场路径而不断创新出场的哲学形态。因此,《资本论》所代表的是唯物史观在西方资本逻辑统治下的历史出场形态,它不应该简单适用于东方社会发展,马克思晚年的东方社会特殊发展道路不仅仅是唯物史观的特殊形态和应用,而是基于东方的俄国农村公社发展道路的可能出场形态,异于西方社会的出场形态。出场学视域中的唯物史观不仅将马克思晚年东方社会思想视为对其证明、丰富、发展,而且是"创新出场的新形态"。

基于马克思晚年东方社会思想,以出场学视域理解唯物史观,必然在理论上蕴含着马克思之后唯物史观在苏联革命、建设中开创的不同于西方道路的出场形态;也蕴含着中国革命、发展不同于苏联和西方道路的出场形态,这一理解视域成为唯物史观指导下的苏联道路、中国道路的理论基础。而在现实中,基于不同于唯物史观西欧逻辑的苏联道路、中国道路的成功实践,必然提出唯物史观的东方逻辑研究领域,继而追问唯物史观东方逻辑发展史,作为马哲史范式研究的新领域和生长点。"唯物史观东方逻辑是马克思在一般规律唯物史观和唯物史观西欧逻辑的基础上对唯物史观的又一种全新范式理解"[1],马克思"'东方道路思想'……正是唯物史观与时俱进地发展、不断开辟现代性的东方道路的关键"[2]。

以出场学视域研究唯物史观的东方逻辑史,必须遵循创新出场论唯物史观生成逻辑的一般原则,以区别于"一次完成论""断裂无序论"的生成逻辑,其研究方法论必然采取辩证的研究方法,不同于绝对主义

---

[1] 贾丽民:《也论马克思的东方社会理论:从〈论唯物史观东方逻辑出场的思维方式〉谈起》,见任平主编:《当代中国马克思主义哲学研究 2019》,北京:中央编译出版社 2021 年版,第 149—160 页。

[2] 任平:《论唯物史观的中国逻辑及其世界意义》,载《哲学研究》,2019 年第 8 期。

和相对主义的研究方法。① 它要求从历史语境出发，把唯物史观始终看作是对时代问题的解答，进而考察唯物史观与时俱进的历史逻辑，把握不同时代条件下不同民族实践造就的不同唯物史观出场形态。因此，总体上唯物史观东方逻辑出场史不同于西欧逻辑出场史，具有自身特点；唯物史观东方逻辑出场史内部，列宁开创的唯物史观苏联逻辑出场形态不同于马克思晚年东方社会出场形态，唯物史观中国逻辑出场阶段又不同于唯物史观苏联逻辑出场阶段。

二、唯物史观东方逻辑史的初步建构

近几年，不仅开始了对唯物史观东方逻辑的理论来源、理论基础、方法论的研究，也依据这些原则研究了唯物史观东方逻辑的总体结构、历史演变的阶段和形态、各阶段和形态的内容和产生依据、各阶段形态之间的逻辑关系，初步建构起唯物史观东方逻辑史的基本面貌。

首先，以出场学视域研究唯物史观总体结构。张丽霞、任平认为，"唯物史观就历经了一般规律唯物史观、唯物史观西欧逻辑和唯物史观东方逻辑等三重唯物史观出场形式……与唯物史观东方逻辑相对应的概念是唯物史观西欧逻辑、唯物史观苏联逻辑和唯物史观中国逻辑。……相对于实践的唯物主义哲学而言，唯物史观东方逻辑是二级概念框架层次上的概念"②；认为唯物史观西方逻辑与东方逻辑的共同之处在于"唯物史观东方逻辑与唯物史观西欧逻辑研究的都是社会发展规律问题，或者说，唯物史观东方逻辑与唯物史观西欧逻辑的研究，都是试图将一般规律唯物史观这个理性抽象上升到理性具体的研究"。

---

① 张丽霞、任平：《唯物史观生成逻辑之辨》，载《理论探讨》，2019 年第 6 期；冯建华：《出场学视域中的唯物史观演进逻辑：近年来唯物史观理论史研究的新动向》，见任平主编：《当代中国马克思主义哲学研究 2019》，北京：中央编译出版社 2021 年版，第 19—37 页。

② 张丽霞、任平：《论唯物史观东方逻辑出场的思维方法》，载《世界哲学》，2020 年第 6 期。

其次，研究了唯物史观东方逻辑的内涵。都是从与唯物史观西欧逻辑相区别的意义上进行界定，认为唯物史观东方逻辑的内涵包括无产阶级革命、社会主义建设发展的两大主要内容。任平将唯物史观的西欧逻辑界定为"不同于资本逻辑规制的现代性道路"，唯物史观东方逻辑则是不同的"新现代性道路"；张丽霞等认为，"唯物史观西欧逻辑发现了西欧社会历史发展的一般规律"，唯物史观东方逻辑就是东方社会发展的一般规律，是"帮助人们走向共产主义的可操作性发展逻辑"。

再次，研究了唯物史观东方逻辑史的建构原则。任平认为唯物史观东方逻辑产生了三大理论成果："马克思的东方道路思想，列宁领导的十月革命开辟了现代性的社会主义道路，以及新现代性的中国道路"①。唯物史观东方逻辑史的建构应该围绕这三大理论成果，遵循出场学的一般原则和方法论，研究唯物史观东方逻辑演变的不同出场阶段、出场形态，深入揭示各阶段的出场条件、出场语境、出场路径所决定的出场形态产生的必然性和根据，挖掘各个出场阶段演变、发展的内在逻辑关系。

最后，将唯物史观东方逻辑发展史分为三大阶段和形态，即马克思晚年东方社会理论阶段和形态、唯物史观苏联逻辑阶段和形态、唯物史观中国逻辑阶段与形态。在后两种形态中又分为唯物史观苏联革命与建设两个小阶段、唯物史观中国革命与发展两个小阶段。这样就初步建构起唯物史观东方逻辑出场史的基本面貌。

（一）马克思晚年东方社会理论：唯物史观东方逻辑史的开端

关于这一点，学者们都共同以出场学视域对马克思晚年东方社会理论进行研究，指出，这是马克思唯物史观研究内容、重点的一次转向，在具体内容上也修正了其过去在相关问题上的结论（比如世界历史观的变化、东方社会发展道路的变化等内容），这不是唯物史观的直接线性

---

① 任平：《论唯物史观的中国逻辑及其世界意义》，载《哲学研究》，2019年第8期。

证明、简单推广,而是对于东方的俄国农村公社发展道路具体的、可能的出场形态。它不同于西方社会的出场形态(过去马克思曾一度将其作为普遍、唯一的狭义唯物史观形态),它加深了经典唯物史观蕴含的具体、现实、历史维度,强调了对唯物史观一般规律的辩证理解,并将建立在经济学批判得出的狭义唯物史观(以《资本论》为代表)限定为唯物史观的西欧逻辑,是"仅限于西欧的结论",不能将其作为"超历史的一般历史哲学",成为永恒在场的形而上学,不能简单适用于东方社会发展。这为其他东方落后国家社会主义革命、发展道路开辟了不同于西方的方向,奠定了唯物史观出场学理解的理论基础,是我们以出场学视域理解唯物史观的根据,是唯物史观的深入证明、创新出场式发展。因而它也必然开创了唯物史观的东方逻辑研究领域,是唯物史观东方逻辑史的开端。

(二) 唯物史观苏联逻辑阶段:唯物史观东方逻辑的理论深化与第一次成功实践

1. 帝国主义时代唯物史观东方革命逻辑史的开端:列宁主义"一国胜利论"

马克思晚年东方社会理论论述了俄国农村公社局部的发展前途,即可能"跨越卡夫丁峡谷",直接过渡到共产主义。但是,马克思还没有直接论述东方其他落后国家是否可能也像俄国一样,也没有明确提出它是否可以普遍适用于广大东方落后国家,成为一种普适性不同于西方社会发展逻辑的"唯物史观东方逻辑"。

列宁虽然没有直接看到马克思晚年东方社会理论的文本,没有在自觉意识层面发展这一理论,但是他根据马克思经典唯物史观论述(《〈政治经济学批判〉序言》)中所包含的具体性、现实性维度的理解,从唯物史观理论本质出发,提出了在帝国主义时代条件下,俄国无产阶级革命、建立社会主义的"一国胜利论",并且以此为指导进行了"十月革命"实践,成功建立起人类历史上第一个社会主义政权,开创了社会主义实践的新纪元。列宁的这一理论既是帝国主义时代的马克思主义理论，也是唯物史观在帝国主义时代的东方出场形态，成为唯物史观东方革命逻辑史的开端。

列宁"一国胜利论"作为唯物史观出场形态，其出场的历史条件是帝国主义时代，马克思当年创立唯物史观西欧逻辑时处于自由资本主义时代，帝国主义时代呈现出不同于自由资本主义阶段的新特征、新内容，由于瓜分殖民地、攫取超额剩余价值，资本主义由于国内自由竞争进入垄断阶段，并由企业垄断发展到国家垄断，由一国垄断再发展到组成由主要资本主义国家组成的政治、经济、军事的两大对立同盟，空前规模、空前激烈的垄断同盟之间的竞争必然导致帝国主义国家阵营之中出现薄弱环节，其国内矛盾和外部矛盾空前尖锐，无法解决，俄国这种东方相对落后的资本主义国家正是这种薄弱环节，因而具备了由成熟的无产阶级政党领导的无产阶级革命并建立社会主义政权的历史条件和机遇。

虽然列宁没有直接接触到马克思晚年东方社会理论，但他依据对唯物史观本质的辩证理解，实际上继承、发展了马克思的唯物史观东方逻辑，并且在理论上开创了唯物史观东方革命逻辑史的开端，在实践层面取得成功。

2. 唯物史观东方发展逻辑史的开端：苏联社会主义建设的曲折摸索

列宁"一国胜利论"创立了唯物史观东方逻辑在帝国主义时代的出场形态开启了无产阶级革命实践的出场形态，而革命逻辑目的是进行社会主义建设，探索建设逻辑，由此才能巩固社会主义政权，最终为实现共产主义创造条件。苏联共产党对此进行了艰难的探索。

列宁在"战时共产主义"政策出现严重问题之后，进行了社会主义建设新探索，这一探索并没有完全遵照马克思的设想，而是实行带有国家资本主义色彩的"新经济政策"，以此作为一种暂时策略，促进生产力发展、增强社会主义政权的物质基础。列宁去世后不久，以斯大林为首的苏共中央结束了"新经济政策"，基本按照马克思《〈哥达纲领〉批判》中对社会主义的设想，建立起高度集中、统购统销的计划经济体制，成为社会主义建设的正统模式。这一体制尽管当时也存在一些问题，但它在当时苏联工业化初期显示出巨大力量，使苏联由一个工业相对落后的农业国一跃成为世界第二、欧洲第一的工业国，并最终领导了世界反法西斯战争，取得了伟大卫国战争的胜利，这一模式在二战后扩展到东欧，东欧各国建立起复制这一模式的社会主义国家。

尽管在20世纪60年代之前，苏联这一社会主义建设的道路和模式取得巨大成就，但是随着历史发展，它逐渐暴露出脱离实际、僵化、教条的缺陷，在20世纪80年代其问题越来越严重，最终这一出场形态在苏联、东欧退场，其间的深刻教训值得进一步反思和总结。

（三）唯物史观中国逻辑阶段：唯物史观东方逻辑理论与实践的进一步深化与升华

1. 唯物史观东方革命逻辑史的深化：毛泽东新民主主义理论

列宁的"一国胜利论"开创了唯物史观东方革命逻辑的先河，也开创了世界历史的新局面，即与欧洲资本逻辑统治的世界历史相并存的东方社会主义国家的世界历史，因而也就提出在这一新的世界历史格局中，更加落后的其他东方国家是否也可以加以复制，建立共产党并由其领导进行革命，最终建立社会主义政权。

在当时中国新文化运动反思近代中国落后挨打原因、寻找新的救国救民方案的探索中，中华民族的觉醒者终于自觉选择了"以俄为师"、以马克思唯物史观为思想指导，成立中国共产党，最终建立社会主义，实现共产主义的道路。

但是，在实现这一最终目标的具体步骤、阶段、领导阶级、斗争对象、同盟阶级、是否完全照搬苏联革命道路等问题上，先驱者们存在着原则性分歧。这一分歧在第一次国共合作失败后尖锐化。

毛泽东根据中国革命的经验和教训，从唯物史观出发，科学分析了中国社会的性质，并基于这一特点论述了中国革命的性质、任务、阶段、对象、领导阶级、同盟者等内容，形成了新民主主义理论，批判了将唯物史观西欧逻辑简单移植到中国的错误，也批判了将唯物史观苏联革命逻辑简单复制的错误。

唯物史观不是刻板的公式、教条，而是基于历史现实的辩证规律，是一种指导实践的方法论。对民主革命阶段的所有问题的认识都源于对中国社会性质的科学分析，资产阶级西化派、陈独秀的"二次革命论"都认为资本主义社会是历史上不可跨越的阶段，中国社会已经是或即将是资本主义社会，中国革命性质必然是资产阶级领导的资产阶级民主革命；党内的"一次革命论""城市中心论"则认为中国社会已经是资本主义性质，应该将一切资产阶级（包括小资产阶级、民族资产阶级）列为革命对象，可以像苏联一样进行完全的社会主义革命，毕其功于一役，不必经过一个资产阶级民主革命阶段。

以毛泽东为首的中国共产党人认为中国社会既非典型的资本主义，也非典型的封建主义，而是一种半殖民地、半封建、半资本主义的社会，由此决定中国革命的性质仍然属于资产阶级民主革命的范畴，但它与社会主义革命又是互相联系、紧密衔接的，中间不允许插入资产阶级专政，革命的前途必然是社会主义；帝国主义不允许出现强大的中国资产阶级作为竞争对手，导致中国资产阶级的软弱性、买办性、寄生性，所以资产阶级不能领导革命，只能由无产阶级担任领导；革命的对象，即帝国主义、封建主义、官僚资本主义；革命的同盟者是农民、小资产阶级和民族资产阶级（不能将其作为革命对象，而是作为革命的动力）；革命分为两个阶段：第一阶段是改变半殖民地半封建的社会形态，使中国成为一个独立的新民主主义国家，第二阶段是建立社会主义社会。

新民主主义理论是在20世纪中国唯物史观的出场形态，是一种唯物史观的中国革命逻辑。它既没有照搬唯物史观西欧逻辑，走资本主义道路；也没有简单复制苏联十月革命的逻辑，完全照搬"城市中心论"、直接进行社会主义革命；而是采取中国无产阶级领导、广泛发动农民，走"农村包围城市"革命道路，以新民主主义革命形式，夺取政权后再进行社会主义革命。在这一理论指导下，中国革命相继取得抗日战争、解放战争的胜利，推翻国民党统治，建立起新民主主义的政权。这一唯物史观的中国革命逻辑丰富了唯物史观东方革命逻辑，它开创的东方落后国家的新民主主义革命道路，为世界其他半殖民地、半封建的落后国家革命指引了方向。

2. 唯物史观东方发展逻辑史的升华：中国特色社会主义理论及新时代中国特色社会主义思想

毛泽东的新民主主义道路是唯物史观东方革命逻辑的深化，在其成功之后建立起新民主主义政权，还只是初步实现了中国人民"站起来"的目标。经过短暂过渡时期，中国进入社会主义社会，必然推进唯物史观东方建设逻辑的发展和创新。

最初我们也将唯物史观苏联建设逻辑当成是较落后国家社会主义建设的普遍规律，采取"一边倒"态度，虽然在某些个别方面也有所改变，但总体上照搬了这一逻辑，建立起高度集中和统一的计划经济模式（简称苏联模式），在当时确实激发起人民的劳动热情，并一度取得巨大成效，取得抗美援朝立国之战的胜利，初步建立了比较完整的工业化体系。

但是，随着历史发展，源自苏联的这一体制逐渐暴露出僵化、保守、教条的弊端，人民的生产积极性逐渐衰减，导致后续发展缓慢，人民生活水平没有得到根本改善。

历史现实的曲折发展，使我们深刻反思这一社会主义建设模式，认识到苏联的社会主义建设道路并不是唯物史观东方发展逻辑的唯一内容、普遍规律，必须真正按照唯物史观本质要求，全面、准确认识现实社会主义实际情况，独立探索唯物史观建设逻辑的中国出场形态。

十一届三中全会以后，以邓小平为核心的党中央开始独立探索社会主义建设道路，将中心工作转移到现代化建设上，确立了改革开放的总方针，逐渐形成建设有中国特色社会主义理论。这一理论以反思"什么是社会主义、怎样建设社会主义"为中心问题，确立社会主义新标准在于解放和发展生产力、消灭剥削和两极分化、实现共同富裕，这一理论的核心是确立了社会主义市场经济体制，取代了传统的计划经济体制；其现实依据源自对中国处于社会主义初级阶段的判定，传统计划经济体制超越、脱离了这一国情，因而必须改革；而完全"西化"是被历史证明的邪路，因而必须坚持四项基本原则。社会主义市场经济体制的关键在于辩证对待"资本逻辑"，既要立足实际承认资本依然发挥着推动历史发展"伟大的文明作用"，需要利用好资本的这一积极作用，又要看到其带来的消极作用，在"与狼共舞"中限制资本、驾驭资本。邓小平理论立足于对中国所处时代的准确判定，因而既不同于唯物史观的西欧逻辑，也不同于唯物史观的苏联建设逻辑，是唯物史观东方发展逻辑的中国出场形态。

　　中国特色社会主义道路的实践经过 40 余年的探索取得了伟大成就，社会主要矛盾也不再是人民日益增长的物质文化需要同落后的社会生产之间的矛盾，而是逐渐转变为人民日益增长的美好生活需要和不平衡不充分的发展之间的矛盾。中国国际影响力空前提高，前所未有地走近世界舞台的中央、接近中国民族的伟大复兴中国梦的实现，中国特色社会主义进入新时代，形成了习近平新时代中国特色社会主义思想。这一思想丰富了唯物史观中国发展逻辑，它系统、深刻地回答了中国为何发展、发展什么、怎样发展等根本问题。人民对美好生活的向往、坚持以人民为中心就是中国"为何发展"的内容；富强民主文明和谐美丽的目标就揭示了"发展什么"的内容；在中国共产党的领导下，坚持和发展中国特色社会主义，走中国式现代发展道路，通过"五位一体"的建设、全面深化改革来实现中华民族伟大复兴的中国梦，就是"怎样发展"的方案。

习近平新时代中国特色社会主义思想开创了中国式现代化新局面、新阶段，是中国特色社会主义理论的升华，是21世纪马克思唯物史观东方建设逻辑的出场形态，它引领着世界社会主义运动，为广大发展中国家实现现代化提供了中国智慧、中国方案，它还必将进一步丰富、发展唯物史观的东方逻辑。

三、需要进一步说明和继续探索的问题

以出场学视域，基于思想史的基本事实、唯物史观本性建构马克思唯物史观东方逻辑史的基本面貌，还只是提供了一个初步研究的基本框架，还有许多问题需要进一步说明，还有许多理论问题需要深入研究。

首先，需要说明唯物史观东方逻辑与马克思晚年东方社会理论之间的关系。

基于前文的唯物史观东方逻辑史的框架叙述，唯物史观东方逻辑是由马克思晚年东方社会理论开启，并在苏联和中国革命和发展的理论与实践中得到真正深化，进而获得唯物史观苏联革命和发展的出场形态、唯物史观中国革命和发展的出场形态。虽然我们从出场学视域厘清了唯物史观东方逻辑的各出场形态的逻辑关联，指出了马克思之后的东方逻辑形态来源于马克思晚年开创的唯物史观东方逻辑，但这种逻辑关联并不是当时自觉认识到的，当时各出场形态并不都是在自觉发展马克思晚年东方社会理论；而且有些出场形态经历了曲折历程，伴随、交织着对出场学唯物史观原则的某种偏离。事实上无论列宁、斯大林、毛泽东等人还是当时的学者们，根本不知道马克思晚年东方社会理论，体现马克思东方社会理论的著作是到20世纪70年代之后才被逐步发现、发表出来，逐渐被世人了解。

列宁在领导、开创以十月革命胜利为标志的东方社会主义革命道路时，并不知道也没有阅读过马克思晚年的人类学著作。唯物史观中国革

命逻辑与唯物史观苏联革命逻辑则有所不同，毛泽东在开辟唯物史观中国革命道路（即新民主主义革命道路）、形成唯物史观中国革命逻辑（即新民主主义论）时，是高度自觉地依据对唯物史观本质的理解，进行发展创新，发表了《实践论》《矛盾论》《反对本本主义》《新民主主义论》等著作，形成了"农村包围城市"、武装割据的革命道路，明确反对照抄唯物史观苏联革命逻辑的教条主义，并最终取得新民主主义革命、社会主义革命的胜利；但是在如何建设和发展社会主义、形成唯物史观中国发展逻辑问题上，他虽然进行一定探索，但在总体上还是拘泥于马克思基于西欧逻辑而总结出的唯物史观的某些具体内容、具体表述，将唯物史观苏联发展逻辑等同于唯物史观东方发展逻辑一般，等同于一般规律，采取基本照搬态度，而将商品经济、非公有制形式、非按劳分配形式完全列为资本主义的内容，排斥在社会主义建设和发展逻辑之外，最后导致社会主义建设一度停滞。邓小平在开创有中国特色社会主义道路、形成邓小平理论时，已经认识到马克思东方社会理论，也认识到中国特色社会主义理论与马克思晚年东方社会理论之间的关系；习近平创立新时代中国特色社会主义思想时，则对其与马克思东方社会理论内在关系的认识更为自觉、深入。

　　认识到以上事实，并不意味着马克思之后大部分东方逻辑形态与马克思东方社会理论之间没有逻辑关联，也不意味着以出场学视域建构的唯物史观东方逻辑史没有根据、不能成立。其一，唯物史观东方逻辑史的建构符合唯物史观的本性，因为唯物史观强调一切从"改造世界"的实践唯物主义本性出发，作为"唯一的历史科学"，从对人类历史发展的考察中抽象出来的最一般的结果的概括，而不是脱离现实的"现成的药方和公式"，应该立足于不同国家和民族、不同时代的具体现实性、特殊性、差异性，避免将其作为"超历史"的历史哲学、思辨哲学。其二，这一建构实际和马克思建构狭义唯物史观，即唯物史观西欧逻辑史（《资本论》中的资本的逻辑史）建构都采取同样方式，遵循"逻辑与历史相一致"的原则，不是完全按照思想家头脑中的自觉意识，而是主要采取抽象逻辑建构、"从后思维法"等，揭示各形态之间的必然联系。

其次，唯物史观东方逻辑的内涵还需进一步深入研究。

张丽霞等认为，"唯物史观西欧逻辑发现的是西欧社会历史发展的一般规律"，唯物史观东方逻辑就是东方社会发展的一般规律，是"帮助人们走向共产主义的可操作性发展逻辑"[1]；贾利民认为，"唯物史观东方逻辑则是在唯物史观一般原理的原则指导下，借鉴西欧社会发展经验，总结东方社会发展状况而概括和提炼出的东方社会如何实现共产主义的一般社会发展规律"[2]；任平将唯物史观的西欧逻辑界定为"不同于资本逻辑规制的现代性道路"，唯物史观东方逻辑则是不同于它的"新现代性道路"[3]。

从上述三种论述来看，对唯物史观东方逻辑内涵的界定具有根本一致性，即都是基于思想史的材料，从与唯物史观西欧逻辑相区别的角度进行界定，都认为唯物史观东方逻辑的内涵包括无产阶级革命、社会主义建设发展的两大主要内容，这样理解都是正确、科学的。但是其中又确实存在差异。第一个角度着眼于唯物史观规律性，将唯物史观东方逻辑看做是唯物史观一般规律的应用；第二个着眼于如何实现共产主义的角度；第三个角度着眼于从马克思时代开始的世界历史、现代性角度进行界定。这其中既有一致性，也存在着角度的差异，而角度的差异会影响对唯物史观东方逻辑内涵与性质的把握。

---

[1] 张丽霞、任平：《论唯物史观东方逻辑出场的思维方法》，载《世界哲学》，2020年第6期。

[2] 贾丽民：《也论马克思的东方社会理论：从〈论唯物史观东方逻辑出场的思维方式〉谈起》，见任平主编：《当代中国马克思主义哲学研究2019》，北京：中央编译出版社2021年版，第149—160页。

[3] 任平：《论唯物史观的中国逻辑及其世界意义》，载《哲学研究》，2019年第8期。

一般规律的经典唯物史观是科学社会主义、共产主义实践的理论基础，就此而言第一与第二种角度本质是一致的，也就是说从唯物史观一般规律具体应用于东方而产生东方逻辑，与东方实现社会主义和共产主义运动道路是一致的。但如果深入到对马克思如何批判地对待资本逻辑现代性、东方社会所实现的社会主义的性质和内容去理解，这几种观点还是存在一些差异。

第一、二种观点强调唯物史观东方逻辑的性质是一种共产主义的建设逻辑，第三种观点强调东方逻辑的本质是新现代性。这里新现代性包含两个层面：其一是说东方社会的革命道路是一种不同于马克思原来认为的、西方经典现代性条件下"同时胜利"的道路；其二是说东方社会所实现的社会主义建设道路开创了一种新型的现代性世界历史，即不同于资本主义的世界历史和现代性。马克思在狭义唯物史观中，即唯物史观西欧逻辑中（《形态》《宣言》《资本论》等为代表著作）曾认为世界历史、现代性仅存在西欧一种形式，别无其他；而马克思晚年则开创了双向度的世界历史观、现代性观，使唯物史观以另一种方式实现和出场，并奠定了唯物史观东方逻辑的理论基础。苏联和中国的后来者们则在实践上使世界历史和现代性的另一向度实现出来，它们都构成并丰富了唯物史观东方逻辑，并使唯物史观东方逻辑本身发展出不同类型，而无论哪种东方逻辑，其性质和内容都是新现代性。无论苏联还是中国的革命逻辑，都不同于马克思设想的基于西方现代性条件下经典的"同时胜利"的革命逻辑；苏联和中国的社会主义建设逻辑则开辟出不同于西方经典现代化道路的新道路；同时，中国社会主义发展逻辑又开辟出不同于西方后工业道路，又同时吸收二者积极因素的新现代性特点。

中国特色社会主义理论，尤其是作为 21 世纪马克思主义的习近平新时代中国特色社会主义思想，是新现代性发展逻辑的充分体现，代表了发展中国家探索现代化道路实践的新要求、新特点，具有时代性、创新性、成长性、适用性，使唯物史观东方发展逻辑达到了全新理论高度。

（作者冯建华系江苏师范大学哲学范式研究院教授、哲学博士；研究方向为马克思主义哲学史、马克思主义哲学原理）

马克思主义哲学文本文献学视阈的唯物史观东方逻辑理论[*]

张丽霞

[摘　要] 从马克思主义哲学文本文献学的视阈看，唯物史观东方逻辑是马克思在一般规律唯物史观和唯物史观西欧逻辑基础上对唯物史观的又一种全新范式理解，它是准确理解唯物史观不可或缺的重要组成部分。就唯物史观东方逻辑对社会形态结构的研究而言，唯物史观东方逻辑理论是具有基础性意蕴的社会形态结构差异性理论。就唯物史观东方逻辑对社会发展趋势的研究而言，唯物史观东方逻辑理论是具有实践性意蕴的社会发展道路多样性理论。就唯物史观东方逻辑对现实生活世界理论属性的研究而言，唯物史观东方逻辑理论是具有客观性意蕴的社会生活实践的现实性理论。

[关键词] 唯物史观东方逻辑　理论　马克思主义哲学文本文献学

既然唯物史观东方逻辑出场是马克思一项没有完成的事业，那么，对唯物史观东方逻辑理论的把握就存在着最为深层意蕴上的概括困难；

---

[*] 本文系国家社会科学基金项目"新时代党的历史观研究"（项目编号：22BKS056）；教育部人文社科项目"哲学形态演变视阈中的唯物史观研究（项目编号：19YJC710104）"；江苏师范大学人文社科研究基金项目"《马克思主义基本原理概论》课程教学的重点难点（项目编号：20XFRS006）的阶段性成果。

因为，最为深层意蕴上的理论概括需要以众多的学术性资源为前提，而关涉唯物史观东方逻辑的这种学术性资源相对缺乏。从这种认知思维理解，对唯物史观东方逻辑理论的把握，就只能试图从唯物史观东方逻辑的研究内容上来着手。当然，这里所指的研究内容也是属于相对深层次的问题研究，即是我们从马克思的文本文献中概括出来的问题研究，而不是马克思直接阐明的问题的研究。不论是就唯物史观东方逻辑对社会形态结构的研究视角理解，还是就唯物史观东方逻辑对社会发展趋势的研究视角理解，抑或是就唯物史观东方逻辑对现实生活世界理论属性的研究视角理解，唯物史观东方逻辑的理论问题，就是指唯物史观东方逻辑阐明的社会历史发展规律是什么的问题，即唯物史观东方逻辑不仅阐明了社会形态结构差异性逻辑理论在社会历史演变过程中具有基础性作用的社会历史发展规律，阐明了社会发展道路多样性逻辑理论在社会历史演变过程中具有实践性作用的社会历史发展规律，而且阐明了社会生活实践的现实性逻辑理论在社会历史演变过程中具有客观性作用的社会历史发展规律。

一、阐明社会形态结构差异性逻辑的理论

这里所指的差异性与异质性范畴不同，差异性是指不同的社会形态在结构上存在着差别，异质性是指同一个社会形态中存在多种价值取向，即差异性与异质性的研究对象不同，也可以说，差异性与统一性是同一个范畴，异质性与同质性是同一个范畴，即差异性与异质性不存在交叉性和可比性。作为唯物史观东方逻辑理论的社会形态结构差异性逻辑表征的社会发展规律，主要阐释的理论逻辑有三个方面，即澄清唯物史观西欧逻辑历史演变的特殊性、批判社会历史演变逻辑的同一性本质和否定社会历史演变道路的统一性历程。就澄清唯物史观西欧逻辑历史演变的特殊性视角理解，唯物史观东方逻辑的理论使命之一就是要阐明唯物史观西欧逻辑中的经验是基于西欧社会历史发展状况概括出的西欧

社会的发展规律，即阐明唯物史观西欧逻辑中的规律虽然具有一般规律的意蕴，但不属于能够适用于所有国家或民族发展道路的社会发展规律。就批判社会历史演变逻辑的同一性本质视角理解，唯物史观东方逻辑认为，社会演变逻辑理论不认同存在着具有完全相同演变史的社会形态的演变，即唯物史观东方逻辑反对社会历史发展中存在着同一性的演变逻辑。就否定社会历史演变道路的统一性历程视角理解，唯物史观东方逻辑认为社会实践的道路上没有也不可能存在具有统一性的社会发展道路，即每一个民族和国家的发展道路，都必须既具有普遍的共性逻辑又具有特殊的个性逻辑。

（一）唯物史观东方逻辑阐明唯物史观西欧逻辑历史演变的特殊性

唯物史观东方逻辑阐明了唯物史观西欧逻辑历史演变的特殊性，是指唯物史观西欧逻辑所总结的关于西欧资本主义社会的发展理论具有其特定的适用范围，也即具有特殊性，因此，不能不加剪裁地将其照搬到东方国家的发展道路之中。马克思不仅在给《维·伊·查苏利奇的复信》中表明了"这一运动的'历史必然性'明确地限于西欧各国"① 的范围内，而且在《给〈祖国纪事〉杂志编辑部的信》中谴责了把他"关于西欧资本主义起源的历史概述"理解为"一般发展道路的历史哲学理论"② 的"批评家"。学术界大多强调东方社会（尤其俄国农村公社）可以跨越"卡夫丁峡谷"所具有的特殊性。这一观点，也可以从反向思维的角度理解为，虽然马克思强调的是东方社会发展的特殊性，但同时也是强调了西欧社会发展的特殊性，即反映了概括其发展特殊性的西欧逻辑不是一般规律唯物史观。否则，很容易把"欧洲的独特"当成

---

① 《马克思恩格斯全集》第 25 卷，北京：人民出版社 2001 年版，第 482 页。
② 《马克思恩格斯全集》第 25 卷，北京：人民出版社 2001 年版，第 145 页。

"人类普遍进步"① 的标尺，意即唯物史观东方逻辑澄清其特殊性本质特征，具有限制泛化的意蕴。

唯物史观东方逻辑澄清唯物史观西欧逻辑历史演变的特殊性，既是要澄清唯物史观西欧逻辑可能被误解的原因，也是出于解答俄国进步人士关于俄国未来社会发展道路出现疑惑的原因。从澄清唯物史观西欧逻辑可能被误解的角度理解，之所以要澄清，就是因为有误解的可能性。如尼·康·米海洛夫斯基等学者，就将马克思的唯物史观西欧逻辑理解为一般历史哲学，片面地理解了马克思的社会形态依次演进理论。面对这一"侮辱"②，马克思或者是出于还自己一个清白，或者是还唯物史观西欧逻辑一个清白的需要，通过深入研究东方社会发展规律，发现了唯物史观东方逻辑。只有澄清唯物史观西欧逻辑特殊的适用范围，才能减少将世界任何国家发展道路都视为必须经历五种社会演变形态的观点。从解答俄国进步人士关于俄国未来社会发展道路出现疑惑的角度理解，随着《资本论》第一卷在俄国的传播，俄国一些进步人士对未来俄国社会如何发展的问题出现了困惑，这一困惑促使马克思对其进行深入思考，即是否能够将唯物史观西欧逻辑直接推及到"农村公社和资本主义还不发展的俄国"③。这就意味着，马克思关于俄国社会未来走向的思考和回答，其实就是探寻东方社会发展"特殊性"的唯物史观理论根据，而这一特殊性的分析必然离不开与唯物史观西欧逻辑的对比。因此，马克思回答俄国未来社会发展道路的过程，事实上就可以理解为澄清唯物史观西欧逻辑所具有的特殊性的过程，即可以说俄国进步人士关于俄国发展问题的困惑，是激发马克思澄清唯物史观西欧逻辑的又一原因。

唯物史观西欧逻辑是关于西欧资本主义社会的发展规律总结，不仅

---

① 叶险明：《马克思对"西方中心主义"拒斥的全面性——兼论马克思晚年关于资本主义与社会主义关系研究范式的发展》，载《马克思主义与现实》，2014年第5期。

② 参见《马克思恩格斯全集》第25卷，北京：人民出版社2001年版，第145页。

③ 叶险明：《马克思对"西方中心主义"拒斥的全面性——兼论马克思晚年关于资本主义与社会主义关系研究范式的发展》，载《马克思主义与现实》，2014年第5期。

表现在内容上，而且表现在西方社会的发展形式上。从内容上理解，唯物史观东方逻辑要澄清唯物史观西欧逻辑，在一定意义上就是要澄清唯物史观西欧逻辑所适用环境的特殊性，或者说，就是要澄清西欧资本主义社会与东方社会具体历史环境的差别性。唯物史观东方逻辑要澄清唯物史观西欧逻辑历史演变的特殊性，既可以从历史起源的角度看，也可以从未来社会发展前途的角度来把握。就历史起源的特殊性看，西欧资本主义是靠"剥夺农民"起源的，而俄国可以不走像西欧那样"剥夺农民"的道路，即不必"把他们从他们的土地上赶走"①。基于此，可以认为西欧资本主义社会与东方社会的起源方式不同，进而可以判定西欧资本主义起源也具有特殊性。就未来的社会发展形式理解，西欧资本主义通过剥夺农民所取得的成果不过是所有制的形式由"私有的、分散的"变为"私有的、集中的"②，而所有制的本质并没有发生变化。与之不同的是，俄国社会发展的走向具有多种可能，即"或者是私有成分在公社中战胜集体成分，或者是后者战胜前者"③。按照这种逻辑来看，西欧资本主义社会未来发展必然性与俄国农村公社未来发展的不确定性也使得唯物史观西欧逻辑的演变具有特殊性。

（二）唯物史观东方逻辑批判社会历史演变逻辑本质的"同一性"

唯物史观东方逻辑批判了社会历史演变逻辑中的"同一性"理论，就是指唯物史观东方逻辑认为社会历史演变既具有一般历史进程逻辑，又可以具有特殊历史进程逻辑，即认为社会历史演变是统一性与多样性的统一。与唯物史观东方逻辑关于社会历史演变逻辑的理解不同，社会历史演变逻辑的同一性演变理论只看到了社会历史演变统一性方面，并把五种社会形态依次演进的理论形而上地理解为一般历史哲学，因而就具有了片面性和狭隘性的特点。英国历史学家霍布斯鲍姆就十分赞成唯

---

① 《马克思恩格斯全集》第25卷，北京：人民出版社2001年版，第468页。
② 《马克思恩格斯全集》第25卷，北京：人民出版社2001年版，第471页。
③ 《马克思恩格斯全集》第25卷，北京：人民出版社2001年版，第478页。

物史观东方逻辑中的社会历史演变多样性理论,"马克思对历史发展的观点从来就不是单线式的"①。按照这个观念理解,社会历史演变逻辑的同一性本质理论仅仅看到了社会历史演变逻辑一般进程的一面,并机械化地将其理解为所有国家或民族都要按照这个一般性历史进程演进,而忽略了每个国家或民族生动、具体的历史发展,违背了唯物史观东方逻辑关于社会历史演变进程统一性与多样性相统一的观点,从而理应受到批判。

唯物史观东方逻辑之所以批判社会历史演变逻辑的同一性演变理论,既是因为同一性演变理论忽略了不同国家的具体国情,也是因为社会历史演变逻辑的同一性演变理论公式化解读"五形态论"。就社会历史演变逻辑的同一性本质理论忽略各民族、国家的具体国情视角理解,社会历史的发展、社会形态的演进,不仅应该遵循一般社会发展规律,也应该考虑具体国家或民族的具体国情。而社会历史演变逻辑的同一性演变理论认为各个国家或民族都必须按照一般规律意义上的"五形态论"发展,忽视了具体国家、民族的具体情况。针对这一现象,马克思指出,"抽象本身离开了现实的历史就没有任何价值"②。就社会历史演变逻辑的同一性演变理论公式化解读"五形态论"视角理解,唯物史观东方逻辑认为,社会历史演变的"五形态论"是马克思基于社会基本矛盾运动总结出的西欧社会的一般社会发展规律,但它并不否定其他非西欧的国家或民族可以实现跨越式发展的可能性。马克思肯定社会历史演变的统一性和多样性,但社会历史演变逻辑的同一性演变理论试图把"五形态论"抽象化为社会历史演变的唯一尺度,从而否定社会历史演变多样性的本质性特征。

社会历史演变逻辑的同一性演变理论之所以在对社会历史演变的认识上出现错误,一个重要的原因是在社会历史演变逻辑的认知上出现了

---

① 转引自江丹林:《马克思的晚年反思》,北京:北京出版社1992年版,第196页。
② 《马克思恩格斯文集》第1卷,北京:人民出版社2009年版,第526页。

错误。就方法论的视域理解，唯物史观东方逻辑在对同一性演变理论的反思中，既坚持了历史与逻辑相统一的方法，也坚持了一切从实际出发的原则。从历史与逻辑相统一的视域理解，"历史从哪里开始，思想进程也应当从哪里开始"①。从这一逻辑出发，马克思既看到了历史演进的统一性，也看到历史演进过程中不同国家、民族的特殊性。从一切从实际出发原则的视域理解，马克思晚年的跨越发展观丰富了马克思社会历史演变的思想。随着区域史或民族史变为世界史，俄国的社会发展能够利用"资本主义制度所创造的一切积极的成果"②，从而实现对已有发展模式的跨越。这就是说，唯物史观东方逻辑认为，世界历史发展打破了地区之间、民族之间交往的限制，从而改变了"某一个地域创造出来的生产力"③单独发展或遭到毁灭的状况，也为俄国利用同时代资本主义社会发展的成果提供了可能。总之，马克思正是基于世界历史发展的这一事实，突破了社会历史演变逻辑的同一性演变理论的理论局限性。

（三）唯物史观东方逻辑否定社会发展道路演变的"统一性"

唯物史观东方逻辑既承认人类社会是按照"五形态理论"进行演变的，同时又承认各民族和国家应该具有自己特殊的发展道路。所谓任何国家或民族都不能违背统一性的社会发展规律，要严格按照社会发展五阶段顺序发展，即"所有的民族都经历基本相同的道路"④。在马克思看来，造成这种理解的原因或许在于"我的观点是把经济的社会形态的发展理解为一种自然史的过程"⑤。然而，在致路德维希·库格曼的信中，马克思又提到了"如果'偶然性'不起任何作用的话，那么世界历史就

---

① 《马克思恩格斯文集》第 2 卷，北京：人民出版社 2009 年版，第 603 页。
② 《马克思恩格斯全集》第 25 卷，北京：人民出版社 2001 年版，第 465 页。
③ 《马克思恩格斯文集》第 1 卷，北京：人民出版社 2009 年版，第 559 页。
④ 转引自罗荣渠：《论一元多线历史发展观》，载《历史研究》，1989 年第 1 期。
⑤ 《马克思恩格斯全集》第 44 卷，北京：人民出版社 2001 年版，第 10 页。

会带有非常神秘的性质"①。按照这个逻辑理解,恰恰是那些偶然性的存在使得世界历史发展日益生动、具体。就社会发展道路而言,俄国农村公社有可能"跨越卡夫丁峡谷"也是具体、可感历史的体现。

唯物史观东方逻辑之所以要否定社会历史演变道路的统一性理论,既有现实原因,也有理论原因。就现实原因的视角理解,马克思通过对俄国特殊国情的考察,发现通向共产主义社会的道路并不是只有一条,即通向共产主义社会的不仅有西欧的社会发展之路,也有俄国的道路,当然还可以有别的国家的发展道路。造成这种现象的一个重要原因在于,"道路则是由具体国家、具体民族的特定发展历程而决定。规律在各个国家、民族以及这些国家、民族的不同发展阶段上所实现的方式不同,形成的道路也就不同"②。这就是说,唯物史观东方逻辑是从不同的、具体的、生动的东方社会和西方社会的发展中,发现社会历史演变道路既具有普遍的共性逻辑,也具有特殊的个性逻辑。就理论原因的视角理解,19世纪70年代,不仅人类学丰富的成果能够为马克思提供人类学研究成果的"历史经验",为完善唯物史观的社会发展道路理论提供可能,而且俄国民粹派的理论和实践的发展,为马克思提供了丰富的现实资料。对此,英国学者特奥多尔·汕宁认为,影响马克思晚年思想发展的原因之一就是,俄国人向马克思提供了有关俄国农村公社的特殊性问题。③

唯物史观东方逻辑否定社会历史演变道路的统一性理论,既可以从历史经验中把握,也可以从现实社会发展状况中把握。从历史上的社会发展经验角度理解,马克思在《人类学笔记》中记录印度等东方社会不同于西欧社会的事实证明,唯物史观东方逻辑关于历史演变具有特殊性

---

① 《马克思恩格斯文集》第10卷,北京:人民出版社2009年版,第354页。
② 贾向云:《马克思〈马·柯瓦列夫斯基《公社土地占有制,其解体的原因、进程和结果》一书摘要〉研究读本》,北京:中央编译出版社2017年版,第10页。
③ 转引自贾向云:《马克思〈马·柯瓦列夫斯基《公社土地占有制,其解体的原因、进程和结果》一书摘要〉研究读本》,北京:中央编译出版社2017年版,第58页。

是存在历史依据的。如在对印度和西欧社会发展的理解问题上，马克思指出，柯瓦列夫斯基虽然看到了"民法方面没有世袭司法权"这一基本差别，但是忽视了具有基础性地位的"农奴制"并不存在，即将印度的"采邑制""公职承包制"和"荫庇制"理解为西欧意义上的封建主义是不对的。① 这一事实说明，西欧社会和印度等东方社会具有不同特质，不能简单类比。这就是说，在唯物史观东方逻辑意义上理解，东方社会和西欧社会都有着能够适合本国国情的社会发展道路。从俄国社会发展的实际状况的视角理解，俄国可以走"跨越卡夫丁峡谷"的社会发展道路，不仅仅在于俄国"农业公社"本身具有的优势，而且因为它"和控制着世界市场的西方生产同时存在"②。基于以上两点，马克思推断俄国农村公社理论上具有跨越资本主义卡夫丁峡谷的可能性，即可以开辟一条非资本主义的社会发展道路。

二、阐明社会发展道路多样性逻辑的理论

社会发展道路是"多样性"还是"单一性"的问题，表象上属于社会发展道路选择中的"发展方向"视角中的理论问题，但它还隐含着社会发展价值选择中的"社会理想"视角中的理论问题。所谓社会发展道路选择中的发展方向的问题，就是指一个国家或民族在社会体制的选择上应该确立怎样的发展理论；而社会发展价值选择中的社会理想问题，则是指一个国家或民族的终极社会理想体制如何建设。就后者的视角而言，社会发展道路的多样性逻辑包括肯定社会发展道路多样发展的合法性、注重从多样社会经验中提炼发展规律和坚持道路多样是实现目标统一的前提等三个方面的理论。就肯定社会发展道路多样发展的合法性视角理解，人类社会不是自然存在而是属人世界，即社会发展道路要受到

---

① 《马克思古代社会史笔记》，北京：人民出版社1996年版，第78页。
② 《马克思恩格斯全集》第25卷，北京：人民出版社2001年版，第461页。

人的观念的影响，或者说，社会发展道路是否具有可行性不是一个理论是否正确的理论合理性问题，而是一个人们是否认同的选择合法性问题，意即既然社会发展道路是一个选择性的问题，就意味着社会发展道路因为人的选择不同而呈现出多样性的特征。就注重从多样社会经验中提炼发展规律视角理解，唯物史观东方逻辑理论不应该只是一个理论逻辑的实践意蕴问题，还应该是一个社会实践的经验意蕴问题，也就是说，唯物史观理论不仅根源于理论逻辑的发展，而且根源于以往社会历史发展过程中的社会建设经验。就坚持道路多样是实现目标统一的前提视角理解，唯物史观东方逻辑认为，承认社会发展道路的多样性不仅不会削弱共产主义的社会理想，而且能够为科学实现共产主义理想寻找正确的发展道路。当然，这一逻辑也包含着作为坚持道路多样是实现目标统一的前提逻辑。

（一）唯物史观东方逻辑肯定社会发展道路多样发展的"合法性"

社会多样的发展道路是主体选择的结果，主体选择的不同使得社会发展道路呈现出多样性的特征。肯定社会发展道路多样发展的合法性理论，就是指"唯物史观东方道路"认为不同国家或民族可以有不同的社会发展道路，即肯定了不同民族或国家发展道路选择上的多样性。从主体的不同选择促使社会发展道路多样这一角度理解，马克思肯定社会发展道路多样发展的合法性理论，就是肯定主体不同选择的合法性。所谓主体选择，就是指"主体根据自身需求和主客观条件……去判别和采取那种能最大限度地、最全面地满足自身需求的客体或主客体作用方式的活动"①。按此逻辑理解，主体可以根据自身需要去选择发展道路。尽管如此，还是不能夸大自身需要的作用，因为正如意大利学者拉布里奥拉所说的，"人类既不是在想象的发展中创造自己的历史，也不是在一条

---

① 郭晋平：《略论马克思主义选择观》，载《江汉论坛》，1987年第11期。

事先已规定好的发展路线上前进"①。当然，从主体的视角理解，人们可以选择满足自己最优需求的社会发展道路，即主体不同，就会选择不同，满足主体需求的发展道路也就不同。

从主体选择的视域理解，马克思之所以肯定社会发展道路多样发展的合法性理论，是因为主体选择不仅受选择动机的影响，也受选择机会的影响。就选择动机的角度理解，任何事物的发展都有"自觉的意图"，或者"预期的目的"②。如果说主体的选择是有目的和动机的，那么，主体选择的动机也会影响主体选择的结果。表现在社会发展道路方面，即主体选择动机不同，社会发展道路各异。就主体选择机会的角度而言，主体选择机会即是说主体选择具有偶然性的方面，或者说，"无论人们怎样表述自然定律，结果总将不可避免地依赖于一些实质上独立的偶然因素"③。当然，纯粹必然性也会受到制约。需要说明的是，就主体选择会受到社会生产力发展的制约理解，尽管社会发展道路受主体选择动机、选择机会的影响，但归根结底要受内在的一般规律支配，即"人们不能自由选择自己的生产力"④。这即是说，即使是主体自觉、自由的选择，也不能违背社会发展的一般规律。

从具体的社会发展道路视域理解，唯物史观东方逻辑肯定社会发展道路多样性发展具有合法性，就是指像俄国农村公社这样的社会可以避免资本主义阵痛。理解唯物史观东方逻辑肯定社会发展道路的多样性发展，既可以从俄国自主选择的角度理解，也可以从社会发展偶然因素考虑。就前者来看，因为选择是有计划的、有目的的，在俄国社会发展中，为了能够规避资本主义阵痛，俄国农村公社应该有意识地"排除从

---

① 转引自郝立新：《历史选择论》，北京：中国人民大学出版社1992年版，第128页。
② 《马克思恩格斯选集》第4卷，北京：人民出版社2012年版，第253页。
③ 玻姆：《现代物理学中的因果性与机遇》，秦克诚等译，北京：商务印书馆1965年版，第183页。
④ 《马克思恩格斯选集》第4卷，北京：人民出版社2012年版，第408页。

各方面向它袭来的破坏性影响"①，也即俄国农村公社应该有意识地选择有利于其发展的措施。就后者来看，社会基本矛盾运动是社会形态更替的主要动力。在致安年科夫的信中，马克思所提到的理论理解就是，"任何生产力都是一种既得的力量，是以往的活动的产物"②。当然，承认生产力的必然性，并不意味着对人的主观能动性的否定，即人们可以在生产力所允许的范围内，创造有利于社会发展的可能条件。伴随着世界交往的拓展，俄国可以积极利用这一世界历史发展优势，主动选择跨越资本主义卡夫丁峡谷，即走一条不同于西欧国家的社会发展道路。

（二）唯物史观东方逻辑注重从多样社会经验中提炼发展规律

唯物史观东方逻辑注重从多样社会经验中提炼发展规律意义上的理论，就是指马克思不拘泥于某一民族或某一国家的社会发展经验，而是善于从多个国家或民族的社会发展经验中提炼和概括社会发展的理论。从历史发展的视角理解，马克思不仅注重研究人类学史料，也注重研究历史学资料，善于从史前社会和前资本主义社会发展中吸取经验，探讨社会发展规律。从世界范围视角看，唯物史观东方逻辑注重从多样社会经验中提炼发展规律理论，不仅体现在他善于总结西欧资本主义社会发展的来龙去脉，也体现在他能够去关注东方社会的社会建设经验。或许正是基于这种观念，扎斯坚克尔、戈利曼、罗京斯基等苏联历史学家认为，马克思非常关注研究历史事实这一"概括和阐明历史过程规律的基础"③。19世纪六七十年代，人类学研究的推进，为马克思从多种历史经验中探讨社会发展规律提供了可资借鉴的资料。如果说马克思早期注重从逻辑思辨的角度探讨社会发展的规律，晚年则注重从实证角度概括社会发展的规律性问题。

---

① 《马克思恩格斯全集》第25卷，北京：人民出版社2001年版，第483页。
② 《马克思恩格斯文集》第10卷，北京：人民出版社2009年版，第43页。
③ 转引自李百玲：《马克思〈历史学笔记〉研究读本》，北京：中央编译出版社2014年版，第46页。

之所以唯物史观东方逻辑要从多样性的社会经验中概括社会发展规律，原因既在于人类学的发展为其提供了契机，也在于深化《资本论》理论逻辑的需要。就人类学的发展提供契机的视角理解，19世纪六七十年代，文化人类学进化论学派相继出现诸多研究成果，如麦克伦南的《原始婚姻》（1865年）、泰勒的《原始文化》（1871年）等。通过田野调查、比较研究等方法研究人类社会发展规律的人类学，为马克思研究前资本主义社会提供了实证材料，从而使得马克思从多样性社会经验中概括社会发展规律具有了更大的可能性。就深化《资本论》研究的视角理解，马克思在《资本论》中亦"探讨俄国的土地所有制形式"①。这就意味着，如果说英国在《资本论》第一卷的写作中占有重要位置的话，那么，俄国在《资本论》第二卷写作中亦占有重要地位，原因在于俄国土地公社的特殊性，如原始公社的保留，与诸如英法美等资本主义国家的土地问题不同。为了更好地撰写《资本论》中的土地和地租问题，马克思在了解了资本主义国家土地问题后，需要了解具有特殊形式的俄国土地问题。换言之，马克思为了丰富完善《资本论》的内容，需要研究不同国家和地区的发展状况。

从认识论的视域理解，唯物史观东方逻辑注重从多样的社会经验中提炼社会发展规律，主要体现在他在借鉴多样社会经验的过程中，既坚持了唯物辩证的哲学研究方法，也坚持了历史实证的人类学研究方法。就坚持唯物辩证的思维方法而言，柯瓦列夫斯基在回忆马克思时提到，马克思认为，"只有按辩证的方法才能合乎逻辑地思维"②。仅就《人类学笔记》摘录而言，马克思在肯定人类学家正确理论的同时，也纠正了其错误的理解，即做到了肯定与否定相结合。如在对梅恩《古代法制史讲演录》批注的过程中，马克思不仅反对梅恩将公社土地占有制简单地理解为暴力化身，而且不赞成将其与现代资产阶级社会的所谓个人中心

---

① 《马克思恩格斯全集》第33卷，北京：人民出版社1973年版，第549页。
② 转引自张云飞：《跨越峡谷——马克思晚年思想与当代社会发展理论》，北京：人民出版社2001年版，第84页。

主义对立起来的看法，即马克思认为，这种理解是虚伪的表现①。就坚持实证意义的方法论而言，马克思注重从历史材料中概括社会发展规律。以摩尔根的《古代社会》为例，其中的共产主义论述不仅验证了马克思唯物史观的科学性，也在一定程度上表征了未来社会发展的方向。恩格斯对此概括为，摩尔根"重新发现了40年前马克思所发现的唯物主义历史观"②。这就是说，马克思从《古代社会》中发现的共产主义社会因素，从历史的角度验证了马克思预言的科学性意蕴。

（三）唯物史观东方逻辑坚持道路多样是实现目标统一的前提理论

唯物史观东方逻辑坚持道路多样是实现目标统一的前提性理论，就是指马克思认为，社会发展道路是多样的，而多样的社会发展道路是实现目标统一的前提条件。毋庸置疑，马克思要实现人类解放的这一目标始终如一，即马克思自始至终的目标就是要实现人类解放。这就是说，无论是在《政治经济学批判》时期，还是在晚年时期，马克思通过对不同社会历史发展经验的探究，意在寻找通往共产主义社会的发展逻辑。在《资本论》写作时期，马克思揭示的是资本主义灭亡从而实现共产主义社会的发展逻辑。在晚年，马克思分析东方社会，发现了一条不同于资本主义的跨越式发展的发展逻辑。不仅如此，马克思还指出，"现今的俄国土地公有制便能成为共产主义发展的起点"③。也就是说，俄国无论是选择什么样的发展道路，最终指向都是共产主义社会，即不同的道路最终要实现的目标具有统一性。

唯物史观东方逻辑之所以认为坚持道路多样是实现目标统一的前提性理论，既是因为不同国家的确存在着不同的发展道路，也是因为唯物

---

① 参见《马克思古代社会史笔记》，北京：人民出版社1996年版，说明第6页。
② 参见《马克思恩格斯文集》第4卷，北京：人民出版社2009年版，第15页。
③ 《马克思恩格斯文集》第2卷，北京：人民出版社2009年版，第8页。

史观东方逻辑认为不同民族或国家最终都将会实现真正的自由。就不同国家的确存在着不同的发展道路视角理解，世界上不存在超历史的历史哲学理论，同样也没有超历史的社会发展道路。就实现共产主义社会的目标而言，不同国家可以通过不同的发展道路，最终都实现走上共产主义社会这一目标。但如果强行按照一种模式来建设国家，不仅不能实现这一社会目标，相反会离共产主义社会越来越远。以俄国为例，如果俄国不顾具体社会性质和特殊国情，一味照搬西方历史的发展经验，遵照西欧各国的先例，必将使得它"和尘世间的其他民族一样地受那些铁面无情的规律的支配"①。就不同民族或国家最终都将会实现真正的自由视角理解，俄国文化历史传统与西欧文化历史传统不同，因而其发展道路具有特殊性。俄国社会的发展是建立在农村公社基础上的，与西方靠剥夺发家的社会性质迥然不同，要根据具体的国情和历史环境，建立适合自己的发展道路。如果硬要俄国走西欧资本主义社会的发展道路，"那它将会失去当时历史所能提供给一个民族的最好的机会"②。

具体历史环境的不同是由生产力发展水平的不同决定的，因而，不同民族和国家可以根据具体情况选择适合最终通向共产主义体制的社会发展道路。根据这一逻辑，马克思以俄国为例，对其历史环境展开了具体分析，即马克思断定阐释道路多样性与具体的历史环境是相互联系的，并至少从三个角度分析了俄国独特的社会环境。第一，俄国独特的历史环境，是指"至今还在全国范围内存在着的农村公社"③，即俄国独特的历史环境为跨越提供了前提。第二，从世界性的角度理解俄国环境，世界历史的发展为俄国跨越提供了有利的外部环境，即俄国可以不经过资本主义而占有资本主义的成果。用俄国学者车尔尼雪夫斯基的话

---

① 《马克思恩格斯全集》第 25 卷，北京：人民出版社 2001 年版，第 145 页。
② 《马克思恩格斯全集》第 25 卷，北京：人民出版社 2001 年版，第 143 页。
③ 《马克思恩格斯文集》第 3 卷，北京：人民出版社 2009 年版，第 571 页。

说,"历史疼爱子孙,上一代打破骨壳而伤手,下一代坐收骨髓"①。第三,从革命性的角度理解俄国环境,即革命的发生为独特道路提供了可能。按照这一逻辑,如果革命在适当的时刻发生,就会"变为优于其他还处在资本主义制度奴役下的国家的因素"②。需要说明的是,马克思只是从理论上证明了跨越的可能,但理论上的可能性并不等于现实性。

三、阐明社会生活实践现实性逻辑的理论

就唯心史观理论而言,不仅存在着一眼就能明晰的"我思故我在"逻辑的主观唯心主义理论,而且存在着冒充时代精神的客观唯心主义理论。前者的社会伤害性程度较小,即人们比较容易辨别其理论的不彻底性,但辨别后者的不彻底性需要人们具有专业的哲学素养。正是因为这种原因,黑格尔等客观唯心史观的消极影响至今仍然存在,或者说,正因为如此,阐明社会生活实践的现实性逻辑是唯物史观东方逻辑中必不可少的重要理论,如包含阐明社会生活实践的基础性逻辑、阐明社会生活实践的传承性逻辑和阐明社会生活实践的创新性逻辑等三个方面的理论。就社会生活实践的基础性逻辑视角理解,唯物史观东方逻辑认为,社会实践是一种客观性存在。所谓社会生活实践意义上的客观性存在,就是指现实性存在,表现于唯物史观东方逻辑理论就是现实性意义上的社会发展规律理论。就社会生活实践的传承性逻辑视角理解,唯物史观东方逻辑认为,人不仅是物质性的存在,而且是精神性的存在,意即每一个国家或民族都存在着引以为傲的优秀传统文化,其人民都自觉或不自觉地弘扬这种文化的行为就是社会生活实践的传承性实现。就社会生活实践的创新性逻辑视角理解,唯物史观东方逻辑认为,创新性是唯物史观的本质特征和保持强大生命力的关键性要

---

① 以赛亚·柏林:《俄国思想家》第2版,彭淮栋译,南京:译林出版社2011年版,第265页。

② 《马克思恩格斯文集》第3卷,北京:人民出版社2009年版,第582页。

素。既然创新性如此重要，唯物史观东方逻辑的理论逻辑概括和总结中就不能忽略人们在社会生活实践中积累的创新性经验——具有国家或民族特色的特殊逻辑。

（一）唯物史观东方逻辑阐明了社会生活实践的基础性逻辑理论

社会生活实践的基础性逻辑理论，就是指认为社会生活实践是唯物史观东方逻辑产生的基础理论，也即是说，唯物史观东方逻辑是基于社会生活实践这一"客观性存在"（"现实性存在"）而产生的，因为，"全部社会生活在本质上是实践的"①。马克思不但肯定社会生活的实践本质，也肯定其基础性作用。与黑格尔哲学立足唯心主义和否认社会生活的现实性不同，马克思立足于社会现实，在对现实批判反思的基础上阐明了社会生活实践的基础性逻辑。马克思认为黑格尔哲学"把世界头足倒置"②，是因为黑格尔把实践归结为某种抽象的劳动，认为一切问题都可以在"头脑"中得到解决。这就是说，黑格尔思想是披着神秘主义面纱、带有唯心主义色彩的思想，而这是马克思唯物史观坚决反对的。马克思唯物史观始终根植于社会现实，不论是马克思成熟时期的思想，还是晚年的理论创见，无一例外。以成熟时期的鸿篇巨制《资本论》为例，其翔实的材料正是从现代资本主义的经济历史记录中概括出来的，而晚年的《人类学笔记》和《历史学笔记》等，则是从大量的史前社会和前资本主义社会的历史经验中总结出来的。因此，唯物史观东方逻辑表征了社会生活实践的基础性逻辑理论，意即唯物史观东方逻辑是面向现实状况发展而产生的。

从生活现实的视角理解，唯物史观东方逻辑之所以要阐明社会生活实践的基础性逻辑理论，既是为了回应俄国自由主义和民粹主义对唯物史观误解的需要，也是为了解决现实社会实践问题的需要，当然这与马

---

① 《马克思恩格斯文集》第1卷，北京：人民出版社2009年版，第501页。
② 《马克思恩格斯文集》第1卷，北京：人民出版社2009年版，第357页。

克思理论的实践本性密不可分。就回应俄国自由主义和民粹主义对唯物史观的误解而言，美国学者罗伯特·C.塔克认为，"马克思关于资本主义的论述，尤其是他关于资本主义的不可避免的革命性垮台的辩证法，已经失去了它的说服力。虽然贫困和经济不公在许多发达工业国家依然严重，资本主义经济却没有遵从马克思的'资本主义积累的绝对普遍规律'"①。这就是说，一些学者对唯物史观西欧逻辑中的两个必然理论提出了质疑。从这个角度讲，唯物史观东方逻辑也是在回应着查苏利奇等思想者对俄国共产主义发展道路这一现实问题"质疑"基础上构筑而来的。就解决现实社会实践问题的需要而言，国际共产主义运动和无产阶级同盟军的社会革命需要具有可操作性价值的唯物史观理论。如关于反思和总结巴黎公社失败的"现实性"原因问题，虽然是西欧国家的问题，但唯物史观西欧逻辑理论只能认为，"巴黎公社之所以失败"，就是因为条件不够成熟。② 从这一意义上理解，马克思晚年展开对东方社会的研究就是要寻找即使条件不符合唯物史观西欧逻辑的要求，但依然可以进行无产阶级革命的"发展逻辑"，而唯物史观东方逻辑就包含这样的理论。就马克思理论的实践本性而言，实践是马克思哲学的根本理论品质，即马克思重视从实践、现实角度去构筑理论，也即马克思理论强调要面向现实本身，不能以"所发明或发现的思想、原则为根据"③，即唯物史观东方逻辑是以世界历史发展的实际状况为根据而创立的。

唯物史观东方逻辑是内含跨越发展观等内容的思想体系，因而，阐明唯物史观东方逻辑关于社会生活实践的基础性逻辑，就可以从其具体内容视角展开。就唯物史观东方逻辑中的跨越观而言，西欧历史发展经验的总结是关于以英国为代表的西欧社会发展经验的总结，而其跨越观

---

① 罗伯特·C.塔克：《卡尔·马克思的哲学与神话》，刘钰森、陈开华译，天津：天津人民出版社2018年版，第231页。
② 参见《马克思恩格斯全集》第18卷，北京：人民出版社1964年版，第180页。
③ 《马克思恩格斯文集》第2卷，北京：人民出版社2009年版，第44页。

则是从东方落后国家角度探寻社会发展规律的体现，当然也是基于世界历史和普遍交往这一现实。随着世界历史的发展，各民族交往日益密切，尤其是"不同文明形态在错层交往"[1]。马克思认为，基于资本主义国家已经发展到一定程度这一社会现实，后发展国家，或者诸如东方落后国家可以借鉴并且吸收先发展国家取得的成果，因此，俄国社会可以走跨越卡夫丁峡谷之路。相反，如果后发展国家不能借鉴吸收资本主义国家的文明成果，也很难实现跨越，即"如果俄国是脱离世界而孤立存在的那么……公社注定会随着俄国社会的逐步发展而灭亡"[2]。换言之，俄国跨越卡夫丁峡谷的条件之一就是面向世界历史发展这一基本历史事实，或者说，只有吸收资本主义发展的积极成果，俄国的跨越才有可能。

（二）唯物史观东方逻辑阐明了社会生活实践的传承性逻辑理论

社会生活实践的传承性逻辑理论，就是指马克思认为社会生活实践具有传承性，也即是说，各国优秀传统文化可以为未来社会发展道路提供可资借鉴的历史经验。需要说明的是，传承并不意味着照抄照搬，而是在批判中发展。马克思从传承的角度，阐明了社会生活实践的继承性本质。关于这一观念，大多数哲学家都有描述。如车尔尼雪夫斯基认为，"俄国可以既学习西方的科学进展而直接受益，又免于经过工业革命的阵痛"。赫尔岑理解这一观点时解释道，"人类的发展是一种年序上的不公平，因为后来者能受益于先辈的劳苦而毋需付出相同代价"[3]。马克思对世界历史的研究不仅体现在晚年马克思的《历史学笔记》中，也体现在早年的《克罗茨纳赫笔记》等文本之中。马克思大量记录历史事

---

[1] 郭祥才：《跨越发展：转变观念与创新模式》，北京：中国社会科学出版社2008年版，第38页。

[2] 《马克思恩格斯全集》第25卷，北京：人民出版社2001年版，第472页。

[3] 以赛亚·柏林：《俄国思想家》第2版，彭淮栋译，南京：译林出版社2011年版，第265页。

实,既是为未来历史发展寻找可资借鉴的历史经验,避免走上不良社会发展老路,同时也包含为了吸收优秀传统因素的目的。

　　唯物史观东方逻辑之所以要阐明社会生活实践的传承逻辑理论,既有历史原因,也有理论原因。从历史原因的视角理解,历史上就有关于历史传承的事实。马克思研究得出"日耳曼人的农村公社是从较古的类型的公社中产生出来的"①。也就是说,其既不是自然突起的产物,也不是外来入侵者携带来的,而是在古老类型的公社中发展出来的。历史传承的事实,为马克思阐明社会生活实践的传承性逻辑提供了事实根据。换言之,马克思能够从历史事实中寻找到历史传承的依据。从理论原因的视角理解,优秀的传统文化需要传承,而且可以传承。按照马克思的理解,"历史不外是各个世代的依次交替"②。交替就不是断裂,而是内含继承。从文化角度理解亦是如此,即文化不仅具有民族性,而且具有继承性。这就是说,每个民族或国家的文化具有民族性的一面,也具有特殊性的一面,同时文化也有继承性的特征,即后一个时代的文化是在继承前一个时代文化的基础上发展而来的,即社会生活实践具有传承的可能性。

　　就社会生活实践的传承性视域理解,马克思在阐明社会生活实践的传承性逻辑理论过程中,不仅从同一国家内部的社会生活实践的传承性逻辑展开论述,而且从不同国家之间的社会生活的传承性逻辑展开论述。就同一国家内部生活实践的传承性理解,俄国可以继承农村公社这一天然的优势,如在给查苏利奇的信中,马克思提醒不应该过度害怕"古代"一词。这是因为,一方面资本主义制度正在经历的种种危机是可以随着"'古代'类型的公有制"的回复而得到解决的;另一方面"新制度"也只能算是"古代类型社会在一种高级的形式下的复活"③。

---

① 《马克思恩格斯文集》第 3 卷,北京:人民出版社 2009 年版,第 573 页。
② 《马克思恩格斯文集》第 1 卷,北京:人民出版社 2009 年版,第 540 页。
③ 《马克思恩格斯文集》第 3 卷,北京:人民出版社 2009 年版,第 572 页。

从继承层面上理解，无论是资本主义制度危机的解决，还是新制度的产生，都是在继承古代制度这一基础上而产生的。换言之，新问题的解决离不开继承旧的或先发展着的文化或制度的基础。就不同国家社会生活实践的传承性角度理解，俄国跨越卡夫丁峡谷之路就是在继承同时代资本主义优秀成果的基础上进行的，也即是说，同时代资本主义获得的优秀成果可以为俄国所继承，当然也包括文化。从马克思摘录的笔记来看，马克思晚年大量笔记摘录的过程其实质也是文化传承的一种表现，而《历史学笔记》和《人类学笔记》的成果，更是文化传承最直接的体现。

（三）唯物史观东方逻辑阐明了社会生活实践的创新性逻辑理论

社会生活实践的创新性逻辑理论，就是指马克思认为唯物史观东方逻辑不能忽略创新性经验，即不能忽视具有国家或民族特色的特殊逻辑。英国著名学者托马斯·博托摩尔就认为，马克思"主张人类社会从低级到高级的演变是根据经验可以观察到的特殊机制发展的"[①]。这一逻辑就是指，之所以马克思晚年笔记注重对特殊社会发展机制进行考察，是因为他坚决反对将具体历史环境纳入同一的社会认识理念中。在马克思看来，不同国家由于其自身环境的特殊性，有其自己特色的发展规律和发展路径。人类社会的发展道路是多样性的，即不同国家可以根据具体历史国情走适合自己的发展道路，如资本主义社会可以有适合自己通往共产主义的发展道路，而东方落后国家可以有跨越资本主义的社会发展道路。当然，"在相同文化阶段上的一切时代和地区中都是基本相同的"[②]，而正是因为此，社会历史发展经验才具有规律性的可能。

[①] 叶林、张显扬：《国外关于马克思晚年人类学笔记的研究》，载《马克思主义研究》，1986年第3期。

[②] 《马克思古代社会史笔记》，北京：人民出版社1996年版，第192页。

唯物史观东方逻辑之所以要阐明社会生活实践的创新性逻辑，不仅是因为创新本身重要，而且是因为唯物史观的历史使命，即解放全人类的目标要求它不仅要研究西欧资本主义的发展逻辑，也要研究东方社会的发展逻辑。就理论创新的视角理解，唯物史观要想保持生命力就必须要创新，即唯物史观东方逻辑要想保持生命力，也必须要随着社会实践和社会发展的变化而不断发展创新。如江丹林在评价马克思晚年《人类学笔记》时所认为的那样，"马克思的这一笔记，是我们探索他晚年对唯物史观新贡献的重要思想源泉"[①]。就唯物史观理论使命的视角理解，唯物史观东方逻辑所主张实现的共产主义，已经不仅仅是西欧资本主义灭亡意义上的问题，而是演变为全世界无产阶级如何走向胜利的问题。这就意味着，在阐述了西欧社会历史的发展逻辑之后，马克思就应该转向东方社会的发展研究，即要去探求与西欧具体历史情况不同的东方社会的发展逻辑。

从研究内容的视域理解，唯物史观东方逻辑关于社会生活实践的创新性逻辑理论，主要体现在其晚年对东方社会历史的研究之中。唯物史观东方逻辑阐明社会生活实践的创新性逻辑理论，不仅体现在马克思对已有人类学研究成果的否定之否定理解之中，也体现在马克思对东方现实社会发展道路的唯物史观理解之中。从对人类学研究成果否定之否定的视角理解，马克思对人类学的探究，意在通过对史前社会的探讨去寻求人类社会未来的发展方向，因而，在对人类学研究的过程中应该坚持否定之否定的态度，即既肯定又否定。以摩尔根为例，马克思在肯定摩尔根原始共产主义思想的同时，对其原始公社一般发展道路存疑。从对东方社会现实发展道路摸索的视角理解，通过对俄国国情特殊性的考察和分析，马克思创新性探讨了东方社会发展的其他可能性道路。在马克思和恩格斯看来，俄国"除了迅速盛行起来的资本主义狂热和刚开始发

---

① 高松、骆静兰、胡企林：《马克思主义来源研究论丛（第11辑）：马克思主义人类学笔记研究论文集》，北京：商务印书馆1988年版，第259页。

展的资产阶级土地所有制外，大半土地仍归农民公共占有"①，而这一特殊国情的存在，使俄国具有了走上一条新的发展道路的可能性。这就是说，正是因为马克思看到了俄国这一特殊的历史环境，才在一定意义上指出了俄国具有发展不同于西欧社会道路的现实性。

（作者张丽霞系江苏师范大学哲学范式研究院副教授，江苏省习近平新时代中国特色社会主义思想研究中心特约研究员，哲学博士；主要研究方向为马克思主义哲学基础理论）

---

① 《马克思恩格斯文集》第2卷，北京：人民出版社2009年版，第8页。

马克思主义哲学对话范式中的梅洛-庞蒂辩证法与马克思辩证法

卞伟伟

[摘 要] 梅洛-庞蒂指认马克思辩证法的革命性在于其作为一种历史生成辩证法而存在,而马克思辩证法的历史生成性根源在于历史主体具有生成性。这一核心观点集中体现在梅洛-庞蒂《意义与无意义》《哲学赞词》《辩证法的历险》等论著中。在此,梅洛-庞蒂不仅继承了马克思历史生成辩证法的实践性,而且发展了马克思历史生成辩证法的过程性,还延续了马克思历史生成辩证法的主观性和客观性相统一的理论特征。正是在此意义上,即基于马克思主义哲学对话范式视阈探讨梅洛-庞蒂辩证法与马克思辩证法的内在关联,对新时代中国马克思主义哲学研究具有十分重要的理论价值。

[关键词] 梅洛-庞蒂辩证法 马克思历史生成辩证法 实践性 过程性 客观性与主观性的统一

马克思主义辩证法表明,任何事物都处在运动变化之中,事物运动变化导致其中的各种联系和发展,正如马克思在《资本论》第二版跋中所言,"辩证法对每一种既成的形式都是从不断的运动中,……按其本质来说，它是批判的和革命的"①。这就是说，马克思辩证法表明历史不是既成的、过去的存在，而是处在不断运动变化过程中，历史在现实中不断发展和生成，现实也发展成为历史，即历史是人们在实践中具体生成的。西方马克思主义继承马克思对主体实践维度的把握，将辩证法囿于历史领域，如卢卡奇曾明确批判恩格斯的自然辩证法，认为其受黑格尔体系哲学的影响，将马克思的辩证法扩展到自然领域，在他看来，马克思的辩证法只能是现实的历史的，即马克思辩证法不是别的，究其本质来说，是一种历史辩证法。梅洛-庞蒂继承了卢卡奇的这一观点，认为马克思主义哲学不存在纯粹的自然辩证法，辩证法的主体维度要求其只能作为历史辩证法而存在，主体的实践揭示了马克思主义辩证法是历史生成的。具体而言，主体在历史中的活动表明历史生成辩证法具有实践性；而辩证法从暂时性的角度来理解事物表明事物和历史的发展具有过程性和阶段性。此外，历史主体的实践活动的现实物质基础表明历史生成辩证法具有客观性和主观性相统一的特点。基于对话范式考察梅洛-庞蒂对马克思辩证法的继承与发展等问题，特别是其通过对马克思辩证法的理解，进而阐释和评价苏联马克思主义的理论和实践问题，对新时代中国马克思主义哲学研究具有十分重要的理论价值。

一、梅洛-庞蒂继承马克思历史生成辩证法的实践性

以卢卡奇、梅洛-庞蒂为代表的西方马克思主义者认为，马克思历史生成辩证法的核心主题就是实践。马克思主义辩证法之所以是一种历史辩证法就在于历史主体的实践性。历史辩证法与实践辩证法在梅洛-庞蒂那里是同义词，两者都代表了马克思主义辩证法的主要特征。在他看来，马克思之所以称自己的哲学为"实践唯物主义"，是因为他将

---

① 《马克思恩格斯文集》第 5 卷，北京：人民出版社 2009 年版，第 22 页。

"物质作为实践的支撑点和身体而介入人类生活"①,在马克思这里,实践沟通了纯粹的物质与抽象的意识,以此介入现实的人类生活世界以及人们的历史。马克思的实践辩证法或者说历史辩证法与存在主义在梅洛-庞蒂这里是相通的,因为,"现代意义上的生存,乃是这样一种活动:人凭借着它而存在于世界,介入一种身体处境和社会处境,此处境成为他关于世界的视点"②,人们介入他们所处的现实世界,世界既是他的认识对象,又是他的处境,而马克思的历史辩证法之所以能够反对思辨理性辩证法的一个最重要因素是其本身具有的生存论意义。而存在主义在他那里,只是作为一种现象学的延续,因为,海德格尔的《存在与时间》是对胡塞尔现象学的重要主题——生活世界——的进一步阐释和说明③。虽然现象学与马克思哲学的研究进路存在很大差别,但梅洛-庞蒂能够通过马克思的实践范畴,沟通和综合历史辩证法与现象学理论,建构出他自己的历史辩证法理论。总体而言,梅洛-庞蒂辩证法通过实践范畴,从本体论、认识论和方法论上继承了马克思历史生成辩证法的实践性,或者说,马克思的实践范畴,为梅洛-庞蒂辩证法理论提供了本体论、认识论和方法论上的理论支撑。

梅洛-庞蒂辩证法继承了马克思历史生成辩证法的实践本体论意蕴。身体范畴是梅洛-庞蒂现象学理论的重要主题。在梅洛-庞蒂看来,马克思虽然没有直接将身体作为其哲学理论研究的对象,但他的实践辩证法理论中内含有丰富的身体要素,即在他看来,马克思的实践强调人在现实的社会中从事各种劳动,而人的劳动离不开人的身体,可以说,身体可以作为主体和世界的中介而存在。事实上,马克思在《1844年经济学哲学手稿》中确实明确表示,人的感觉和激情作为人的知觉内在于人的

---

① 梅洛-庞蒂:《意义与无意义》,张颖译,北京:商务印书馆2018年版,第177页。
② 梅洛-庞蒂:《意义与无意义》,张颖译,北京:商务印书馆2018年版,第95页。
③ 梅洛-庞蒂:《知觉现象学》,杨大春、张尧均、关群德译,北京:商务印书馆2021年版,第2页。

身体，包含着对人的本体论的把握①。梅洛-庞蒂的身体辩证法，在一定意义上理解，正是以此为文本依据的。事实上，在马克思看来，实践是人的存在方式，实践本身在马克思主义哲学中就具有本体论的意蕴，而梅洛-庞蒂借助于马克思的实践范畴，将身体作为个人与自我、个人与他者、个人与社会开展交流的中介，即马克思历史生成辩证法的实践本体论的意蕴为梅洛-庞蒂的辩证法提供了本体论意义上的理论资源。

梅洛-庞蒂辩证法继承了马克思历史生成辩证法的实践认识论意蕴。马克思历史生成辩证法批评了黑格尔的思辨理性辩证法，认为黑格尔将知识视为意识唯一行动的观点，实质上就是将意识理解为已经生产的存在②，这一观点完全忽视了认识的实践基础。在他看来，实践是认识的基础，任何认识都不是凭空产生的，也不是人们在书本上简单获得的，而是基于现实的人的实践活动而生成的，人们在实践中形成其对于世界以及人与世界的关系的看法，历史是人们从事实践活动的结果，哲学家将这种看法和对历史的理解以思想的形式呈现出来。这即是说，人的认识既以实践活动作为对象，又在实践活动中不断发展自身。因此，实践本体对历史的认识和理解方式的决定作用表现为，人们在实践中形成的认识可以用来指导新的实践，而这种新的实践又能够检验其认识的可靠性。梅洛-庞蒂的历史辩证法继承了马克思的实践认识论，认为"知识被放到人类实践的总体性里并被后者装填"③，人们在实践中获得知识，所有的知识不外是对人的实践的认识；历史不是现成的、外在于我们的，而是人们在介入世界的过程中生成的；人们对历史的认识也不是抽象的直观，而是在与他人的交往和与世界的交织中获得的理解。

梅洛-庞蒂辩证法继承了马克思历史生成辩证法的实践方法论意蕴。恩格斯曾明确表示，近代哲学的基本问题就是思维与存在的关系问题。事实上，笛卡尔以来，西方近代哲学强调借助人的理性思维来把握世

---

① 《马克思恩格斯文集》第 1 卷，北京：人民出版社 2009 年版，第 242 页。
② 《马克思恩格斯文集》第 1 卷，北京：人民出版社 2009 年版，第 212 页。
③ 梅洛-庞蒂：《意义与无意义》，张颖译，北京：商务印书馆 2018 年版，第 182 页。

界，通过对世界的认识来统摄思维与存在的统一性，或者说，基于认识论来把握人与世界的关系。这就导致思维与存在先验的分离，即近代认识论哲学将人的意识与物质世界的对立作为其哲学理论的前提。梅洛-庞蒂也曾批判过笛卡尔的二元论，在他看来，"笛卡尔只是简要地确认过心灵和身体的统一，他更倾向于认为它们是分离的，因为它们这时对于知性来说是清楚的"①，笛卡尔通过二元论阐明了人类思维的认识能力和边界的问题，如何弥合这种二元对立一直是近代西方哲学的议题。梅洛-庞蒂认为，胡塞尔的现象学克服了笛卡尔以来的哲学反思的思路，用还原论的方法从前反思的层面研究现象界，试图实现自我与他者，观念和实在之间的统一，但其通过先验自我来弥合这种分离的尝试最终是失败的。为了发展现象学理论，梅洛-庞蒂将马克思实践辩证法引入现象学，以身体为中介，使得思想成为其本身所理解和解释的人的生活世界②，他者成为另一个自我，从而克服现象学方法的局限。在历史领域，这种辩证法表现为历史作为历史主体的经历而存在，历史主体作为处于一定历史环境和历史阶段中的人而存在，即历史及其主体都是现实地历史地存在着的。

二、梅洛-庞蒂继承马克思历史生成辩证法的过程性

历史生成辩证法的过程性是指马克思的历史辩证法坚持历史不是既定的，而是人们在实践中基于一定的现实条件不断生成的，历史的发展是一个过程。所谓历史的整体也是一定历史发展阶段内的整体，不存在一个既成的历史全部，而全部历史的发展都是过程的。历史生成辩证法的过程性至少具有两个方面的特征，一方面，历史生成辩证法表明历史的发展具有阶段性。马克思认为，人们只能提出他们自己现阶段能够解

---

① 梅洛-庞蒂：《哲学赞词》，杨大春译，北京：商务印书馆2019年版，第219页。
② 梅洛-庞蒂：《知觉现象学》，杨大春、张尧均、关群德译，北京：商务印书馆2021年版，第243页。

决的问题，超出了这一历史阶段，他们就无法获得对这个问题的理解和恰当可靠的解决方案，因为问题"只有在解决它的物质条件已经存在或者至少是在生成过程中的时候，才会产生"①。从这个意义上说，历史可以理解为人们在生活中遇到一个个历史问题并获得解决的历史，每个历史发展阶段都存在其自身需要解决的问题，历史的生成性导致历史的问题也是不断生成的，现阶段历史问题的解决和历史任务的实现，使得历史能够跨越现阶段，走向并形成新的阶段、新的历史。另一方面，历史生成辩证法认为历史的发展具有条件性。马克思认为，人们通过实践活动所实现的历史的发展基于一定的物质基础，不论是就历史的运动本身而言，还是就人们对历史的记载和认识来说，都是基于一定的物质基础而形成的。②历史发展阶段的生成并不是凭空发生的，而是人们在一定的社会条件的下，根据自身实践的目的积累而成的。值得注意的是，马克思主义辩证法认为不仅人类社会是历史的生成的，而且自然的发展是一个过程，如，马克思将地球的形成视为一个能够为地球构造学说明的过程，而非上帝的意志。③在马克思看来，自然不再被理解为上帝创世纪的恢宏作品，而是随着时间的推移和人类活动的影响，有其自我发展变化的过程。人们应该以更加科学的态度研究自然史，甚至可以说，人类的历史本身也是自然史的一部分。在恩格斯自然辩证法那里，自然"被看做某种历史地发展着的、在时间上具有自己的历史的东西"④。人类社会是自然的一部分，人不是脱离于自然的抽象存在，自然为人们提供物质生命，人们的生产资料和生活资料都离不开自然的供给。

面对笛卡尔以来的近代哲学通过理性来把握人与世界的关系以及对历史理解的做法，梅洛-庞蒂认为，这种理性主义哲学本质上是一种直观哲学，即通过理智直观来把握世界与历史，对于理性主义而言，思维

---

① 《马克思恩格斯文集》第2卷，北京：人民出版社2009年版，第592页。
② 参见《马克思恩格斯文集》第1卷，北京：人民出版社2009年版，第519页。
③ 参见《马克思恩格斯文集》第1卷，北京：人民出版社2009年版，第195页。
④ 《马克思恩格斯文集》第9卷，北京：人民出版社2009年版，第406页。

或者理性与世界是直接相连的。正是基于对这种直观哲学的质疑与批判和为了克服这种直观哲学的弊病，梅洛-庞蒂继承了马克思历史生成辩证法的过程性，换句话说，梅洛-庞蒂通过将强调过程性的历史生成辩证法融入其现象学理论，即借鉴马克思实践范畴的辩证性特质，反对哲学作为一种对世界与世界的直观而存在，坚持哲学是介入的，人的身体作为介入的介质，联结着自我与世界，即不仅联系着自我对世界的认识，而且维持着和实践着自我与世界的沟通。在梅洛-庞蒂看来，笛卡尔理性主义哲学的直观本性，缺乏对历史的过程性理解。在笛卡尔那里，哲学与科学是难以区隔的，或者说，作为形而上学的哲学与科学是一致的，甚至将科学研究的方法运用到哲学中，能够使哲学获得科学的解释。可以说，对于西方近代哲学而言，科学的发展为哲学的进步保驾护航，科学研究的对象和科学研究本身为我们提供了准确把握哲学及其理论研究的钥匙。而科学之所以能够为哲学提供思想资源，是科学的理性主义精神使然，即理性精神使得科学与哲学达成同盟。就笛卡尔而言，其理性主义认识论将世界作为人的外部事实而理解，对世界和历史的认识需要借助人的理性观念，因为人的理性观念在他那里，具有无限的力量，但这种无限性观念在历史中表现为对历史事实的直观抽象，其结果是，理性对历史的直观使得人与世界、思维与存在的关系是本质的、抽象的存在，历史也只是人们从上帝那里领来的剧本，历史是已成的和普遍的，而非人们在社会生活中创造的。此外，梅洛-庞蒂还批评胡塞尔现象学忽视了辩证法的力量，将原初的直观作为认识的前提，进而缺乏对历史的介入。胡塞尔认为，本质还原的首要原则是面向事物本身，即直接被给予我们直观的纯粹的现象，而我们这种原初的直观构成了认识的源泉，即我们对任何事物的认识和把握，都是基于原初的被给予的现象。在梅洛-庞蒂看来，胡塞尔现象学的前提缺乏主动性，世界和现象对它来说，是被丢给我们的，正如海德格尔所说，我们是被抛入这个世界，而他似乎忘了，这个世界首先是我们通过劳动创造的，我们不是被动地接受世界及其历史，而是主动地创造和续写世界历史。梅洛

-庞蒂认为,近代哲学的直观性与辩证法是不能够相容的,因为近代哲学的直观性难以配适和表征辩证法的革命性和实践性,他将马克思辩证法的过程性纳入其现象学,就是要表明人及其身体参与历史和世界的主体性。

梅洛-庞蒂对马克思历史生成辩证法的过程性的继承,主要表现为其对历史及其意义的理解。在梅洛-庞蒂那里,历史辩证法的过程性集中体现为历史意义构建的过程性。在他看来,并不存在普遍的先验的历史意义,历史意义是由创造历史的具体历史主体赋予的,而非全能的上帝或哲学家创造或揭示的,正是由于历史主体的实践性和历史意义的生成性,使得历史的意义不是唯一的,而是多样的。其一,梅洛-庞蒂历史辩证法认为,不存在普遍的历史,也没有先验的历史意义。在梅洛-庞蒂看来,马克思的实践范畴"并非一开始就受到一种普遍的或整体的历史观念的引导"[①],事实上,并不存在所谓普遍的历史。过去人们之所以会认为存在普遍历史,是因为,在他们那里,不论是历史,还是人们的命运都已经注定了,在抽象的而且强大的历史命运面前,普通人除了认命之外,无能为力,哲学家也只能通过理性来把握和揭示历史及其发展规律。但马克思认为,现实的具体的历史之外,并不存在抽象的历史及其规律,任何历史都是人们在实践中形成的,只有在具体的人的实践中才存在具体的历史。就历史意义而言,由于不存在普遍的历史,也就不存在普遍的等待人们去揭示的历史意义。在梅洛-庞蒂那里,历史意义存在于人们经历的一个个历史事件之中,是人们在生活世界中不断生成的[②]。其二,梅洛-庞蒂辩证法认为历史意义是由在历史境遇中的历史主体自己赋予的。在梅洛-庞蒂看来,历史的意义不仅存在于人们所创造和经历的具体事件之中,而且是由历史主体赋予的。事实上,正是由于作为历史主体的具体的人及其身体给予历史存在以合理性。他因此还

[①] 梅洛-庞蒂:《哲学赞词》,杨大春译,北京:商务印书馆2019年版,第39页。
[②] 梅洛-庞蒂:《哲学赞词》,杨大春译,北京:商务印书馆2019年版,第39页。

批评黑格尔历史哲学将哲学家视为历史意义的解释者，在他看来，如果"说体系是先于它的东西的真理，这同样在说伟大的哲学家们是'坚不可摧的'"①，黑格尔思辨辩证法之所以认定哲学家们是坚不可摧的，是因为哲学家似乎只是历史的理解者，又似乎成为历史的唯一主体，这种含混的关系实际上是为了表明其是历史背后的上帝，他赋予历史意义，又让自己接受这一安排。马克思历史生成辩证法的合理性在于其不再保留哲学家事先将历史体系及其意义放入具体的历史的做法，历史意义不再被某个人物或非人的存在而垄断，并获得其野性的生命力。其三，梅洛-庞蒂辩证法认为历史意义不一定是唯一的，可以存在历史意义的多样性。梅洛-庞蒂认为，历史意义不仅是由现实的人创造的，而且具有多重意义。这里关注的重点在于，当历史意义不再期待伟人悄悄塞进历史，其自身的存在也获得了能动性和现实性的保障机制，因为马克思实践辩证法揭示了历史主体不再是某个伟大人物，而是具体的现实的人，即现实的人作为历史主体负责生产和运输历史意义，而现实的人的多样性，使得历史意义具有多样性。一方面，不同的人对历史产生不同的解释，进而赋予不同的意义；另一方面，同一个人在不同时期，随着历史的发展和认知的进步，也可以赋予历史以不同意义。

三、梅洛-庞蒂继承马克思历史生成辩证法的客观性与主观性相统一

所谓历史辩证法的客观性是指历史运动具有客观的物质基础，其主观性是指主体在历史实践中发挥主观意志进行创造性的活动。马克思历史生成辩证法坚持客观性与主观性相统一，就是通过实践的中介实现人与自然、人与社会、人与自我之间历史的统一。就人与自然的关系而

---

① 梅洛-庞蒂：《哲学赞词》，杨大春译，北京：商务印书馆2019年版，第113页。

言，自然不是独立于人而存在的，自然的生成伴随着人类社会的发展。①一方面，自然的发展离不开人的活动。恩格斯的自然辩证法强调，从第一个有生命的个人存在以来，自然就不是脱离人的存在的纯粹的自然，而是涉及了人的活动的现实的产物。自然不是与人及其社会相对立的存在，随着人们的实践活动的深入，自然越来越成为人化自然。另一方面，人的实践活动也离不开自然的参与。自然为人的实践活动提供物质基础，人的生产资料和生活资料都来自于自然。人们现实的实践活动不仅需要主观意识的指导，更需要现实的物质条件的奠基。劳动工具的更新，使得人们对自然取得更加精细的开发与利用，甚至人们生产出的人造物，都离不开自然提供的物质基础。就个人与社会的关系而言，个人不仅是社会的产物，而且是社会发展的目标。一方面，马克思认为，社会不外是人的活动的结果，"社会结构和国家总是从一定的个人的生活过程中产生的"②。人又是社会的产物，个人通过实践实现的发展依据一定的社会物质条件，社会是个人对自然进行改造的活动的结果，个人并不是孤立地生活在社会中的存在，而是作为社会的存在物而存在。另一方面，马克思认为，社会不仅为个人的实践提供客观条件，还以个人的发展为社会进步的目标。唯物史观虽然强调人民群众作为共同体的作用，但也不否认群众是由一个个现实的个人组成的，马克思实践辩证法坚持人的全面发展为其哲学的理论目标，这里的人不仅是全体人民，更指代这全体中一个个活生生的个体。实现每个人的发展是真正的社会的存在宗旨。就个人与自身的关系而言，实践的目的性使得个人能够在现实的劳动中运用主观思维指导实践，物质的客观性又能够为人们的劳动提供物质基础。按照马克思的理解，"人的思维是否具有客观的［gegenständliche］真理性，这不是一个理论的问题，而是一个实践的问题"③，也就是说，人们的思维活动能否反映存在是需要立

---

① 参见《马克思恩格斯文集》第1卷，北京：人民出版社2009年版，第193页。
② 《马克思恩格斯文集》第1卷，北京：人民出版社2009年版，第524页。
③ 《马克思恩格斯文集》第1卷，北京：人民出版社2009年版，第500页。

足于实践，从实践出发来检验思维的真理性的问题。一方面，思维来自于实践，实践活动为人的思维提供物质基础，并将思维转变成客观的存在。实践又能够检验思维的真理性。另一方面，人的实践是有目的的活动，因为人们的思维指导着他们具体的实践。

梅洛-庞蒂之所以要继承历史生成辩证法的主观性与客观性的统一，是因为历史生成辩证法的这种统一性是全部哲学，特别是近代哲学的任务，而历史的主观性和客观性的统一使得历史具有整体性的特点。近代哲学探讨的核心问题，就是如何实现思维与存在、自我与他人的统一性问题。梅洛-庞蒂将笛卡尔以来的理性哲学称为"大理性主义"，认为此时的理性主义哲学相信自然科学与作为哲学的形而上学共用同一个基础——理性[1]，精神或者观念成为笛卡尔理性哲学的重要范畴。在处理思维与存在的关系时，试图借助"肯定的无限观念"对两者加以中和。在他那里，历史真理是无限的观念运动的结果，无限的观念本身作为一种无限的否定的思维，沟通了存在，并作为存在的前提，哲学以无限为起点，通过无限的观念直达现实存在本身，即现实的世界与抽象的观念，具有直接的一致性，而且由于观念的无限性和否定性规定了世界的明晰性。梅洛-庞蒂不满意笛卡尔理性哲学通过无限的观念沟通世界与精神的做法，因为一方面，就观念的性质而言，无限的观念本身与人们的思维都是抽象的精神性存在，以无限的观念为中介，实际上就是将现实的世界与抽象的观念做直接一致性的处理，这即是说，这种无限的观念作为中介本身是不合格的。另一方面，就理论起点而言，笛卡尔理性哲学从无限的观念出发，探讨人类社会与其思维观念，缺乏一定的物质基础。观念作为无限否定性的存在，缺乏肯定的确定性，虽然笛卡尔赋予无限观念以潜能，但其本身仍然是充满精神性的存在，现实世界并不会从无限观念中产生。梅洛-庞蒂认为，虽然我们这个时代也在追求实现思维与存在的统一，但是我们不再是从认识论，或理性反思的层面来

---

[1] 参见梅洛-庞蒂：《哲学赞词》，杨大春译，北京：商务印书馆2019年版，第142页。

研究，而是从前反思的层面来探讨。前者强调历史必然性，后者不忘探寻历史偶然性。不论是笛卡尔理性哲学还是马克思实践哲学，抑或是梅洛-庞蒂现象学，都以实现现实世界与人的思维相统一为理论目标。在梅洛-庞蒂看来，马克思实践辩证法以现实的人的劳动为理论出发点，使得历史的主观性和客观性获得了真正统一。这种历史主客观的统一，强调历史的整体性。即人们通过实践活动，将主观意识运用到现实世界，使观念从理论变为实际，同时人们通过实践又能够总结经验，进而获得关于世界的新的认识。在马克思看来，人们的实践活动使得自然史获得新的发展，或者说，自然史是现实的人的活动史，人类历史是自然史的一部分，作为一部自然史，人类历史是一个整体，这里的自然不再是抽象的自然，而是由人的活动参与的自然，即人化自然，或社会自然。

梅洛-庞蒂对历史生成辩证法的主观性与客观性相统一的继承表现为其对马克思历史哲学的理解。其一，就马克思哲学性质而言，梅洛-庞蒂坚持马克思辩证法是一种历史哲学。梅洛-庞蒂认为，"马克思主义并非一种主体哲学，更不是一种客体哲学，而是一种历史哲学。马克思经常将自己的哲学视为'实践唯物主义'"①。马克思历史辩证法以批判黑格尔的思辨理性辩证法为理论前提的事实表明，马克思哲学反对纯粹的主体性哲学思想，同时，对旧唯物主义的缺乏主观能动性的批评，则表明其哲学也不赞成一种客体哲学。在梅洛-庞蒂看来，马克思的历史哲学通过实践赋予历史及其意义，使得历史不再是黑格尔思辨哲学无人身的理性，或是对普遍的抽象的历史的反映，因为，马克思不会为了实现历史的客观性而牺牲了历史的主观性，在他那里，历史是将主观与客观相结合而存在②，是活生生的人的实践史。其二，就哲学与历史的关系而言，梅洛-庞蒂发展了马克思历史哲学，认为哲学是对历史的现

---

① 梅洛-庞蒂：《意义与无意义》，张颖译，北京：商务印书馆2018年版，第177页。
② 参见梅洛-庞蒂：《意义与无意义》，张颖译，北京：商务印书馆2018年版，第204页。

实的把握，一部哲学史就是人的实践的历史。在他看来，马克思没有"将意识辩证法转换成物质辩证法或事物辩证法"，即将辩证法从意识转向物质，而是转向了"人类"①。因为人类中既包含了人的主观意识，也有其物质基础，这里的人类不是抽象的人的群体，而是实践着的人。人们通过实践改造自然、社会和人们自身，同时，他们也在实践中被改造、被影响。马克思的哲学是关于历史的人的哲学，哲学在这里不再是某种幻影，而是对历史的现实的把握，是"历史的几何学"②，哲学与历史具有统一性。其三，就历史及其意义而言，梅洛-庞蒂认为马克思的实践范畴使得历史及其意义呈现在我们生活的方方面面，即不仅体现在我们的生产力、生产关系之中，也延伸到政治制度之中，还涉及我们的文化生活。在他看来，"马克思所谓的实践，乃是自发地呈现在人籍以组织他与自然、与他人的关系的各种活动的交织中的意义"③。人们在实践中赋予其历史以意义，这即是说，历史意义并不是先天的被规定的，而是实践中的历史主体赋予的，历史本身可以作为其意义的场所。

四、梅洛-庞蒂辩证法对新时代中国马克思主义哲学研究的理论意义

不可否认的事实是，梅洛-庞蒂辩证法虽然也存在对马克思主义辩证法的思想误解及其自身的理论困难，但其在对马克思主义辩证法思想的继承和发展中，确实阐发了某些极富才情和精辟独到的见解，这些见解对于新时代中国马克思主义哲学研究具有十分重要的理论意义。梅洛-庞蒂辩证法对苏联马克思主义教条主义倾向的批评，有助于新时代中国马克思主义哲学研究始终坚持和表征马克思主义哲学中国化时代化

---

① 参见梅洛-庞蒂：《哲学赞词》，杨大春译，北京：商务印书馆2019年版，第39—40页。
② 梅洛-庞蒂：《哲学赞词》，杨大春译，北京：商务印书馆2019年版，第40页。
③ 梅洛-庞蒂：《哲学赞词》，杨大春译，北京：商务印书馆2019年版，第39页。

的理论目标。梅洛-庞蒂辩证法坚持的主体间性原则，有助于丰富新时代中国马克思主义哲学的主体理论。此外，梅洛-庞蒂辩证法主张的历史性原则，也有利于创新发展新时代中国马克思主义哲学的历史理论。

首先，梅洛-庞蒂辩证法对苏联马克思主义的合理批评，对新时代中国马克思主义哲学的建构与发展具有一定的借鉴价值。在梅洛-庞蒂看来，苏联马克思主义从列宁的《唯物主义与经验批判主义》开始，就已经具有使马克思主义哲学走向僵化的风险，而其后的斯大林不论是在共产主义理论还是实践上都延续着这一教条化马克思主义的路线。虽然梅洛-庞蒂对列宁主义思想存在一定程度的误解，但斯大林的《辩证唯物主义与历史唯物主义》教科书与其在政治上展开的种种活动以及苏联最终解体表明，苏联马克思主义对马克思主义的教条化理解严重损害了马克思主义哲学理论的科学性和共产主义实践的进步性。事实上，改革开放以来，中国马克思主义哲学界就已经开始批判苏联教科书范式对于指导中国社会发展所具有的理论局限性。而梅洛-庞蒂对苏联马克思主义，尤其是斯大林主义的合理批评，更加有助于我们对照自身，吸取苏联共产主义理论和实践的经验教训，即在构建新时代中国马克思主义哲学的学科体系、学术体系、话语体系的过程中，结合中国特色社会主义实践，不断丰富自身理论成果，不断推进马克思主义哲学中国化进程。

其次，梅洛-庞蒂辩证法坚持的主体间性原则，有助于丰富中国马克思主义哲学的主体理论。梅洛-庞蒂辩证法思想认为，马克思辩证法的动力"是介入某一占有自然模式、同时从中形成与他人的关系模式的人，是人的具体的交互主体性，诸存在的相续而同时的共同体"①。梅洛-庞蒂辩证法思想所说的作为历史主体的人就是人民群众，人民群众创造历史，其中就包括创造自我与他人、自我与社会的关系。在他看来，作为历史载体的人以自我为主体，但这并不意味着就必须将他人视

---

① 梅洛-庞蒂：《意义与无意义》，张颖译，北京：商务印书馆2018年版，第174页。

为客体，个体自我与他人在梅洛-庞蒂那里都作为历史主体而存在，他强调自我与他人之间的相互关系，即两者互为主体，而不将他人作为绝对的客体，多元主体在历史中与世界发生关系，或者说，介入世界。在处理自我与他人的关系问题上，梅洛-庞蒂辩证法的主体间性原则表明，互为主体的个人并不是对抗性的存在关系，自我能够与他人在现实生活中相互交流共同进步；在对待个人与社会的关系问题上，梅洛-庞蒂辩证法的主体间性原则表明，个人是社会性的存在，每个人都是社会的一分子，但个人并不是社会中的原子，每个人在融入社会的过程中，并不会失去自己的个性，社会能够彰显个人的特性，即"每个人的自由发展是一切人的自由发展的条件"①。这也是中国道路建设的目标追求。这即是说，梅洛-庞蒂辩证法对于历史主体的多元关系的要求有助于我们处理好自我与他人以及社会的关系。对于中国共产党而言，这种主体间性原则有助于我们处理好群众内部矛盾以及人民群众与中国共产党的关系，因而对于中国政党建设具有一定的借鉴价值。

最后，梅洛-庞蒂辩证法主张的历史性原则，有助于丰富中国马克思主义哲学的历史理论。梅洛-庞蒂历史辩证法认为，那种在历史领域，追求平均主义和普遍贫穷的粗陋的共产主义，并不是真正的马克思主义；真正的马克思主义并不排斥资本主义制度的物质文明和精神文明，而是要在吸收这些文明成果的基础上，实现新的超越。② 在他看来，人类社会的发展和人类文明的进步不是一蹴而就的，而是在历史中不断生成的。正如马克思所言，人们创造历史的活动是有条件的③，也就是说，历史不是人们主观臆造的产物，而是具体的人进行现实的实践活动的结果。历史发展的生成性则表明，历史的发展和进步是就一定的历史阶段而言的，"人类始终只提出自己能够解决的任务"④。因此，我们制定一

---

① 《马克思恩格斯文集》第2卷，北京：人民出版社2009年版，第53页。
② 参见梅洛-庞蒂：《意义与无意义》，张颖译，北京：商务印书馆2018年版，第173页。
③ 参见《马克思恩格斯文集》第2卷，北京：人民出版社2009年版，第470—471页。
④ 《马克思恩格斯文集》第2卷，北京：人民出版社2009年版，第592页。

些阶段性规划和目标，只有实现了这一阶段的目标之后，我们才可能根据当前的社会发展状况，并对下一阶段的计划作相应的调整。这即是说，梅洛-庞蒂辩证法坚持的历史性原则，对于新时代中国马克思主义哲学运用唯物史观理论指导规划中国道路建设和发展具有重要的理论意义。

（作者卞伟伟系江苏师范大学哲学范式研究院讲师，哲学博士；研究方向为马克思主义哲学基础理论、国外马克思主义）

马克思主义辩证法原理演进的研究范式*

马丽娟

[摘　要] 中国马克思主义哲学界对于马克思主义辩证法研究的演进过程体现为三种研究范式的转换，三种研究范式乃是苏联教科书范式、后教书范式与时代性范式。辩证法原理研究的苏联教科书范式为马克思主义辩证法的中国化、普及化与大众化作出了不可磨灭的贡献；在辩证法原理研究的后教科书范式下，中国马克思主义哲学研究开始产生自己的问题意识，并不断澄清辩证法的学理性；辩证法原理研究的时代性范式之出场奠基于辩证法原理研究的后教科书范式，展开于新时代中国特色社会主义建设事业中，并将继续指导中华民族伟大复兴的征程。

[关键词] 马克思主义辩证法　苏联教科学范式　后教书范式　时代性范式

"研究范式作为研究群体自觉的行为规范、总体方法和基本路径，是时代思维方式的集中体现，是学习见解、观点和理论创新的根基与灵魂。"① 每一种研究范式的转换都不仅是理论创新的产物，从根源上说乃

---

* 本文系国家社科基金青年项目"《资本论》的历史科学视阈研究"（18CKS001）阶段性成果。
① 任平：《当代中国马克思主义哲学创新范式图谱》，载《中国社会科学》，2017年第1期。

是现实发展的需要。改革开放四十年是中国共产党带领中国人民探索中国道路的四十年，随之而来的是马克思主义哲学研究范式创新与发展的学术史。马克思主义哲学研究范式之发展史大致经历了教科学范式、原理范式、文本文献学范式、马克思主义哲学史范式、与中西方哲学对话范式、反思的问题学范式、部门哲学范式、马克思主义中国化范式、马克思主义出场学范式等九种研究范式的转换。马克思主义哲学原理范式上承教科学范式，是教科书范式改革的必然产物，下启文本文献学研究范式，原理范式的深入研究必然带来文本文献学范式的出场。此外，对马克思主义哲学各个重要原理的探究与拓展也为部门哲学范式的出场做了重要的铺垫。正是由于原理范式在整个马克思主义哲学研究范式发展史中占据承上启下的关键地位，因此原理范式研究向来是中国马克思主义哲学界的重要研究领域，并且诞生了丰富的研究成果。中国马克思主义哲学界对于马哲原理的研究大致呈现为现代化研究、实践观研究、人学研究、辩证唯物主义研究、历史唯物主义研究等诸多方面。

恩格斯说过："马克思的整个世界观不是教义，而是方法。它提供的不是现成的教条，而是进一步研究的出发点和供这种研究使用的方法。"① 学界向来存在共识，即学习与继承马克思主义哲学的真理性不是本本主义的坚持教条，而是继承其方法，因此对马克思哲学方法的研究乃是原理研究范式的重中之重。关于马克思主义哲学的方法，根据马克思、恩格斯以及第二国际理论家的阐述，被总结为辩证法、历史与逻辑相统一的方法、科学的抽象法、矛盾分析法等形成的方法论体系，而辩证法则是贯穿于整个方法论体系之轴心。因此本文旨在呈现中国马克思主义哲学界对于马克思主义辩证法研究的演进过程，该过程体现为三种研究范式的转换，三种研究范式乃是苏联教科学范式、后教书范式与时代性范式，并且阐明每一种研究范式的出场背景、特征与发展趋势，并在此基础上探索未来马克思主义辩证法研究的特点与方向。

---

① 《马克思恩格斯选集》第 4 卷，北京：人民出版社 2012 年版，第 664 页。

一、辩证法原理研究的苏联教科学范式：
辩证法研究之学徒状态

在马克思主义哲学学术发展史上，马克思主义哲学原理研究范式脱胎于教科学范式，因此辩证法研究的原理范式之出场背景乃是辩证法研究的教科书范式。马克思曾指出，问题的研究与问题的叙述乃是相反的过程，前者表现为从后向前追溯，后者表现为从前往后叙述。回溯国内辩证法研究的教科书范式，其直接根源是苏联的教科书体系，而苏联教科书体系的形成则源自马克思主义创始人以及列宁与第二国际理论家对于马克思主义哲学辩证法的阐述。

虽然马克思在其重要著作中反复提及辩证法，他甚至表示："一旦我卸下经济负担，我就要写《辩证法》。"① 但是马克思从未专门写过系统阐述其辩证法思想的著作，更没有建构起马克思主义哲学的辩证法体系。

马克思主义哲学辩证法体系是由恩格斯建构起来的。马克思逝世之后，恩格斯在《反杜林论》中首次对马克思主义哲学辩证法做了较为系统的论述。在这本论战性的著作中恩格斯将马克思主义哲学辩证法的内涵总结为矛盾、辩证法的量和质以及辩证法的否定之否定规律。其后，在《自然辩证法》一书中，恩格斯引用马克思论述黑格尔辩证法的一段话，即黑格尔的辩证法是神秘的与颠倒的，必须将其颠倒过来使其用脚立地，而颠倒的实现，则依赖于用唯物主义替代唯心主义。恩格斯对"物"的概念做了明确的定义："实物、物质无非是各种实物的总和，而这个概念就是从这一总和中抽象出来的"。② 在此基础上，恩格斯明确阐释了辩证法的内涵，恩格斯指出："因此，辩证法的规律是从自然界和人类社会的历史中抽象出来的。辩证法的规律不是别的，正是历史发展

---

① 《马克思恩格斯文集》第10卷，北京：人民出版社2009年版，第288页。
② 《马克思恩格斯全集》第20卷，北京：人民出版社1971年版，第579页。

的这两个方面和思维本身的最一般的规律。实质上它们归结为下面三个规律：量转变为质和质转变为量的规律；对立的相互渗透的规律；否定之否定规律。"① 除此之外，恩格斯在晚年写给康·施密特的一封信中指出："所有这些先生们所缺少的东西就是辩证法。……整个伟大的发展过程是在相互作用的形式中进行的（虽然相互作用的力量很不均衡：其中经济运动是更有力得多的、最原始的、最有决定性的）。"② 恩格斯在此处提到辩证法的语境是同施密特谈论在历史发展过程中各种因素的作用，恩格斯认为虽然经济运动起着基础性与决定性的作用，但是国家权力、法、思想等领域都具有相对独立性，并且对经济运动起正反两方面的作用。

恩格斯的以上论述初步构建出了马克思主义哲学辩证法体系，该体系包含以下四个方面：

第一，马克思主义哲学辩证法是对黑格尔唯心主义辩证法的头足倒置，马克思主义哲学辩证法乃是唯物辩证法。

第二，马克思主义哲学辩证法的内涵乃是对立统一规律、质量互变规律与否定之否定规律。

第三，马克思主义哲学辩证法是关于自然界、人类社会与人类思维普遍规律的科学。

第四，马克思主义哲学辩证法同样贯穿于历史发展过程，经济基础同上层建筑之间的作用与反作用正是对马克思主义哲学辩证法的体现。

从恩格斯初步建构起的马克思主义哲学辩证法体系可以看出，唯物辩证法是马克思主义哲学辩证法首要的和最基本的特征。关于"物质"，列宁在《唯物主义和经验批判主义》一文中给出了经典的定义，列宁指出："物质是标志客观实在的哲学范畴，这种客观实在是人通过感觉感知的，它不依赖于我们的感觉而存在，为我们的感觉所复写、摄影、反

---

① 《马克思恩格斯全集》第20卷，北京：人民出版社1971年版，第401页。
② 《马克思恩格斯全集》第37卷，北京：人民出版社1971年版，第491页。

映。"① 关于辩证法，列宁在《谈谈辩证法问题》一文中指出："统一物之分两个部分以及对它的矛盾着的部分的认识是辩证法的实质。……要认识在自己运动中，自身发展中的世界一切过程，就要把这些过程当作对立面的统一来认识。……对立面的统一是有条件的、暂时的，正如发展、运动是绝对的一样。"② 由此可见列宁继承并发展了恩格斯的唯物主义辩证法思想，并进一步指出矛盾双方的对立统一规律是推动世界万事万物运动与发展过程的根本动力。

恩格斯逝世之后，以梅林和普列汉诺夫为代表的第二国际理论家自诩为"正统马克思主义"。普列汉诺夫在《马克思主义的基本问题》中指出："费尔巴哈的意见很正确地规定了哲学的出发点，而不是哲学的方法。"③ 普列汉诺夫指出在思维与存在的关系问题上，费尔巴哈已经正确地阐明是存在决定思维，而非思维决定存在，因此费尔巴哈正确地规定了思维与存在的关系问题。然而，费尔巴哈却忽略了黑格尔的辩证法，因此"哲学的方法"乃是黑格尔的辩证法。普列汉诺夫进一步指出："只有相信费尔巴哈哲学的基本观点的正确性的人，才能把黑格尔的辩证法倒过来，'使双脚立地'。"由此可见，普列汉诺夫将马克思主义哲学辩证法理解为唯物辩证法，而唯物辩证法源自费尔巴哈哲学出发点与黑格尔哲学方法的简单相加。

20世纪30年代，在斯大林的支持下，苏联的马克思主义理论家编写了马克思主义教科书《论辩证法唯物主义和历史唯物主义》，该书将马克思主义哲学划分为辩证唯物主义与历史唯物主义两大板块，并且指出历史唯物主义是辩证唯物主义在历史领域的推广和应用，即所谓的"推广说"。辩证唯物主义与历史唯物主义二元论构成了苏联教科书体系的核心内容。

---

① 《列宁全集》第18卷，北京：人民出版社2017年版，第130页。
② 《列宁专题文集（论辨证唯物主义和历史唯物主义）》，北京：人民出版社2009年版，第148页。
③ 《普列汉诺夫著作选集》第3卷，上海：上海三联书店1974年版，第158页。

恩格斯、列宁、第二国际理论家以及苏联教科书体系对马克思主义哲学辩证法的阐释，深刻影响了我国马哲学界对于马克思主义哲学辩证法的研究。新中国成立之初，鉴于马克思主义理论大众化与普及的需要，简单、明了、体系化的马克思主义原理更易于被大众所接受。因此从新中国成立之初到改革开放前，我国马克思主义哲学辩证法的普及与传播直接受到苏联教科书体系的影响。这一阶段我国的教科书体系遵循的基本理路是马克思主义哲学的架构乃是褪去黑格尔哲学思辨唯心主义外套，保留辩证法，并且加之物质本体论。而历史唯物主义是辩证法唯物主义在历史领域的推广和应用。虽然这一时期马哲学界已经开始提出超越苏联教科书体系的要求，然而实际上该阶段的研究并未超越苏联的教科学体系，因此该阶段中国的马哲学术界还处于学徒状态，该阶段被认为是中国马克思主义哲学辩证法研究的教科书阶段。

20世纪80年代，随着我国改革开放与社会主义现代化建设事业的展开，回答中国社会现实问题成为马克思主义哲学的迫切任务，而对于现实问题的研究则是以关于"实践"概念的大讨论为起始的。加之，中国马克思主义哲学研究与中西方哲学对话的不断深入，研究西方马克思主义的学术观点，成为当时的热潮，中国学者开始关注到西方马克思主义对于正统马克思主义、苏联教科书范式，甚至是对恩格斯的批判。正是这样的双重背景推动马克思主义哲学辩证法研究的后教科书范式的出场，以及中国马克思主义哲学界问题意识与学术主体性的产生。

二、辩证法原理研究的后教科书范式：辩证法学理性之澄清

党的十一届三中全会提出要把党的工作重心转移到社会主义现代化的建设上来，党的十二大提出要建设有中国特色的社会主义。中国特色社会主义现代化建设事业的展开迫切需要中国马克思主义哲学界摆脱苏联教科学体系的束缚，产生自我问题意识与学术主体性，即时代呼唤着

中国马克思主义哲学研究之后教科书范式的出场。改革开放之后，中国马克思主义哲学研究同西方马克思主义的对话以及实践原理研究范式的兴起，恰好给予辩证法原理研究之后教科书范式的出场以双重策应。

早期的西方马克思主义者与其后的法兰克福学派的共同点是对正统马克思主义者的反叛，他们共同反对抽象的物质本体论、拒斥抽象自然辩证法或者说作为客体自然的辩证法，并且拒斥反映论的认识论。卢卡奇在《什么是正统的马克思主义？》一文中提出："从恩格斯对辩证法的说明中所产生的误解，主要可归于这样一个事实，即恩格斯追随黑格尔的错误引导，把这种方法扩展并应用到自然中。可是，辩证法的最为关键的决定因素是，主体和客体的交互作用，理论与实践的统一，现实中的历史性变化作为思想变化的根本原因构成范畴的基础等等。"① 从这段关键性的论述中可以得出两点结论：第一，卢卡奇拒斥抽象的自然辩证法，他认为马克思的辩证法是主客体辩证法与实践辩证法或者说是"社会辩证法"；第二，卢卡奇提出现实的历史是思想与范畴产生的基础。关于马克思的辩证法葛兰西与卢卡奇的见解既有相同之处也有分歧。葛兰西与卢卡奇的相同之处表现在对"唯物辩证法"的反对，并且认为马克思的辩证法是历史辩证法。但他反对卢卡奇对自然辩证法的拒斥，而是指出自然乃是属人的自然，于是属人的自然的辩证法也是历史辩证法的一部分。②

法兰克福学派对于马克思哲学与辩证法的理解继承了早期西方马克思主义者的思想，但是在"改造"马克思本人思想的道路上走的比早期西方马克思主义者更远。例如，阿多诺就认为："享有'辩证法大师'盛名的黑格尔的辩证法是调和的，甚至马克思主义辩证法也是不彻底

---

① 卢卡奇：《历史与阶级意识》，北京：商务印书馆1999年版，第24页。
② 参见 Antonio Gramsci, *Selections from the Prison Notebooks*, translated by Quintin Hoare, International Publishers New York, 1971, pp.456-457。

的"。① 因此他主张用"非同一性"代替"同一性"并且用绝对否定代替否定之否定。作为法国存在主义马克思主义的大师，萨特对辩证法也有所探讨，并提出了自己的主张。他主张驱逐辩证唯物主义与自然辩证法，代之以历史辩证法与人学辩证法。② 大卫·哈维是当代西方马克思主义的代表人物，在他的《跟大卫·哈维读〈资本论〉》一书中他提出了理解辩证法对于正确理解《资本论》重要性，他说："要理解马克思的辩证法，你必须阅读《资本论》，因为那是在现实中进行实践的源泉；反过来，要理解《资本论》你就必须理解马克思的辩证法。"③ 他指出马克思对于黑格尔辩证法之变革并非简单的颠倒，他指出辩证法的旨趣乃是"流动及动态变化的方法"，因为资本的生命就在于运动本身，而"当资本循环终止时，资本的价值就消失了，整个资本主义体系就会崩溃"④。

西方马克思主义者对马克思主义哲学辩证法的研究，其共同特点是对以第二国际为主的正统马克思主义解读模式的反叛。不同于恩格斯、列宁与第二国际理论家对辩证法的解读模式，卢卡奇、葛兰西、阿多诺、萨特以及大卫·哈维等人提出的社会辩证法、历史辩证法、实践辩证法等思想都对我国学者超越苏联教科书体系提供了重要的思想资源与策应，该策应表现为：促使我国学者的注意力从作为普遍规律的辩证法（物质本体论+辩证法的三大规律，贯穿于自然、人类社会以及人的思维三大领域）向作为过程的辩证法转移（辩证法乃是现实社会、人类历史的辩证法发展过程）。

除了中国马克思主义哲学同西方马克思主义对话给予的重要策应，

---

① 俞吾金、陈学明：《国外马克思主义哲学流派新编——西方马克思主义卷》（上册），上海：复旦大学出版社2002年版，第167页。
② 参见 Sartre, J.P., *Critical of Dialectical Reason*, London, 1986, p.36。
③ 大卫·哈维：《跟大卫·哈维读〈资本论〉》，刘英译，上海：上海译文出版社2014年版，第13页。
④ 大卫·哈维：《跟大卫·哈维读〈资本论〉》，刘英译，上海：上海译文出版社2014年版，第13页。

辩证法研究之后教科学原理范式出场的另一个策应是改革开放前后国人对于"实践"概念的大讨论。

列宁指出实践概念是马克思主义哲学认识论的首要观点。我国专门研究实践概念之最早的著作乃是毛泽东的《实践论》，在该著作中毛泽东指出：实践乃是人"根据一定的思想、理论、计划、方案以从事于变革客观现实"的活动，并进一步指出："马克思主义者认为，只有人们的社会实践，才是人们对于外界认识的真理性的标准。"[①] 列宁与毛泽东对于实践概念的阐释一直影响着我国传统的教科书解读范式。在我国的教科书体系中一般将实践概念解读为主体改造客体的物质活动，以及将实践概念纳入马克思主义认识论的范围中加入解释。

自改革开放以来，中国马哲学界关于"实践是检验真理的唯一标准"的谈论热潮始终不曾褪去，在这种研究热潮中，学者们对实践概念的研究大致包括以下三种视角：

第一种视角，实践乃是主体见之于客体的物质活动。该研究视角认为马克思主义哲学中实践概念的本质内涵乃是主体通过中介（工具）改造客观世界的物质活动，实践概念的根本属性是客观实在性。马克思主义的真理观乃是主体通过实践形成对客体的正确认识（从实践到认识，再从认识到实践，循环往复以至无穷）。由于实践的独特性，即实践是沟通主体与客体的桥梁，因此检验真理的尺度，既不能是主体，也不能是客体，而只能是实践，此即"实践是检验真理的唯一标准"。该视角是将实践概念纳入马克思主义认识论的范畴加以研究的。

第二种视角，实践乃是感性活动。20世纪与21世纪交替之际，中国马克思主义哲学界喊出"回到马克思"的学术口号，随之掀起了对马克思经典原著的研究热潮。国内学术界开始重新关注《1844年经济学哲学手稿》这本马克思早期的经典著作。该研究视角的出场正是受到了《1844年经济学哲学手稿》的重要影响。以该经典原著为基础，有学者

---

① 《毛泽东选集》第1卷，北京：人民出版社1991年版，第284页。

将实践概念解读为"感性活动"或"对象性活动",并且强调实践概念的主体性,即实践概念构造或者创造感性对象的性质。除此之外,有学者明确提出科学的实践观决不仅仅是对实践概念内涵的简单挖掘,而是新的理论范式下对人的现实生存状态的反思。该研究视角正在呼吁着另外一种研究视角的出场,即生存论的研究视角。

第三种视角,实践乃是人的存在方式。有学者提出:"马克思实践哲学启动并引导着当代哲学存在论范式的历史性变革,其实质是从超验的、实体的抽象存在论,向根源于现实生活世界的感性的、社会历史性的、生存论的转变"。① 而所谓实践生存论是指:"人、社会通过人的历史性的生存实践即社会化活动所展开的生存论统一。"② 有学者提出实践的过程即是主体自由性、自觉性发挥作用的过程,因而实践是人的生命活动的自觉表现和体验活动。③ 有的学者则认为活动主体是自身潜能的实现。有的学者则强调主观与客观、自然和精神、思维与存在统一的现实基础。④

综上所述,改革开放后马哲学界对于实践概念的研究视角经历了从认识论到存在论的转向。实践概念研究给予辩证法研究后教科书范式的策应包含两个方面:第一,辩证法的存在论基础并非抽象的物质范畴,而是感性活动、对象性活动或者物质生产活动;第二,基于第一点,辩证法的适用范围也不是放之四海而皆准,不是可以到处套用的形式方法,而只是适用于经过人的实践改造过的属人的自然与人类社会。

西方马克思主义与实践概念研究的双重策应共同推动着辩证法研究后教科书范式的出场。辩证法研究的后教科书范式之首要任务乃是澄清马克思辩证法与黑格尔辩证法的真实关系,即马克思自称是黑格尔的学生,那么马克思继承黑格尔辩证法的合理内核是什么?其次马克思辩证

---

① 邹诗鹏:《马克思实践哲学的论基础》,载《学术月刊》,2003 年第 7 期。
② 邹诗鹏:《马克思实践哲学的论基础》,载《学术月刊》,2003 年第 7 期。
③ 参看任暟:《马克思实践观的人文意蕴》,载《哲学动态》,2005 年第 8 期。
④ 参看刘丽红:《证法形态演进的当代审视》,载《学术探索》,2015 年第 3 期。

法在何种意义上根本不同于黑格尔的辩证法，换句话说，马克思发动的哲学革命的内涵是什么？

对于第一个问题的回答，有学者提出马克思继承黑格尔辩证法的合理内核包含两个方面：一是将辩证法理解为一种运动变化的能动性原则，二是强化了辩证法的否定性、批判性和革命性的维度。[①] 该回答的前半句，即辩证法合理内核的第一个方面实则在批判将辩证法作为一种外在方法到处套用的倾向，如果这样理解辩证法，那就彻底遮蔽了辩证法的革命性；辩证法不是一种外在的形式方法，它是运动变化的能动性原则本身。该回答的后半句，即辩证法合理内核的第二个方面——否定性、批判性与革命性实则具有同一含义，即革命性。革命性与总体性是辩证法不可分割的一体两面。辩证法整体性的含义是指：辩证法是事物发展的过程本身，在该总体连贯的发展过程中，每一个历史事件都不是孤立的，它是总体过程之一部分。每一个历史事件都蕴含着自我否定的趋势，而该趋势则孕育着新事物诞生的萌芽，而新事物相对于旧事物而言则是批判的与革命的。

对于马克思发动的哲学革命之真实内涵的澄清实则是对马克思主义哲学之存在论基础的追问。在《德意志意识形态》中马克思与恩格斯反复强调："意识在任何时候都只能是被意识到了的存在，而人们的存在就是他们的现实生活过程。"[②] "发展着自己的物质生产和物质交往的人们，在改变自己的这个现实的同时也改变着自己的思维和思维产物。不是意识决定生活，而是生活决定意识。"[③] 在该著作中，马克思与恩格斯称自己的哲学为"实践的唯物主义"。由此可见，马克思所发动的哲学革命并非是将黑格尔辩证法与费尔巴哈"新哲学"的简单叠加，而首先是存在论革命。马克思哲学的存在论基础乃是物质生产与物质交往的现实生活过程。

---

① 参看夏莹：《论辩证法的唯物主义基础》，载《哲学动态》，2019 年第 2 期。
② 《马克思恩格斯全集》第 3 卷，北京：人民出版社 1960 年版，第 29 页。
③ 《马克思恩格斯文集》第 1 卷，北京：人民出版社 2009 年版，第 525 页。

以对马克思哲学之存在论基础的澄清为前提，形成了辩证法研究的后教科书范式，也即马哲学界的辩证法研究开始形成自己的话语体系。该范式下，中国马克思主义哲学界对辩证法的阐释包括以下几种：

第一种观点：马克思主义哲学辩证法是资本辩证法。有学者提出，《资本论》中马克思实现了从一般人类历史到现实历史的转向，资本辩证法"揭示了资本的内在矛盾、资本与生产的矛盾以及资本总积累的矛盾，进而使批判的革命的辩证法与历史唯物主义内在地统一起来"①。有学者提出辩证法的批判旨趣不仅仅是对资本主义社会的意识形态——政治经济学的批判，更为重要的是辩证法是对资本主义社会现实的批判。②

第二种观点：马克思主义哲学辩证法是实践辩证法或感性劳动辩证法。例如，有学者提出，"马克思在对抽象理性和抽象存在的双重批判中，实现了辩证法对形而上学的'终结'，展开了辩证法'对现存的一切进行无情的批判'"，马克思的辩证法是实践的辩证法。③ 有学者提出，马克思用"实践"取代了黑格尔的"绝对精神"，使之成为辩证法的载体，因此，马克思的辩证法是"实践辩证法"与"感性劳动辩证法"以及"社会形态辩证法"。④

第三种观点：马克思主义哲学辩证法是历史辩证法。例如，有学者指出，历史辩证法不是关于"历史的辩证法"，不是关于历史发展的必然规律，而是将现实社会看成一个辩证发展的过程。⑤

第四种观点：马克思主义哲学方法是范畴批判与感性辩证法相结合的方法。有学者从"范畴批判是《资本论》获得其研究对象的方

---

① 王海峰：《历史唯物主义和辩证法的统一——重估〈资本论〉的价值》，载《江海学刊》，2011年第1期。
② 王庆丰：《辩证法的旨趣与使命》，载《社会科学战线》，2016年第7期。
③ 孙正聿：《辩证法：黑格尔、马克思与后形而上学》，载《中国社会科学》，2008年第5期。
④ 俞吾金：《马克思对黑格尔方法论的改造及其启示》，载《复旦学报》（社会科学版），2011年第1期。
⑤ 李西祥：《辩证法与马克思哲学的当代性》，载《哲学研究》，2009年第2期。

法""《资本论》描述感性实践对资本的建构""感性辩证法表明《资本论》方法的历史性原则"三个方面论述了《资本论》的方法是"历史批判方法"。①

综上所述,辩证法研究的后教科书范式呈现出如下几个特点:

第一,扬弃了抽象的物质本体论并代之以感性活动存在论或者实践活动存在论,于是马克思主义哲学辩证法被阐释为属人的感性活动或者实践活动创造属人的自然与人本身的辩证过程。

第二,以感性活动或实践活动为存在论基础就破除了辩证唯物主义与历史唯物主义的分离,即破除了马克思主义哲学历史观的"推广说",确立了马克思主义哲学就是历史唯物主义本身的学术观点。

第三,对马克思主义哲学存在论、方法论以及对历史唯物主义本质的澄清,使得马克思对黑格尔辩证法的"颠倒"与"拯救",以及马克思发动哲学革命的含义得以澄清,即马克思发动的哲学革命不是简单的"头足倒置"与"叠加",而是发动了存在论基础的革命。以此为基础,辩证法就不再只是"思想领域的闪电",那么马克思对政治经济学以及资本主义社会本身的批判才得以可能。

至此,中国马哲学界经过不懈努力,终于实现了对苏联教科学范式的超越。中国马哲学界对于辩证法的学理性的澄清进行了孜孜不倦地探究,例如,辩证法的存在论基础是抽象的物质本体论吗?辩证法究竟是一种形式方法还是事物的发展过程本身?历史唯物主义究竟是唯物辩证法在历史领域的推广,还是历史本身的辩证发展过程?中国马克思主义哲学界在不断推究的基础上,给出了既不同于苏联教科书范式,也不同于西方马克思主义研究范式的回答。基于此,辩证法原理研究终于摆脱了学徒状态,而这为辩证法原理研究之时代性范式的出场做好了充足的准备。

---

① 王德峰:《马克思的历史批判方法》,载《哲学研究》,2013年第9期。

三、辩证法原理研究之时代性范式：
辩证法在现实中之展开

2017年10月18日，习近平总书记在党的十九大报告中指出"中国特色社会主义进入了新时代"，报告提出了新时代中国特色社会主义思想的"八个明确"。党的十九届六中全会审议通过的《中共中央关于党的百年奋斗重大成就和历史经验的决议》（以下简称《决议》），在党的十九大报告"八个明确"基础上，用"十个明确"总结习近平新时代中国特色社会主义思想的科学内涵、核心内容。"十个明确"指明了新时代中国特色社会主义建设事业的奋斗目标和前进方向，其蕴含着丰富的辩证法思想，"十个明确"的提出标志着辩证法思想在新时代的运用与展开。

新时代中国特色社会主义最本质的特征是中国共产党的领导，中国共产党领导中国特色社会主义建设的过程即是辩证法在中国特色社会主义建设实践中的运用与展开的过程。有学者极其恰当地指出："百年中国共产党波澜壮阔的历史实践活动同时是'现实世界的辩证运动的自觉的反映'。中国共产党把远大理想与现实运动、自然历史进程与追求自己目的的人的活动辩证统一的共产主义信仰建立在对人类社会发展规律的深刻认知上，在推进社会革命与自我革命、锻造革命党与执政党的辩证统一中铸就马克思主义政党的实践品格，在增强阶级基础与夯实群众基础、为中国人民谋幸福与为人类进步事业而奋斗的辩证统一中不断生成展开政党代表的丰富内蕴，在核心与工具辩证统一的身份定位和教育组织与联系服务辩证统一的行为定位中实现党的领导。中国共产党的实践辩证法展现了马克思主义哲学改变世界的实践取向，谱写出世界上最大的政党'大的样子'。"①

---

① 辛鸣：《中国共产党的实践辩证法》，载《哲学研究》，2021年第7期。

新时代中国特色社会主义建设的总任务是实现中华民族伟大复兴，总任务的实现分两步：第一步，到2035年基本实现社会主义现代化；第二步，到本世纪中叶建成富强民主文明和谐美丽的社会主义现代化强国。马克思主义哲学辩证法认为历史事物的发展呈现为一个总体性的过程。该过程中的每一阶段都不是孤立的，而是蕴含着发展自身，并且孕育下一阶段的趋势，在目前发展现状的基础上，预测未来是马克思主义辩证法的题中应有之义。中国特色社会主义建设的总任务正是基于全面建成小康社会的现状，运用辩证法思想对未来作出的科学预判。

新时代我国社会的主要矛盾转变为人民日益增长的美好生活需要和不平衡不充分发展之间的矛盾。对于新时代国内主要矛盾的把握同时也是对辩证法精髓的把握。辩证法的本质特征是其否定性，此否定指的是自我否定，自我否定的原则是推动性与创造性，自我否定乃是推动历史车轮滚滚向前的根本力量。新时代我国社会的主要矛盾决定了该阶段工作重心是解决发展不充分不平衡的矛盾，满足人民对美好生活的需求。而该阶段主要矛盾的解决则意味着更新的阶段的诞生。我国社会主义建设事业中主要矛盾的不断转换的过程，既是旧的矛盾不断自我否定产生新矛盾的过程，又是我国社会主义建设事业不断前进的过程。

新时代中国特色社会主义事业的总体布局是"五位一体"，其中生态文明建设的地位不断提高，该时期形成了习近平生态文明思想，"两山理论"是习近平生态文明思想的核心理念，其中蕴含着丰富的辩证法思想。习近平总书记提出："我们既要绿水青山，也要金山银山。宁要绿水青山，不要金山银山，而且绿水青山就是金山银山。"① 马克思主义辩证法认为矛盾双方既相互对立，又相互统一，统一中包含着对立，对立中包含着统一。"绿山青山"与"金山银山"的关系就是这种对立统一的关系。"绿水青山"象征生态环境，"金山银山"象征经济发展。欧美发达国家的历史经验似乎告诉人们，一国的经济发展与环境保护之间

---

① 《习近平总书记系列重要讲话读本》，北京：人民出版社2014年版，第120页。

是绝对对立的，必须走先污染后治理的道路。而"两山理论"的提出则打破了关于二者关系的固有成见，提出了不同于其他国家的新发展道路，即在环境保护与经济发展相互对立中把握其相互统一、相互促进的关系，推动经济发展为环境保护服务，同时良好的生态环境也会带来新的经济增长模式，并且在此基础上可以实现人与自然的和谐共生。

除此之外，"十个明确"中的新发展阶段、新发展理念、新时代的强军目标、新时代中国特色大国外交推动构建人类命运共同体以及新时代全面从严治党的战略方针，无一不包含着丰富的辩证法思想，无一不是辩证法思想在新时代的运用与展开。

总而言之，辩证法原理研究的苏联教科书范式为马克思主义辩证法的中国化、普及化与大众化作出了不可磨灭的贡献，但彼时中国的马克思主义哲学研究尚未走出学徒状态。辩证法原理研究的后教科书范式，得益于西方马克思主义研究与实践概念研究的双重策应，在此基础上，中国马克思主义哲学研究开始产生自己的问题意识，并不断澄清辩证法的学理性，该过程也是中国马克思主义哲学研究走出苏联教科书学徒状态的过程。辩证法原理研究的时代性范式之出场奠基于辩证法原理研究的后教科书范式，展开于新时代中国特色社会主义建设事业中，并将继续指导中华民族伟大复兴的征程。该阶段中国马克思主义哲学研究已经开始提出自我学术主张，即构建有中国特色的辩证法体系，这也是未来辩证法研究的根本任务与前进方向。

（作者马丽娟系复旦大学哲学博士，江苏师范大学马克思主义学院副教授；研究方向为马克思主义政治经济学与历史唯物主义）

思想阐释、方法运用与体系构建：部门哲学范式研究的推进与拓展*

于桂凤

[摘　要] 我国部门哲学繁荣发展的最大动力是中国特色社会主义发展需要。对应于中国特色社会主义事业"五位一体"总体布局，经济哲学、政治哲学、文化哲学、社会哲学和生态哲学成为新时代以来我国部门哲学范式研究的重点。近两年（2020—2021）部门哲学范式研究的推进与拓展，主要表现在三个层面：其一，在思想阐释层面，呈现出阐释视域和阐释深度的双重拓展，为深度挖掘马克思主义的哲学资源，特别是蕴含其中的经济哲学、政治哲学、文化哲学、社会哲学、生态哲学的学术价值与现实意义，奠定了思想基础；其二，在方法运用层面，表现为对理论与现实问题的双重关注，有助于推动中国"学科性学术"与"问题性学术"的有机统一；其三，在体系构建层面，聚焦于使命自觉与路径探寻，为新时代建构中国特色哲学社会科学学科体系、学术体系、话语体系提供了重要的理论资源。从理论创新与现实发展要求来看，需着力解决的突出问题有：一是如何跳出思想阐释的"内卷化"倾向，提升思想原创性比重；二是如何扭转学术研究的"西方化"态势，

---

* 基金项目：国家社会科学基金项目"恩格斯晚年关于马克思哲学的阐释及其对马克思主义哲学中国化的影响研究"（20BKS013）的阶段性成果。

彰显中国主体性原则；三是如何克服各自研究的"碎片化"局限，推动理论整体性进步。

[**关键词**] 部门哲学　思想阐释　方法运用　体系构建

  关于中国哲学社会科学研究要从"学科性学术"向"问题性学术"转型的倡导①，受到越来越多学者的认同，并引发学界诸多探讨和反思。部门哲学在中国兴起、发展的现实问题指向与实践旨趣，决定了其能够在"问题性学术"转向中发挥一定作用，而且新时代中国部门哲学研究也应该具有这种学术自觉或学术担当。我国部门哲学繁荣发展的最大动力是中国特色社会主义发展需要。对应于中国特色社会主义事业"五位一体"总体布局，经济哲学、政治哲学、文化哲学、社会哲学和生态哲学成为新时代以来我国部门哲学研究中的重要内容，反映了我国马克思主义哲学研究的专题化走向。在一定意义上，透过这些领域的研究，我们能够大致洞悉我国部门哲学研究取得的主要进步及存在的突出问题，同时也可以更为客观地看待部门哲学在中国马克思主义哲学发展中的学术地位。部门哲学研究状况也是考察我国马克思主义哲学学术研究动态、特色和质量的一把尺子。本文试从思想阐释、方法运用和体系构建三个维度，梳理2020—2021年经济哲学、政治哲学、文化哲学、社会哲学和生态哲学领域的相关研究成果，分析部门哲学范式研究的深化与进展。由于政治哲学领域的研究成果远超其他部门哲学，所以本文的分析更多以近两年政治哲学研究成果为主。这也反映出我国部门哲学内部发展的不平衡性。希望这种梳理和分析能够为学界把握我国部门哲学发展创新的根本特征、整体态势及基本规律，提供有价值的资源和思路方面的参考。

---

① 参见徐俊忠：《关于从"学科性学术"到"问题性学术"的思考》，载《开放时代》，2022年第1期。

一、思想阐释：视域与深度的拓展

从内容上看，深掘和阐释马克思主义哲学"元典思想"中所蕴含的部门哲学思想，始终是我国部门哲学研究的重中之重。从整体上看，这些阐释重点突出、主题丰富、特色鲜明。

（一）政治哲学思想阐释的重点

从近两年的相关研究成果来看，学界对政治哲学，特别是马克思主义政治哲学思想的发掘与阐释依然占据着部门哲学研究的"首位"。不仅研究兴趣呈现高涨之势，而且展现出阐释视域和阐释深度双重拓展趋向。这也体现了马克思主义政治哲学的持续影响力与蓬勃生命力。

政治哲学的学科边界是研究政治哲学的前提性问题。政治哲学的边界模糊会引发政治哲学身份危机。针对此问题，有学者深入探讨了政治哲学与政治诗学、政治神学、道德哲学的界限与关联，提出了克服政治哲学身份危机的路径。[①] 这为政治哲学研究奠定了"合法性"基础，也为马克思政治哲学研究拓展提供了"规范性"依据。

1. 马克思政治哲学多重阐释

可以概括为马克思政治哲学本质论、关系论、超越论、意义论。

马克思政治哲学本质论研究。代表性观点有：第一，从追问政治哲学与唯物史观的理论同构性之何以可能出发，将马克思的政治哲学定位于"社会政治哲学"。这种社会政治哲学具有自身独特的研究路径和研究方法，对构建中国化马克思主义学术话语具有重要理论意义。[②] 第二，从发生学视角考察马克思政治哲学范式本质特征，提出马克思政治哲学

[①] 任剑涛：《思想的竞争：政治哲学的身份危机及其克服》，载《中国人民大学学报》，2021年第2期。

[②] 夏莹：《马克思社会政治哲学的研究进路与方法论问题》，载《中国社会科学评价》，2021年第2期。

直接转换自黑格尔政治哲学模型的"政治国家"与"物质国家"的辩证法，开启了一种新范式，进而引导出唯物史观，并内化于其中。① 第三，回到马克思哲学的原初语境，主张马克思政治哲学是一种以扬弃"日常政治"为目的的"宏大政治"，而一般政治哲学关注"平等""正义"等"日常政治"议题。② 第四，通过对马克思政治哲学与政治经济学批判"内生关系"的解析，提出马克思政治哲学是"站在全人类的高度思考人类文明形态变革的问题"，因而是大写的"政治哲学"。③

马克思政治哲学关系论研究。马克思政治哲学与唯物史观之间的关系问题一直是学界比较关注且引发争议的一个议题。有学者把学界关于此问题的研究概括为五种主张，分别是"作为'现代政治哲学叙事'的历史唯物主义""历史唯物主义的政治哲学解读""历史唯物主义的政治哲学""政治哲学与历史唯物主义的'双向互动'""从历史唯物主义到政治哲学的'内在转向'"④。这五种主张拓宽了理解马克思政治哲学与唯物史观之间关系的视域，但也提出了一个值得反思的问题：对唯物史观的政治哲学化解读是否切合唯物史观的初衷与原意？由此引出一个更深层的问题，即唯物史观的政治哲学阐释和政治哲学的唯物史观诠释的"界限问题"。这一问题影响着唯物史观与马克思政治哲学关系之争的合理解决。吴晓明的《论马克思政治哲学的唯物史观基础》一文，从标题就可以看出作者对唯物史观与马克思政治哲学之间关系的基本判定。此文引人深思之处在于对以往研究的批判性评价："尽管唯物史观作为马克思政治理论的基础这一点几乎是众所周知的，但由于现代性意

---

① 徐长福：《"政治国家"与"物质国家"的辩证法——马克思政治哲学范式的发生学考察》，载《马克思主义与现实》，2020年第3期。

② 林青：《〈资本论〉的"形式分析"与马克思"政治哲学"》，载《厦门大学学报》（哲学社会科学版），2020年第2期。

③ 刘梅：《构筑马克思政治哲学的理论基石——基于劳动所有权的政治经济学批判》，载《哲学动态》，2020年第6期。

④ 付文军：《当代中国马克思政治哲学研究的思路、问题与进展》，载《内蒙古社会科学》，2020年第3期。

识形态及其主导的知识样式（知性知识）所形成的强势遮蔽，唯物史观在政治哲学中的运用往往遭到严重阻碍，并因而使马克思政治哲学的诸多要义陷入重重晦暗之中。"对于如何走出这种研究"晦暗"，文中也给出了方案：在马克思政治哲学研究中将唯物史观原则贯彻到底，并"在这种贯彻中制定出明确的思想任务和理论路线，以便在同当代思潮形成真正批判性对话的同时，能够积极地阐明马克思政治哲学之本己而深刻的当代意义。"① 此文引起了学界的关注，但有学者对于文中的某些观点并不认同。如段忠桥在《政治哲学、马克思政治哲学与唯物史观——与吴晓明教授商榷》一文中，提出了不同见解。其核心观点为："《论马克思政治哲学的唯物史观基础》一文中对当前国内研究马克思政治哲学的学者提出的批评，是基于其对'何为政治哲学''何为马克思政治哲学'和'何为唯物史观'的理解，而'在德国哲学语境中，政治哲学属于国家哲学和法哲学'、马克思政治哲学是'立足于唯物史观基础之上的政治哲学'以及'唯物史观是一种形而上学本体论哲学'的观点，是难以成立的，因为这三个观点不但在逻辑上存在明显的矛盾，而且与被批评者的理解并不一致，与马克思和恩格斯本人的相关论述也是相矛盾的。"② 这种学术争鸣对于学界推进马克思政治哲学研究的深度和广度都是有意义的。

马克思政治哲学超越论研究。主要从不同角度分析马克思政治哲学对西方传统政治哲学的超越。第一，对西方政治理论内在矛盾的克服。有学者认为，西方治理理论面临三大冲突：民主批判的两面性、国家定位的模糊和对治理和治理理论可能性的怀疑。马克思政治哲学在对"国家—社会—个人"及其相互关系的深入分析中，提供了超越西方政治哲

---

① 吴晓明：《论马克思政治哲学的唯物史观基础》，载《马克思主义与现实》，2020年第1期。
② 段忠桥：《政治哲学、马克思政治哲学与唯物史观——与吴晓明教授商榷》，载《社会科学辑刊》，2020年第4期。

学传统的基础,与中国的治理实践共同拓展了治理理论发展的新的可能性。① 有学者通过批判"正义悖论"及其引发的描述性与规范性的对立,指出马克思用一种历史视野和辩证思维审视社会现实,实现了历史唯物主义与政治哲学的结合。② 第二,以《共产党宣言》为文本基础,分析马克思政治哲学超越西方政治哲学的表现与意义。如有学者从阶级解放、劳动主体与共产主义三个维度,深刻阐释马克思主义政治哲学对自由主义政治哲学的超越:"政治哲学原则的改写、政治哲学主体的倒转和政治哲学理想的重构。"③ 这种分析有助于我们理解马克思主义政治哲学变革及其意义所在。也有学者分析了《共产党宣言》对"各种凌驾于客观现实的自由观念"的批判,认为正是这种批判"无产阶级联合的自由才获得了历史性的解释,并且在直至今天的现实客观性中不断获取新的合理性和实践性"④。第三,从"信念政治哲学"反思马克思主义历史性问题研究,认为对马克思主义的历史性进行反思涉及人们对马克思主义理论的普遍确信问题。这一历史与政治结合起来考察的视角,不仅旨在澄明一种意识形态政治本身,更在于在政治话语复杂性意义上,加深对社会主义治理实践和政府职责的理解。⑤

马克思政治哲学意义论研究。这种研究呈现出多样性特点。第一,从反思"近康德"的马克思哲学阐释路径出发,阐发马克思政治哲学蕴

---

① 李洋:《西方治理理论的缺陷与马克思治理思想的超越》,载《哲学研究》,2020年第7期。

② 罗克全、王洋洋:《马克思政治哲学的误解与还原——对分析马克思主义"正义悖论"的批判与超越》,载《科学社会主义》,2020年第1期。

③ 解丽霞、梁曙光:《阶级解放、劳动主体与共产主义——〈共产党宣言〉的政治哲学阐释》,载《哲学研究》,2020年第8期。

④ 杨乐、包大为:《自由观念的澄明——〈共产党宣言〉的政治哲学意涵》,载《浙江社会科学》,2020年第7期。

⑤ 张文喜:《信念论政治哲学:马克思主义和历史主义》,载《江海学刊》,2020年第5期。

含的社会关怀维度和信仰维度。① 第二，阐发马克思政治哲学的人道主义意蕴。有学者从三个层面进行了分析：一是从理论地位看，"人道主义"是马克思政治哲学的一大思想基础和理论落点。二是从理论来源看，马克思政治哲学中的"人道主义"是对霍布斯、洛克以来的近现代自然主义政治哲学的继承和改造。三是从理论内涵看，马克思政治哲学中的"人道主义"包含基于生存权的"人道主义"和基于"完整的人"的"人道主义"。② 第三，从政治哲学视角阐释马克思重要文本的政治哲学意义。如有学者通过对《德意志意识形态》中的马克思共同体思想的历史阐释，认为"马克思共同体理论以深刻的历史内涵彰显了人类公共生活演进的历史规律，对当代共同体理论研究具有重要启示意义"③。有学者以"劳动问题"为基础，阐释了《哥达纲领批判》这部"政治哲学著作"的政治意义。④ 第四，阐释马克思某一思想的政治哲学价值。如有学者阐释了马克思在政治经济学语境中的现代性正义批判特质为正义的现代理解和实践开辟的思想道路⑤，有学者从不同角度挖掘马克思劳动价值论的政治哲学意蕴。⑥

2."政治哲学转向"研究

学者们的关注点与切入点不尽相同。第一，当代国外马克思主义的政治哲学转向。如魏小萍的《当代马克思主义政治哲学研究动态》一

---

① 刘临达：《信仰与形势：旁观者向行动者的跃迁——对"近康德"的马克思哲学阐释路径的再思考》，载《哲学动态》，2020年第11期。

② 李佃来：《马克思政治哲学中的人道主义意蕴》，载《求索》，2020年第2期。

③ 臧峰宇：《迈向理想的共同体：批判中的重建——兼及〈德意志意识形态〉的政治哲学解读》，载《苏州大学学报》（哲学社会科学版），2020年第5期。

④ 陈培永：《关于劳动问题的政治哲学透视——重读马克思〈哥达纲领批判〉》，载《马克思主义理论学科研究》，2020年第2期。

⑤ 高广旭：《马克思现代性正义批判的逻辑进路与真实意蕴》，载《吉林大学社会科学学报》，2020年第3期。

⑥ 参见付文军：《马克思劳动价值论的政治哲学意蕴》，载《贵州师范大学学报》（社会科学版），2021年第6期；李无双、孙寿涛：《论马克思劳动价值论的政治哲学意蕴——从罗尔斯对马克思的质疑谈起》，载《求是学刊》，2021年第6期。

文,以马克思的资本主义批判路径为参照系,从现实与理论两个维度,分析、检视了当代国外马克思主义研究路径上的政治哲学转向,提出这种政治哲学转向的一个重要标识是发展出一种与马克思的资本主义批判路径相反的研究路径。① 第二,以西方自由主义政治哲学传统为参照系,考察西方政治哲学的生命政治转向问题。如蓝江的《身份与生命:政治哲学与生命政治学的路径差异》一文,以"身份之空"与"赤裸生命"为核心,深刻分析了政治哲学和生命政治学的路径差异。② 张颖聪、韩璞庚的《生命政治转向及其政治批判的限度——兼论马克思政治哲学的当下意义》一文,通过对西方政治哲学复兴中的生命政治转向及其"政治"图景的分析,揭示了传统政治哲学范式、生命政治学范式的内在限度。③ 第三,西方马克思主义对当代政治哲学的意义。如李佃来的《西方马克思主义现代性批判的政治哲学意蕴》一文,从现代性批判视域挖掘西方马克思主义对当代政治哲学的全面出场、绘制当代政治哲学图谱、介入当代政治哲学的核心议题的重要意义。④ 第四,罗尔斯自身政治哲学的转向问题。有学者认为,罗尔斯政治哲学的自我发展也带有前后期"转向"特征:在早期的《正义论》中将道德哲学与政治哲学"合一",在后期的《政治自由主义》中则把政治哲学从道德哲学中"分离"出来。⑤

3. 中国马克思政治哲学研究反思

第一,中国马克思主义政治哲学研究历史和现状反思。如陈亚丽、

---

① 魏小萍:《当代马克思主义政治哲学研究动态》,载《哲学动态》,2020年第1期。
② 蓝江:《身份与生命:政治哲学与生命政治学的路径差异》,载《社会科学战线》,2020年第11期。
③ 张颖聪、韩璞庚:《生命政治转向及其政治批判的限度——兼论马克思政治哲学的当下意义》,载《世界哲学》,2020年第6期。
④ 李佃来:《西方马克思主义现代性批判的政治哲学意蕴》,载《武汉大学学报》(哲学社会科学版),2021年第6期。
⑤ 董礼:《重新审视罗尔斯道德哲学与政治哲学的分野》,载《哲学动态》,2020年第10期。

王岩对新中国马克思主义政治哲学 70 年的"检视",认为这一时期:在研究范式上,经历了平等主义的高涨、从译介取经到本土化以及走向成熟和反思的演进过程;在研究趋势上,可划分为沉寂期(1949—1979年)、爬升期(1980—2006年)、快速发展期(2007—至今);在研究议题上,围绕着有无政治哲学、何种政治哲学、政治哲学何为进行研究。① 第二,当代中国马克思政治哲学研究的问题、思路和进展综论。有学者肯定了学界围绕马克思政治哲学的合法性、研究进路、体系建构、马克思政治哲学与唯物史观的关系等问题展开研究的意义,同时也针对当前研究中存在的突出问题,指出了未来研究的着力点:站稳立场,牢筑马克思政治哲学的话语权;破除学科壁垒,深掘经济学语境中的政治哲学话语;转变研究方式,实现宏大叙事和微观研究有机结合;立足新时代,秉承马克思政治哲学的批判精神和反思特性。② 不可否认,对中国马克思主义政治哲学研究历史与现状的反思,既有助于我们把握过去研究所取得的成就,也能够看清研究中存在的短板,明确未来努力的方向,以切实推进中国马克思主义政治哲学研究。

4. 中国传统政治哲学的发掘与阐释

有学者对荀子政治哲学的思想特质及其政治效应进行了独到的阐释,主张荀子政治哲学具有道德理想主义与政治现实主义相统一的思想特质:"重民"与"尊君"同构、"修身"与"富(强)国"并重、"隆礼"与"重法"合治。③ 有学者剖析了中国的世界主义政治哲学传统从"天下大同"到"人类命运共同体"的演进,认为"人类命运共同体"是新时代中国特色社会主义政治哲学的核心理念,是"天下大

---

① 陈亚丽、王岩:《检视与前瞻:新中国马克思主义政治哲学 70 年》,载《上海交通大学学报》(哲学社会科学版),2020 年第 2 期。

② 付文军:《当代中国马克思政治哲学研究的思路、问题与进展》,载《内蒙古社会科学》,2020 年第 3 期。

③ 郑治文:《道德理想主义与政治现实主义的统一——论荀子政治哲学的思想特质》,载《东岳论丛》,2020 年第 9 期。

同"理想的创造性转化和创新性发展。①

此外，还有学者从政治哲学视域探讨了空间正义、公共意志的生成逻辑、生存权问题、五四时期杜威的"政治哲学"讲演及其胡适的翻译和理解问题，等等。

（二）生态哲学思想阐释的主题

生态哲学领域的研究成果也颇为丰硕，研究主题涵盖生态哲学基础理论、马克思生态哲学、生态文明、习近平生态哲学和生态文明思想、中国传统生态智慧与西方生态哲学思想等。

1. 生态哲学基础理论研究

卢风的《论思辨实在论对生态哲学的补充》一文认为，当代生态哲学论述过多集中于伦理学和价值论论域，但在本体论和知识论方面用力不多。而近20年来兴起的思辨实在论则力图在根本上改变现代哲学的本体论和知识论，因而可以补充生态哲学的不足。②《理论探讨》2021年第6期，以"生态哲学与当代哲学范式研究"专题发表了一组文章，分别是刘福森、梁镇玺的《论"人与自然命运共同体"的构建——兼论生态哲学的生存论》、卢风的《农业文明、工业文明与生态文明——兼论生态哲学的核心思想》、刘啸霆的《文明危机与第二开端的哲学》。这三篇文章为我们理解生态哲学的本质、意义与生态哲学研究对于哲学范式研究的多重意义提供了新思考。

2. 马克思主义生态哲学思想研究

第一，马克思主义生态哲学核心概念解读。如有学者梳理了国外学界关于"物质变换"概论来源的三种代表性观点，分别是施密特在哲学界域中提出的"摩莱肖特说"；福斯特在自然科学界域中提出的"李比

---

① 何君安、闫婷：《从"天下大同"到"人类命运共同体"——兼论中国世界主义政治哲学》，载《东南学术》，2020年第5期。
② 卢风：《论思辨实在论对生态哲学的补充》，载《哲学分析》，2020年第3期。

希说",斋藤幸平在经济学界域中提出的"丹尼尔斯说"。① 第二,马克思主义生态哲学思想价值阐发。有学者从人与环境关系视角提出,马克思生态哲学提供的不是解决生态危机的具体对策,而是致思逻辑。中国共产党人将这种致思逻辑诉诸中国特色社会主义实践,为改善人与环境关系提供了卓有成效的思想指南。② 有学者认为,人与自然的辩证一体性关系以及通向制度变革的逻辑进路,为包容性绿色发展理念奠定了深厚理论基因。③ 有学者分析了马克思主义政治哲学的生态主题与生态价值④,对于理解马克思主义生态思想的政治价值、马克思主义政治哲学的生态智慧具有一定的启示意义。

3. 生态文明的本质与价值反思

新冠疫情的爆发及其在全世界的蔓延,将人与自然的关系问题再次凸显出来,引发了学界对生态文明的内在本质与价值旨归等问题的再思考。汪信砚的《生态文明建设的价值论审思》一文,反对把生态文明理解为超越工业文明的新文明形态,认为生态文明实质上是"生态化的文明",或者说"使现有的工业文明生态化",生态文明建设的价值追求是实现"生态正义"。⑤ 此文发表后引发争鸣。王凤才的《生态文明:人类文明4.0,而非"工业文明的生态化"——兼评汪信砚〈生态文明建设的价值论审思〉》一文,不认同生态文明是"工业文明的生态化",

---

① 王常冉、韩璞庚:《马克思物质变换概念的来源之争及其生态启思》,载《浙江学刊》,2020年第1期。

② 康渝生、赵金凤:《人与环境的和谐统一——唯物史观的生态哲学意蕴》,载《学术交流》,2020年第9期。

③ 李建忠等:《包容性绿色发展的马克思主义生态哲学基因》,载《宁夏社会科学》,2020年第4期。

④ 吴涛、龙静云:《马克思主义政治哲学的生态之维》,载《社会主义研究》,2021年第6期。

⑤ 汪信砚:《生态文明建设的价值论审思》,载《武汉大学学报》(哲学社会科学版),2020年第3期。

提出"生态文明是人类文明新形态，即人类文明 4.0"。① 王雨辰的《论生态文明的本质与价值归宿》一文，并不否认"生态文明是超越工业文明的新型文明形态"的论断，但对于这一论断的"本真含义"给出了独到的见解，认为生态文明并不全盘否定工业文明，否定的是其"机械论的哲学世界观、自然观、发展方式、管理方式和生存方式"，但继承了工业文明的技术成就。在这个基础上提出，生态文明建设的价值归宿是"环境正义"而非"生态正义"。② 张云飞在《面向后疫情时代的生态文明抉择》一文中提出，把生态文明理解为"在工业文明的基础上并且是在完善和优化工业文明的过程中产生的一种依附性文明"，实际上是"窄化和矮化了生态文明"，主张生态文明是"一切文明存在的基础和条件"，必须以人民性为价值取向。③ 对于上述学者提出的反对观点，汪信砚又专门撰文进行了回应。④ 由此，在争鸣与回应的学术互动中促进了学界对生态文明本质与价值问题的深度理解。

4. 习近平生态哲学和生态文明思想阐释

主要是对其价值和意义的多维度阐发。第一，习近平生态哲学思想的超越意义。一是对马克思主义生态哲学的创新性发展。有学者分析了"生命共同体"理念对马克思主义生态哲学的创新与发展。⑤ 二是对中国传统生态哲学的创造性转换。如对道家生态哲学的吸纳与转化。⑥ 三是对西方生态文明的超越。有学者分析了它对于超越现代性价值体系和资

---

① 王凤才：《生态文明：人类文明 4.0，而非"工业文明的生态化"——兼评汪信砚〈生态文明建设的价值论审思〉》，载《东岳论丛》，2020 年第 8 期。

② 王雨辰：《论生态文明的本质与价值归宿》，载《东岳论丛》，2020 年第 8 期。

③ 张云飞：《面向后疫情时代的生态文明抉择》，载《东岳论丛》，2020 年第 8 期。

④ 参见汪信砚：《新冠疫情背景下生态文明建设若干问题再思考——对王凤才、张云飞、王雨辰教授等人文章的回应》，载《东岳论丛》，2020 年第 8 期。

⑤ 洪晓楠、闻速：《习近平"生命共同体"理念对马克思主义生态哲学的创新与发展》，载《行政论坛》，2021 年第 6 期。

⑥ 罗彩：《习近平生态文明思想对道家生态哲学的吸纳与转化》，载《毛泽东研究》，2021 年第 5 期。

本主义工业文明、建构人类与自然和谐共生关系以及反思新冠疫情的启示意义。① 第二，习近平生态文明思想的时代价值。如习近平生态文明思想对社会主义生态文明观的科学典范意义②，对21世纪马克思主义生态文明思想的贡献③，对"人类世"时代生态哲学的价值④。这些研究多维度展示了习近平生态智慧的丰富价值意蕴。

5. 中西方生态哲学思想研究

有学者探讨了儒家生态哲学思想的特质及定位问题，认为儒家生态哲学对人与自然相互关系的理解遵循着"理一分殊"的原则：在"理一"意义上，人是自然有机整体不可分割的一部分，与"非人类中心主义"的生态思想具有相通之处；在"分殊"意义上，人较之于自然物具有构成上的优越性与价值上的优先性，与"人类中心主义"存在对话的可能。因此，难以用"人类中心主义"或"非人类中心主义"来定位儒家生态哲学思想。⑤ 有学者剖析了湛若水的生态哲学思想，认为其生态哲学思想是"儒家天人合一思想的系统化和深化"，包括生态本体论、生态德性论、生态功夫论和生态境界论。⑥ 有学者对当代西方生态哲学研究人与自然关系的新视角，如"视觉的视角""听觉的视角"和"文学的视角"进行了批判性反思，认为其共性问题在于割裂了人与自然关

---

① 王雨辰：《从"支配自然"向"敬畏自然"回归——对现代性价值体系和工业文明的反思》，载《江汉论坛》，2020年第9期。

② 张云飞：《社会主义生态文明观的科学典范》，载《马克思主义研究》，2020年第10期。

③ 张云飞、李娜：《习近平生态文明思想对21世纪马克思主义的贡献》，载《探索》，2020年第2期。

④ 滕菲：《习近平生态文明思想对人类世时代生态哲学的价值》，载《中国人民大学学报》，2020年第3期。

⑤ 卢兴、吴倩：《在"人类中心主义"与"非人类中心主义"之间——儒家生态哲学定位问题新探》，载《河南社会科学》，2020年第3期。

⑥ 乔清举、魏云涛：《湛若水生态哲学思想研究》，载《中国哲学史》，2020年第5期。

系的整体图景，并主张用马克思主义理论给予整合。①

（三）经济哲学、文化哲学、社会哲学思想阐释的亮点

1. 经济哲学领域

第一，我国哲学界解读"经济哲学"概念的贡献阐释。有学者将这种贡献概括为："不断反思经济活动的'合理性'，超越经济活动的'局限性'，矫正经济活动的'偏执性'，规制我国经济活动的正确方向。"其中，透过六次较为重要的反思②，经济哲学发挥了"猫头鹰""雄鸡""啄木鸟"功能，展现了"经济哲学"的本质。这集中体现对经济活动的本体论理解、认识论分析、辩证法阐释、价值论解读和人学追问。③第二，马克思经济哲学阐释。一是概念界定。有学者认为，"马克思经济哲学是马克思文献特别是政治经济学文献中哲学的一种，以多种表现形式存在，为马克思政治经济学的内在变量"④。在此基础上提出，只有多研究角度统一、"回到原生态"的研究方法，才能整体呈现马克思经济哲学的丰富内容。二是发展逻辑反思。有学者针对西方"双重断裂论"解释模式的局限，提出从"双重起源论"视域理解马克思经济哲学思想的发展逻辑⑤。这有助于推进对马克思经济哲学思想的整体性理解。

---

① 陈伟：《当代西方生态哲学中人与自然关系理论及其批判》，载《贵州社会科学》，2020年第3期。

② 这六次反思是：一是在商品经济活动中，追问"道德是否滑坡了？"二是在市场经济活动中，追问"人文精神是否缺失了？"三是在经济快速增长的过程中，追问"人们在价值观上是否迷失了？"四是在资本逻辑的运作中，追问"人性是否出现了扭曲？""人的价值是否遭到了漠视？"五是在财富增长和积累的进程中，追问"公平正义的制度安排是否缺位了？"六是在追求经济快速增长和发展中，追问"发展是否付出了沉重代价？"可参见韩庆祥：《以哲学把握经济的基本方式》，载《哲学研究》，2020年第11期。

③ 韩庆祥：《以哲学把握经济的基本方式》，载《哲学研究》，2020年第11期。

④ 宫敬才：《论马克思经济哲学的定义、研究对象和研究方法》，载《马克思主义与现实》，2021年第4期。

⑤ 范迎春、卜祥记：《"双重起源论"视域中的马克思经济哲学思想的发展逻辑》，载《南昌大学学报》，2021年第6期。

第三，卢卡奇哲学思想的经济哲学阐释。宫敬才的《卢卡奇的马克思经济哲学研究及其悲剧性结局（上）》①《卢卡奇的马克思经济哲学研究及其悲剧性结局（下）》②两篇文章，从马克思经济哲学语境中检视卢卡奇哲学思想的经济哲学性质，深掘卢卡奇的马克思经济哲学探索的价值与局限，为人们更为全面深入地理解卢卡奇哲学思想提供了一个新视角。与以往研究不同，文中把卢卡奇哲学思想最根本的性质定位于经济哲学，认为卢卡奇开启了一条解读马克思政治经济学的经济哲学思路。这实质上也为人们提供了一个解读卢卡奇哲学思想的新思路。

2. 文化哲学领域

第一，卡西尔文化哲学研究。有学者分析了卡西尔文化哲学"本体论证明"的价值、缺憾，并提出马克思的实践哲学可以进一步完善这一"本体论证明"，并"能够为文化哲学的创立提供更为坚实的理论基础和更为丰富的思想资源"③。第二，汇通中西哲学的"跨文化哲学"研究。有学者提出，"汇通中西哲学的期待，几乎伴随着汉语学界对现代西方哲学（尤其是现象学）的引入、消化与创新"④。由此，在关于跨文化哲学的相关探讨中，如何实现现象学与汉语思想的"融合"或"汇通"成为学者关注的重要议题。王俊的《从作为普遍哲学的现象学到汉语现象学》一文，着重探讨了现象学与汉语思想传统结合的可能性，特别是"汉语现象学"的可能性及其承载的文化意义。⑤ 此种意义上的跨文化哲

---

① 宫敬才：《卢卡奇的马克思经济哲学研究及其悲剧性结局（上）》，载《马克思主义与现实》，2020年第5期。
② 宫敬才：《卢卡奇的马克思经济哲学研究及其悲剧性结局（下）》，载《马克思主义与现实》，2020年第6期。
③ 袁鑫、阎孟伟：《文化哲学的本体论诉求——卡西尔文化哲学思想探析》，载《世界哲学》，2020年第1期。
④ 王嘉新：《跨文化哲学的舍勒式开启——读张任之〈心性与体知——从现象学到儒家〉》，载《哲学分析》，2020年第4期。
⑤ 王俊：《从作为普遍哲学的现象学到汉语现象学》，载《中国社会科学》，2020年第7期。

学研究，无论是对于现象学的发展，还是对于中国哲学的创新，都是有意义的。王嘉新的《跨文化哲学的舍勒式开启——读张任之〈心性与体知——从现象学到儒家〉》一文，围绕"心性现象学"高度评价了《心性与体知——从现象学到儒家》一书的跨文化哲学研究意义。①

3. 社会哲学领域

第一，马克思社会哲学研究。既有整体分析，也有具体分析。如有学者分析了《资本论》的社会哲学批判的特色，提出《资本论》的社会哲学批判是"对资本主义制度之社会性前提的历史主义批判"②。也有学者探讨了审美意识形态批判对于马克思社会哲学建构的意义。③ 第二，西方社会哲学研究。约翰·塞尔的思想受到关注。有学者认为，塞尔的社会哲学实质上是社会实在的语言建构论，但这种建构属于派生的建构性，而本源的建构性则是马克思所说的客观实践活动。因此，尝试通过社会存在建构研究，"桥接约翰·塞尔建基于语言的社会哲学与马克思建基于实践的社会理论，以期为社会哲学研究提供更加科学的理论进路"④。

二、方法运用：理论与现实的关注

如果说思想阐释是把部门哲学作为研究对象来对待，那么方法运用则是把部门哲学上升为一种研究视域，自觉运用于理论和现实问题的考察分析中，发挥其方法论功能。这是我国部门哲学研究繁荣发展的体现和明证，也是部门哲学研究范式自身时代价值的彰显和开掘。

---

① 王嘉新：《跨文化哲学的舍勒式开启——读张任之〈心性与体知——从现象学到儒家〉》，载《哲学分析》，2020 年第 4 期。

② 温权：《〈资本论〉的社会哲学批判及其历史辩证法内涵》，载《哲学研究》，2021 年第 1 期。

③ 高雪：《审美意识形态批判与马克思社会哲学的辩证重构》，载《华中科技大学学报》（社会科学版），2021 年第 4 期。

④ 付玉成：《社会实在的语言建构论及其实践奠基》，载《江西社会科学》，2020 年第 11 期。

（一）理论问题的探讨：具体与一般

研究视角不同，一个理论问题所呈现的意义、解决的思路也会有所不同。从部门哲学视角探讨理论问题，既可以深化、拓展对某些"具体"理论问题的理解，又可以挖掘相关理论问题中所蕴含的"一般"哲学思想及其价值。

如有学者从经济哲学视角探析马克思资本形式生成性①、货币与平等之间复杂的辩证关系等具体问题②，揭示马克思主义的资本主义批判的多重意义。有学者基于马克思主义政治哲学的分析视角，阐释了习近平关于民族工作重要论述中内含的政治哲学价值和理念：一是历史唯物观与尊重中国各民族历史渊源和历史贡献，二是民族平等价值观与坚持民族平等和民族区域自治，三是有机整体观与"石榴籽理论""铸牢中华民族共同体意识"，四是人民价值主体观与"以人民为中心"，五是法治观与依法治理民族事务。③ 这些阐释有助于人们更好地理解习近平关于民族问题重要论述的精神要义，从而更为自觉地贯彻党的民族方针和政策。也有学者从政治哲学视角阐释人类命运共同体对于当代世界的"政治"价值，主张人类命运共同体是当代世界的政治哲学。④

在某些理论问题的解读上，部门哲学研究范式具有先天的优势。例如，对符号本质与意义的文化哲学解读，更利于人们理解符号的一般本质与特定符号的特殊意涵。有学者从卡西尔文化哲学视域提出："符号是作为主体的人所创造的、约定俗成的对象指称，是人类文化实践也即

---

① 赵昌生：《马克思资本生成性问题的经济哲学分析——以〈资本论〉及其手稿为中心》，载《四川师范大学学报》（社会科学版），2020年第3期。

② 陈飞：《资本主义分裂的多重面相——基于马克思经济哲学的视角》，载《中共中央党校（国家行政学院）学报》，2020年第3期。

③ 董强：《习近平关于民族工作重要论述的马克思主义政治哲学基础》，载《民族研究》，2020年第6期。

④ 朱雪微：《人类命运共同体：当代世界的政治哲学》，载《东南学术》，2021年第5期。

人类进行文化创新和文化创造的工具性存在。"① 从这种分析中，可以理解符号对于人的文化生成与存在的意义。有学者从文化哲学范式的构成即文化价值研究、文化形而上学和文化批判三个方面重新理解经典实用主义。② 也有学者从文化哲学视角探讨习近平新时代中国特色社会主义思想的深层结构与哲学意蕴③，为人们理解习近平新时代中国特色社会主义思想的哲学价值提供一个新视角。这些解读表明，文化哲学范式所具有的方法论功能是不容忽视和否定的。

（二）现实问题的探析：宏观与微观

时代是思想之母，实践是理论之源。中国特色社会主义进入新时代，经济建设、政治建设、文化建设、社会建设与生态建设实践的新发展及其引发的新问题，为经济哲学、政治哲学、文化哲学、社会哲学、生态哲学的方法论运用提供了广阔空间。在这种运用中，既有对当代中国问题的宏观分析，也有对具体现实问题的微观分析。

如何从整体上把握当代中国问题是当代中国哲学不容回避的重要课题。晏辉的《政治哲学把握当代中国问题的方式：一种类型学的考察》一文，深刻分析了政治哲学把握当代中国问题的方式问题，提出，"政治哲学把握当代中国问题的方式乃是问题、类型、道路三个核心要素的统一"，并运用类型学的方法对中国具有政治性质的问题进行分类，从政治观念论、政治方法论、政治实践论三个层面展开了深入分析。④ 透过这些精辟分析，我们可以更为清晰地理解当下中国面临的现实问题及

---

① 万资姿：《论文化哲学视域中的符号》，载《天津社会科学》，2020年第6期。
② 丁立群：《在范式转换中深化和拓展经典实用主义研究——以杜威思想为范例》，载《哲学动态》，2020年第11期。
③ 刘欣然：《习近平新时代中国特色社会主义思想的深层结构与哲学底蕴——基于文化哲学视角的研究》，载《理论视野》，2021年第6期。
④ 晏辉：《政治哲学把握当代中国问题的方式：一种类型学的考察》，载《武汉大学学报》（哲学社会科学版），2020年第1期。

解决这些问题的中国道路和中国方案的探寻进路。由于政治在现实生活中的重要地位，诸多具体现实问题与政治的密切相关性，使得作为方法论的政治哲学，不仅应用于民主等相关政治议题，而且运用于新冠肺炎疫情、思想政治教育、美好生活、社会主义核心价值观、生态文明建设、社会治理、人工智能等人们关注的热点问题。

以生命政治哲学的方式介入新冠肺炎疫情，可以说是政治哲学"下降"到社会现实的一个具体表征。《山东社会科学》2020年第10期刊发了一组以"新冠肺炎疫情与生命政治哲学"为主题的文章，包括吴冠军的《后新冠政治哲学的好消息与坏消息》、蓝江的《生命政治的治理技术——从霍布斯到巴斯德和福柯》、王庆丰的《生命政治学与治理技术》。三篇文章从不同角度"提供了透视新冠肺炎疫情的生命政治视角"，同时也"基于新冠病毒的现实基础提出了新的学术观点"。① 可以说，新冠肺炎疫情激活了生命政治哲学及其治理技术，生命政治哲学为透视新冠病毒提供了一个独特的哲学视角。宗爱东的《马克思主义生命政治哲学与思想政治教育的知、情、行维度》一文，则从马克思生命政治哲学角度探讨了思想政治教育的本质及实施问题。② 有学者把"美好生活"理解为政治哲学的题中之义，即"美好生活"是政治哲学的"总目标"和"问题域"，并分析了作为政治哲学家的马克思关于"美好生活"建构的理论以及中国特色社会主义可以达成"美好生活"的实践逻辑、发展逻辑和制度逻辑。③ 这些分析深刻洞悉到了中国特色社会主义与"美好生活"的共生关系，对于坚定中国道路自信具有重要意义。有

---

① 参见吴冠军：《后新冠政治哲学的好消息与坏消息》、蓝江：《生命政治的治理技术——从霍布斯到巴斯德和福柯》、王庆丰：《生命政治学与治理技术》，载《山东社会科学》，2020年第10期。

② 宗爱东：《马克思主义生命政治哲学与思想政治教育的知、情、行维度》，载《毛泽东邓小平理论研究》，2020年第2期。

③ 付文军：《"美好生活"的马克思主义政治哲学审视》，载《学习与实践》，2020年第4期。

学者从政治哲学角度探讨协商民主与语言的关系问题，提出协商民主的本质是语言和言语，协商民主要致力于塑造语言共同体，达成语言共识。①

随着人工智能技术的快速发展和广泛运用，对人工智能的本质与功能的哲学反思变得日益重要。有学者从政治哲学视角把人工智能的本质界定为"人类通过模拟自身智能所创造出来的工具"②。人工智能不仅引起哲学的关注与反思，也可能引发哲学范式变革。有学者指出，人工智能正在引发人类文化范式终极转型，文化哲学范式也应随之转型。但当今国内外有关 AI 及其社会影响的"文化哲学"探讨，由于受旧的观念论范式束缚，不足以推动文化哲学范式的转型。相比之下，马克思的生产工艺学批判，隐含文化哲学意蕴，对于构建 AI 时代新文化哲学范式具有重要启示意义。③

此外，也有学者从马克思主义政治哲学视角阐释新时代社会主义核心价值观制度化问题④，现代社会治理如何应对"无直接利益冲突"问题⑤，"数字政府治理的伦理探寻"问题⑥，等等。这些研究彰显了政治哲学方法论运用空间的开放性与广泛性。

从生态哲学视角对生态文明建设进行反思，更有利于人们探寻生态

---

① 张宪丽、高奇琦：《回到语言本身：协商民主的政治哲学探究》，载《行政论坛》，2020 年第 5 期。

② 宋振杰：《政治哲学视角下的人工智能本质与功能思考》，载《学术前沿》，2020 年第 6 期下。

③ 刘方喜：《生产工艺学批判：人工智能引发文化哲学范式终极转型》，载《学术月刊》，2020 年第 8 期。

④ 万光侠、韩升：《新时代社会主义核心价值观制度化的马克思主义政治哲学阐释》，载《马克思主义研究》，2020 年第 4 期。

⑤ 韩升：《现代社会治理应对"无直接利益冲突"的政治哲学思考》，载《河南社会科学》，2020 年第 9 期。

⑥ 孟庆国、崔萌：《数字政府治理的伦理探寻——基于马克思政治哲学的视角》，载《中国行政管理》，2020 年第 6 期。

文明建设的思路与意义。有学者从马克思主义生态哲学视角反思新冠肺炎疫情背景下新型生态文明观构建问题，认为"人类若要战胜疫情，除了要增强政府与社会的危机应对能力和微观治理能力，更要从根本上消除资本力量对人性的禁锢，构建起一种契合新时代特征的新型生态文明观"①。生态环境问题不是一个"自源性"的存在，而是关涉多种复杂关系和因素的复合性问题。其中，环境和语言之间的关系就是一个不容忽视的问题，由此形成了以研究二者关系为内容的生态语言学。生态语言学研究不仅对于良好生态环境建设有意义，而且对于现实语言现象研究也有价值。有学者就从生态语言学角度，以"多元和谐，交互共生"的生态哲学观为立足点，探讨了语言暴力的本质、成因及防治问题。②对语言暴力的生态哲学分析为我们更为深入地理解语言暴力相关问题提供了一个新视角。有学者从罗尔斯顿"荒野"生态哲学视角探讨了生态文明建设下乡村共同体的重构问题，认为罗尔斯顿"荒野"生态哲学可为乡村共同体的重构提供自然价值观。③

作为一种方法论，部门哲学对现实问题的关注，比一般哲学的分析更为具体，比具体科学的分析更具有批判性。

三、体系建构：使命自觉与路径探寻

建构中国自己的马克思主义经济哲学、政治哲学、文化哲学、社会哲学、生态哲学理论体系，既是学术思想走向成熟的重要标识，也是建构中国特色哲学社会科学学科体系、学术体系、话语体系的题中之义，

---

① 马枫、张盾：《新冠肺炎疫情治理与新型生态文明构建——从德勒兹对马克思生态思想的解读看》，载《哲学动态》，2020年第10期。

② 何伟、刘佳欢：《生态哲学观下语言暴力的界定、成因及防治》，载《云南师范大学学报》（哲学社会科学版），2020年第6期。

③ 乔晶等：《生态文明下乡村共同体的重构——基于罗尔斯顿"荒野"生态哲学的视角》，载《中国园林》，2020年第12期。

更是适应中国社会实践发展需要的必然要求。推进一种思想体系的建构，不仅要明确为什么要建构的问题，而且要探寻怎么样建构的问题。这两个问题实质上是关系学术体系建构的两个前提性问题：使命自觉与路径探寻。

中国特色社会主义进入新时代，中国特色社会主义政治优势日益凸显，当代中国马克思主义政治哲学建构问题变得愈发重要。第一，21世纪中国马克思主义政治哲学研究的使命担当。有学者基于出场学视域提出："应以高度的理性自觉深刻阐明中国特色社会主义制度体系出场的必然性与合理性根据，全面揭示我国制度发展和完善的基本方向与必然趋势，全面把握顶层设计，自觉补短、补软、补缺。"① 这种使命自觉不仅有助于人们深入理解21世纪中国马克思主义政治哲学出场的必然逻辑，而且深刻认识其出场的时代价值与意义。第二，当代中国马克思主义政治哲学建构的可能性。有学者从理论传统、实践基础、文本支撑三个维度论证了这种可能性。其中，理论传统主要包括从"苏格拉底、柏拉图、亚里士多德到霍布斯、卢梭、康德、黑格尔，再到罗尔斯、阿伦特、哈贝马斯等西方政治哲学发展"；实践基础主要指中国特色社会主义进入新时代及其伟大实践；文本支撑是当今时代依然占据"真理的制高点""道义的制高点""文明的制高点"的《资本论》。② 第三，建构当代中国马克思主义政治哲学面临的问题。有学者提出，马克思政治哲学与当代中国社会现实之间的鸿沟是建构马克思主义政治哲学的一大障碍。要跨越这一鸿沟，必须"在直面当代中国社会现实的过程中提炼和剖析真问题，使马克思政治哲学的本真精神融入当代中国社会现实，从而在方法论上推动对相关中国问题的正确认识和解决"③。实际上，这种

---

① 任平：《论21世纪中国马克思主义政治哲学的重大使命》，载《江苏社会科学》，2020年第4期。
② 白刚：《当代中国马克思主义政治哲学建构何以可能》，载《求索》，2020年第6期。
③ 叶险明：《跨越马克思政治哲学与当代中国社会现实间的鸿沟》，载《学术界》，2020年第3期。

理论与现实之间的鸿沟是个共性问题，不仅仅存在于中国马克思政治哲学研究中，也存在于经济哲学等其他部门哲学研究中，甚至是当前整个中国马克思主义哲学研究需要着力解决的难题。第四，中国马克思主义政治哲学话语体系建构问题。有学者提出，一方面，"要从我们所处的时代深描马克思主义政治哲学学术图景，提炼马克思主义政治哲学的标识性概念和核心范畴，开创出具有本土特色的马克思主义政治哲学话语体系"；另一方面，"要勾勒人类文明新形态，打造易于为国际社会所接受的新概念、新范畴、新表述，增强马克思主义政治哲学的国际影响力和传播力，提升引领人类文明前行的能力"[①]。这些阐述表达了未来的中国马克思主义政治哲学话语体系所要承载的中国价值与世界意义。第五，中国马克思主义政治哲学建构的现实导向、理论资源和思想原则。有学者提出，现实导向即要"与社会主义市场经济、社会主义现代化、社会主义法治社会相顺应"，并"能够对权利、自由、平等、公正等价值和问题作出有效回应"；理论资源主要指马克思的政治哲学；思想原则可以概括为发挥中国马克思主义政治哲学为中国语境下的社会生活提供理想性的、超越性的、具有终极意义的思想指引的功能，发挥为"美好生活"的构造提供思想素材和思想目标的功能。[②]

不可否认，部门哲学思想的多维阐释，为深度挖掘马克思主义的哲学资源，特别是蕴含其中的经济哲学、政治哲学、文化哲学、社会哲学、生态哲学的学术价值与现实意义，奠定了坚实的思想基础；部门哲学从方法论视角对理论与现实问题的双重关注和探讨，有助于推进中国学术研究"学科性学术"与"问题性学术"的有机统一；部门哲学体系建构的深入探索，为新时代建构中国特色哲学社会科学学科体系、学术

---

① 王岩、李艳平：《论马克思主义政治哲学研究的学术自觉与发展路向》，载《哲学研究》，2020年第1期。

② 李佃来：《构建当代中国马克思主义政治哲学的现实导向、理论资源与思想原则》，载《求索》，2021年第5期。

体系、话语体系提供了重要的理论资源。但是，从理论创新与现实发展要求这两个维度反观上述研究成果，也不难看出当前部门哲学研究中存在的一些问题。其中，需要特别关注并着力解决的突出问题，可以概括为以下三个：

第一，如何跳出思想阐释的"内卷化"倾向，提升思想原创性比重。从对研究成果的上述梳理可见，思想阐释色彩更为突出，而理论提炼相对薄弱，体系构建处于探索阶段，尚未成型。从时空维度上看，思想阐释，包括对传统思想的现当代阐释，对西方思想的中国化阐释，对现代思想的后现代阐释。当然，还有其他更为具体的阐释。思想阐释的创新是推动学术创新的一种重要方式，可以深化、拓展对所阐释思想的理解。但是这种思想创新方式大部分还是以"思想"为本，而不是以"现实"为本；是对"旧问题"进行新阐释，而不是提出"新问题"。用毛泽东的话来说，这种方式"对于研究今天的中国和昨天的中国一概无兴趣，只把兴趣放在脱离实际的空洞的'理论'研究上"①。由此，这种脱离实践、从思想到思想、只在理论内寻求学术创新的思想阐释，不能代替立足新实践新问题而更能体现思想原创性的思想创构。而且，如果学者们把竞相追求思想阐释的"花样翻新"作为学术创新的主导方式或主要目标，那么这种学术创新方式极易走向"内卷化"。在一定意义上说，在某些领域研究中，这种"内卷化"倾向已经开始有所呈现。为此，需要部门哲学研究者有意识地从思想阐释"晋升"到思想创构的环节，在生成的新思想中，提高原创性思想的比重。思想原创性程度更能彰显中国部门哲学研究的创新能力与学术贡献。提升思想原创性也有利于扩大部门哲学研究的学术影响力，进而提升其在国内外哲学界的地位。

第二，如何扭转学术研究的"西方化"态势，彰显中国主体性原

---

① 《毛泽东选集》第3卷，北京：人民出版社1991年版，第799页。

则。从当前我国社会发展所处的地位与环境来看,无论是以对话的方式,还是以批判的态度,我国学术研究始终都无法脱离西方学术思想理论和方法的影响。就我国部门哲学研究来说,这种影响是多方面的,既有主导的术语、范畴、议题的影响,又有观念、方法、范式的影响。不可否认,"西方"的维度,可以拓宽中国部门哲学研究的视角,丰富部门哲学研究的内容,并使部门哲学研究及时捕捉到学术研究的热点,追踪学术研究的前沿,保持学术探索的世界眼光。但是,"西方"的维度也有其局限性,如果部门哲学研究在完全跟着"西方"跑的过程中迷失"中国自我"或"中国方向",就有可能在事关中国的重大理论和现实问题上失去"话语权"、患上"失语症",无法向世人展现"学术上的中国"进而提升中国国际学术话语权,更无法证明自身存在的必要性与合法性。部门哲学研究只有立足当下实践与科学发展新成果,创造更多彰显中国主体性的学术概念、学术方法、学术洞见、学术体系等,才能在理论与实践中不被别人的话语所控制,真正挣得更多的话语权,确证并提升自身存在的价值。

第三,如何克服各自研究的"碎片化"局限,走向理论整体性进步。当前政治哲学研究成果数量上占据绝对优势的状况反映了中国部门哲学内部发展的不平衡性,而这种不平衡性背后折射出的是整体部门哲学研究与中国社会现实发展之间的鸿沟,也是某些部门哲学理论疏离于现实、落后于现实的征兆。同时,现实的经济问题、政治问题、文化问题、社会问题和生态问题自身的复杂性、联系性、交融性特征,向部门哲学的未来发展提出了一个紧迫的问题:如何克服单一部门哲学知识碎片化的局限,走向各部门哲学之间的互补互济,以增强对中国现实问题的洞察力、解释力和引领力,"合力"推进中国特色社会主义理论与实践的新发展。这不是仅仅具有自觉的跨领域、跨学科对话意识就能够突破、解决的问题,而是关涉研究者的现实关怀、战略眼光、学术追求、科研功力、协作精神等多个方面的复杂问题。希望中国相关领域的学者能够以推进中华民族伟大复兴历史进程的思想自觉，勇敢担负起促进各部门哲学融合发展、综合创新、共同进步的学术使命，切实开展具有开拓性意义的工作。

（作者于桂凤系湖北大学马克思主义学院教授，哲学博士；研究方向为马克思主义哲学）

马克思主义哲学中国化范式研究的逻辑叙事评述（2020—2021）

覃世艳 杨 灿

[摘 要] 从逻辑的角度来说，范式研究的成熟意味着研究共同体对具体研究的逻辑规范基本达成一致。判断一种范式是否成熟可以通过它是否形成公认的逻辑规范作为标准。当前，马克思主义哲学中国化具体研究的微观逻辑叙事欣欣向荣，大致可以归约为历史逻辑、理论逻辑和实践逻辑这三大叙事，但马克思主义哲学中国化范式研究的总体性逻辑乏善可陈，尚未形成马克思主义研究者们共同认可的元逻辑规范。元逻辑构建有利于明晰范式研究的问题意识、研究框架、逻辑进路、逻辑中介和逻辑规则等，与其他范式划定逻辑边界，继而明晰该范式独有的逻辑规范。深化马克思主义哲学中国化范式研究，应坚持逻辑与辩证法、认识论的统一，科学把握三大逻辑叙事的内在关联，坚持马克思主义哲学中国化具体经验描述与元逻辑规范的统一，从马克思主义哲学中国化的现实逻辑走向21世纪马克思主义哲学的未来逻辑。

[关键词] 马克思主义哲学中国化 逻辑叙事 元逻辑 辩证逻辑 逻辑规范

百年马克思主义中国化实践证明了马克思主义哲学可行、管用。在长期的实践证明中，马克思主义哲学不断实现其形态的历史跃迁，从

"在中国""中国化"发展到"中国马克思主义哲学""21世纪马克思主义哲学",中国化马克思主义哲学理论呈现勃勃生机。不过,长期的实践检验与证明并不能代替和排斥逻辑思维的论证、辩护和阐释。① 从实践上升到理论,从思维抽象上升到思维具体,"逻辑的方法是唯一适用的方法"。② 不仅要对马克思主义哲学中国化进行逻辑把握,还要对马克思主义哲学中国化研究范式进行元逻辑把握,马克思主义哲学中国化范式研究才能走向历史自觉、理论自觉和实践自觉。

一、马克思主义哲学中国化的三大逻辑叙事

近两年来,马克思主义哲学中国化研究的逻辑视角和逻辑进路日益增多。③ 在2020—2021年马克思主义中国化学术文献中,以"逻辑"作

---

① 任平:《论21世纪中国马克思主义政治哲学研究的重大使命》,载《江苏社会科学》,2020年第4期。

② 《马克思恩格斯文集》第2卷,北京:人民出版社2009年版,第603页。

③ 比如,张丽霞、任平:《论唯物史观东方逻辑出场的思维方法》,载《世界哲学》,2020年第6期;曹典顺:《基于中国道路的中国马克思主义哲学生成逻辑》,载《理论探讨》,2021年第3期;陆剑杰:《论马克思主义哲学中国化的前提、历史和逻辑》,载《江海学刊》,2021年第1期;郑飞:《马克思主义基本原理同中华优秀传统文化相结合的历史与逻辑》,载《哲学研究》,2021年第12期;王海军:《鉴往知来接续奋斗——经验总结与马克思主义中国化的运行逻辑》,载《教学与研究》,2021年第12期;蔡婉琪:《百年来中国道路哲学表达的基本遵循和唯物史观逻辑》,载《马克思主义哲学》,2021年第4期;王韶兴、张泰:《继续推进马克思主义中国化的三重逻辑》,载《高校马克思主义理论研究》,2021年第3期;陈加飞:《马克思主义中国化的生成:历史逻辑与方法论自觉》,载《四川大学学报》(哲学社会科学版),2021年第5期;马永庆:《马克思主义基本原理与中华优秀传统文化相结合的逻辑生成》,载《山东师范大学学报》(社会科学版),2021年第6期;颜晓峰:《中国共产党创立当代中国马克思主义、21世纪马克思主义的发展逻辑》,载《党建研究》,2021年第3期;邓艳:《马克思主义中国化的内在逻辑、实践历程及基本经验》,载《中共南昌市委党校学报》,2021年第4期;杨斌:《中国共产党马克思主义观与中国道路的历史逻辑、话语范式、演进特征及当代启示》,载《理论导刊》,2021年第1期;秦志龙:《马克思主义中国化"两个相结合"的科学内涵与逻辑关系》,载《文化软实力》,2021年第4期等。有些题目中没有出现"逻辑"一词,但实质仍是某种逻辑维度,比如,王让新、李弦:《关于认识和判断马克思主义中国化历史性飞跃的几个问题》,载《科学社会主义》,2020年第2期;张筱荣、王先俊:《马克思主义中国化的基本经验》,载《唯实》,2020年第4期;马健永、王增福:《新中国70年马克思主义中国化的基本经验启示》,载《理论导刊》,2020年第4期;王增福:《新中国成立以来马克思主义中国化的历史进程与基本经验》,载《理论导刊》,2020年第5期等。

为主题词的文献有506条，而2018—2019年马克思主义中国化研究中，以"逻辑"为主题的文献是387篇，两相比较，前者增幅达到31%。这充分说明在马克思主义中国化研究中，"逻辑"视角和"逻辑"意识凸显。依其研究进路，这些逻辑大致可以归约为三种类型，即历史逻辑、理论逻辑和实践逻辑。

（一）马克思主义哲学中国化的历史逻辑

历史逻辑是以往历史方位总体构成的必然趋势，历史方位是历史逻辑的时代在场。近年来学界主要通过百年中共党史、中国现代化道路的艰辛探索历程以及马克思主义中国化的三次历史性飞跃，深描马克思主义哲学中国化的发生、发展和飞跃逻辑。

1. 历史发生逻辑

马克思主义哲学中国化何以可能？这一进程何时发生？这两个问题是马克思主义哲学中国化发生逻辑的核心内容，也是马克思主义哲学中国化的逻辑起点和逻辑根据问题。这两个问题的研究由来已久，哲学史上一直争论不休，众说纷纭。[①] 哲学史上争论的焦点在于三个方面：一是马克思主义哲学是否存在；二是"化"的形式和内容问题；三是"化"的时间节点问题。曹典顺认为，中国马克思主义哲学理论具有现实化、丰富化、范式化和文明化特征，表明中国化马克思主义哲学是一个事实性、创新性、学术性和文化性存在。[②] 陆剑杰指出，马克思主义哲学中国化的逻辑起点是对马克思哲学思想的根本性领会和还原性解

---

① 参见安启念：《马克思主义哲学中国化研究》，北京：中国人民大学出版社2006年版；汪信砚：《马克思主义哲学中国化：传统与创新》，北京：北京师范大学出版社2017年版；徐光涛：《论马克思主义中国化历史进程的起点——兼论判断马克思主义中国化肇始的起点》，载《马克思主义研究》，2011年第1期；王小拥：《马克思主义中国化历史起点研究述评》，载《马克思主义研究》，2012年第6期。

② 曹典顺：《基于中国道路的中国马克思主义哲学生成逻辑》，载《理论探讨》，2021年第3期。

读。他还认为，在运用马克思主义哲学开辟中国特色的革命、建设道路过程中，已然分阶段不断升华出了新的哲学范畴、新的哲学观念、新的哲学理论。①关于马克思主义哲学中国化的发生时间节点问题，有学者认为中国共产党的产生是开天辟地的大事，被马克思主义理论武装起来的中国共产党人，用马克思主义哲学去击中中国人的头脑，从此中国人在精神上就从被动转入主动了。可见，马克思主义哲学中国化的发生时间节点也是中国共产党的创立时间节点。②

马克思主义哲学中国化的逻辑起点问题并非是形式逻辑中的纯理论问题，而是一个历史发生学和历史认识论的问题，需要结合中国近代革命逻辑才能给出科学答案。实际上，马克思主义哲学中国化的历史发生并不是孤立事件，这其中有历史偶然性，更有历史必然性。2021年是中国共产党成立100周年，不少学者纷纷著书立说，试图厘清中国共产党百年不断成长壮大的逻辑与马克思主义哲学不断中国化的逻辑之间的关联。③

2. 历史发展逻辑

马克思主义哲学的生命力在于与时俱进，马克思主义哲学中国化也没有停止。百年来"中国向何处去"是中国社会的核心问题，"用什么样的理论回答和指导中国向何处去"就成为马克思主义哲学中国化的核心问题。在中国革命、建设和改革实践的不同征程中，中国化的马克思主义哲学一方面给予理论指导，一方面也完成自身理论的创新。中国现代化道路探寻和中华民族伟大复兴是近现代中国社会的主题，马克思主义哲学中国化正是在呼应这一历史主题中实现其发展的。当代中国马克

---

① 陆剑杰：《论马克思主义哲学中国化的前提、历史和逻辑》，载《江海学刊》，2021年第1期。

② 毛玮秀、李玉轩：《马克思主义中国化的起点研究述评》，载《党史博采》（下），2020年第11期。

③ 颜晓峰：《中国共产党创立当代中国马克思主义、21世纪马克思主义的发展逻辑》，载《党建研究》，2021年第3期。

思主义哲学的发展是与百年来中国现代化进程紧密联系在一起的。① 王伟光指出，中国共产党人百年奋斗历程形成的基本经验之一，就是慎终如始地坚持以马克思列宁主义、毛泽东思想、邓小平理论、"三个代表"重要思想、科学发展观、习近平新时代中国特色社会主义思想为指导，在指导思想上保持清醒的头脑和不懈的定力，不断开创马克思主义哲学时代化、中国化、大众化的新境界，为建设社会主义现代化国家，实现中华民族伟大复兴的中国梦奠定坚实的哲学基础。② 孙正聿、王海锋强调马克思主义哲学中国化的历史，是中国共产党以马克思主义为指导，带领全国各族人民在革命、建设、改革的历史进程中，以现实变革促进理论创新，以理论创新推进现实变革的历史，即用现实活化理论和用理论照亮现实的历史。③

马克思主义哲学中国化的历史发展逻辑也是中国新现代性艰辛探寻的逻辑。只有基于中国道路才能构建中国化马克思主义哲学的生成逻辑。④ 经过从"世界走向中国"时代的"自主辐射型现代性""自主输入型现代性"到"中国走向世界"时代的"自主辐射型现代性"这三个阶段，百年大党带领中国人民开掘了一条中国新现代性道路，既超越西方资本主义的现代性道路，也超越苏联社会主义现代性道路。⑤ 构建中国道路的现代性框架只能是包含了社会主义逻辑、现代化逻辑和民族

---

① 陈先达、臧峰宇：《学术自觉与马克思主义哲学中国化的百年探索》，载《马克思主义与现实》，2021年第6期。

② 王伟光：《中国共产党百年历程与马克思主义哲学中国化》，载《哲学动态》，2021年第6期。

③ 孙正聿、王海锋：《用理论照亮现实：马克思主义哲学中国化的百年回顾与展望》，载《社会科学战线》，2021年第1期。

④ 曹典顺：《基于中国道路的中国马克思主义哲学生成逻辑》，载《理论探讨》，2021年第3期。

⑤ 任平、邱静文：《"三新"发展观：百年大学发展哲学创新的时代主题》，载《南京社会科学》，2021年第6期。

复兴逻辑的新现代性范式。①

3. 历史飞跃逻辑

马克思主义哲学中国化在中国革命、改革和建设的实践征程中，不断实现其理论形态的跃迁，完成了三次历史飞跃。正如《中共中央关于党的百年奋斗重大成就和历史经验的决议》指出，"毛泽东思想是马克思列宁主义在中国的创造性运用和发展，是被实践证明了的关于中国革命和建设的正确的理论原则和经验总结，是马克思主义中国化的第一次飞跃"，"开创改革开放和社会主义现代化建设新局面"的中国特色社会主义理论体系"实现了马克思主义中国化新的飞跃"，"习近平新时代中国特色社会主义思想是当代中国马克思主义、二十一世纪马克思主义，是中华文化和中国精神的时代精华，实现了马克思主义中国化新的飞跃"②。马克思主义哲学中国化隶属于马克思主义中国化进程，马克思主义中国化的三次伟大飞跃自然包含着马克思主义哲学中国化的三次伟大飞跃。马克思主义哲学中国化的三次伟大飞跃成果分别是：被实践证明了的关于中国革命和建设的正确的理论原则和经验总结的毛泽东哲学思想；从新的实践和时代特征出发，科学回答了建设中国特色社会主义一系列基本问题的中国特色社会主义哲学理论体系；就新时代坚持和发展什么样的中国特色社会主义、怎样坚持和发展中国特色社会主义，建设什么样的社会主义现代化强国、怎样建设社会主义现代化强国，建设什么样的长期执政的马克思主义政党、怎样建设长期执政的马克思主义政党等重大时代课题，提出一系列原创性的中国特色社会主义哲学思想。

百年党史也是一部马克思主义中国化的历史。百年来党在坚持马克思主义哲学中国化总命题、总要求与根本遵循的基础上，立足于各个历史时期的主要任务、主要矛盾与时代要求，不断回答了时代之问与人民

---

① 唐爱军：《新现代性初探——关于中国道路的解释框架》，载《浙江学刊》，2021年第4期。

② 《中共中央关于党的百年奋斗重大成就和历史经验的决议》，北京：人民出版社2021年版，第13、18、26页。

之问，继而实现了马克思主义哲学中国化的三次历史飞跃。①

百年来，伴随着中国社会发生的翻天覆地的变化，中国马克思主义哲学也在不断地变化发展。在现今中华民族正在走向伟大复兴从而亦对中国哲学精神的伟大复兴提出急切要求之际，对作为中国社会之主导性思想的马克思主义哲学中国化之发展进程作历史回顾和经验总结，便具有无可置疑的重大意义。

（二）马克思主义哲学中国化的理论逻辑

马克思主义哲学中国化既来自马克思主义理论的本土化需要，也来自中华优秀文化传统走向现代的理论转化需要，还来自中国实践创新的理论需要，这一过程遵循理论传承逻辑、理论转化逻辑和理论创新逻辑。

1. 理论传承逻辑

一是通过举办大型纪念活动传承经典理论。2020年是恩格斯诞辰200周年，列宁诞辰150周年，中国共产党的主要创建者和早期领导人之一、中国马克思主义启蒙大师和杰出的马克思主义哲学家李达诞辰130周年，中国最早使马克思主义哲学大众化、使哲学变为群众手里的锐利思想的马克思主义哲学家艾思奇先生诞辰110周年。学术界展开了一系列纪念性活动。从根本上讲，学术界不是简单地"凑热闹"并将其作为"学术热点"加以追捧，而是将这些作为重要的"学术事件"加以看待，这背后折射出这些哲学家们思想的深远影响力。

二是通过著书立说坚守经典哲学原理。任平认为恩格斯创立与发展马克思主义哲学的独特贡献表现在四个方面：其一，青年恩格斯是唯物史观创立的思想先锋；其二，将马克思主义哲学从"观"的阐释扩展到"体系"建构，将"新世界观"发展、阐释、命名为完整的"马克思主

---

① 刘红凛：《百年来党的理论创新与马克思主义中国化的三次飞跃》，载《人民论坛·学术前沿》，2021年第24期。

义"理论体系,将"否定的辩证法""唯物辩证法"发展、完善、阐释为"辩证唯物主义";将"唯物史观"发展、完善、阐释为"历史唯物主义";其三,为了发展、完善、阐释"辩证唯物主义",恩格斯独立开辟和研究自然辩证法,深刻阐明了生态文明的思想原则;其四,《路德维希·费尔巴哈与德国古典哲学的终结》第一次全面系统阐述马克思如何"从黑格尔哲学出发又如何脱离"的哲学革命史,是开创马克思主义哲学史学科的第一个标志性文献。① 王海锋认为晚年恩格斯对马克思哲学思想做出了"系统化"的阐释和"体系化"的表达。② 刘同舫与郝立新也分别总结了恩格斯对于马克思主义哲学的理论贡献。③ 吴宏政、高丹认为列宁为马克思主义哲学基本问题奠定了认识论基础,《唯物主义和经验批判主义》既是一本认识论著作,也是证成了马克思主义哲学基本问题的世界观著作。④ 孙来斌指出列宁撰写的《什么是"人民之友"以及他们如何攻击社会民主党人》批驳了俄国自由主义民粹派观点,系统阐述了唯物史观的基本原理;《唯物主义和经验批判主义》,驳斥俄国马赫主义对马克思主义的攻击,系统阐述了辩证唯物主义认识论的基本原理;《哲学笔记》重点批判形而上学发展观,为发展唯物辩证法作出创造性探索。⑤

20 世纪上半叶,毛泽东、李达、艾思奇围绕"中国向何处去"的时代问题而开展马克思主义的理论研究和哲学探索。如今,我们面临

---

① 任平:《论恩格斯创立与发展马克思主义哲学的伟大贡献及其当代意义》,载《江海学刊》,2021 年第 4 期。

② 王海锋:《晚年恩格斯与马克思哲学的"体系化"——基于唯物史观的学术史考察》,载《华中科技大学学报》(社会科学版),2020 年第 3 期。

③ 刘同舫:《恩格斯对马克思主义哲学的理论贡献》,载《思想理论教育》,2020 年第 8 期;郝立新:《恩格斯与马克思主义理论的整体性》,载《马克思主义与现实》,2020 年第 6 期。

④ 吴宏政、高丹:《马克思主义"哲学基本问题"的认识论基础——重读〈唯物主义和经验批判主义〉》,载《马克思主义理论学科研究》,2020 年第 3 期。

⑤ 孙来斌:《列宁对马克思主义的伟大历史贡献——纪念列宁诞辰 150 周年》,载《思想理论教育导刊》,2020 年第 5 期。

"百年未有之大变局",更应该学习他们的探索精神和优良学风,深入推进马克思主义哲学中国化、时代化、大众化,继续发展21世纪马克思主义哲学、当代中国马克思主义哲学,为构建中国特色哲学社会科学作出应有的努力。

2. 理论转化逻辑

马克思主义哲学中国化的逻辑对象有两个:一个是马克思主义哲学,一个是中华优秀传统文化。这两个对象本来各自有自己的发生学逻辑。随着马克思主义成为我党的指导思想,马克思主义哲学中国化和中华优秀传统文化现代化的问题开始凸显。

首先,马克思主义哲学中国化的理论转化逻辑。马克思主义哲学的实际运用必须寻求其民族形式的表达方式,要完全脱下其外国服装。[①]马克思主义基本原理是在发达西欧社会发展的经验总结基础之上提炼概括的一般立场、观点和方法,其运用则需要本土化、民族化。马克思主义哲学中国化指马克思主义理论不仅仅在形式上更重要的是在内容上完成中国特色中国风格中国气派的理论形态转化,这正是马克思主义基本原理的中国化逻辑。在马克思主义原初理论形态中,哲学视域的探讨宏观阐明了社会发展的总体进路和历史趋势,澄明了确立共产主义目标的合理性;从世界历史发展进程来看,中国特色社会主义更根本的是要思考和解决经济相对落后基础上的社会主义建设和发展道路问题,这种探索是以中国社会发展实践为基础的。[②]马克思主义哲学理论的中国化实践会提出新的马克思主义基本原理,继而丰富马克思主义理论。不过,马克思主义哲学的中国形态转化是有限度的,也就是说提出新的马克思主义基本原理是可能的,但是提出新的中国化的马克思主义的基本原理是不可能的;马克思主义基本原理的中国化是可能的,而中国化的马克

[①] 《马克思恩格斯选集》第4卷,北京:人民出版社1995年版,第394页。
[②] 庄友刚:《历史唯物主义的中国逻辑及其当代建构》,载《理论学刊》,2021年第6期。

思主义基本原理是不可能的。①

其次，中华优秀传统文化现代化的理论转化逻辑。一方面，在马克思主义指导下推动中华优秀传统文化的创造性转化和创新性发展，激活其生命力，使中华优秀传统文化的思想内涵、价值理念、精神境界等得到具有马克思主义导向的根本性改造与提升；另一方面，在中华优秀传统文化浸润下推动马克思主义内化为中国新文化之主要组成部分，形成具有中国文化特点、文化风格、文化气派的马克思主义。②

3. 理论创新逻辑

创新是马克思主义的鲜明理论品质。在中国革命、建设和改革实践中，作为马克思主义哲学中国化理论结晶的中国马克思主义哲学，已然实现了三次飞跃式的理论创新。中国马克思主义学者以经典马克思主义哲学为指导，在哲学研究中自觉地以学术的方式实质性地介入中国现实问题，赋予既有概念以时代性的中国内涵，提出了诸如"矛盾""实践""价值""发展"等"中国化"的概念；汲取各种理论资源打造了"以人为本""和谐""人类命运共同体"等具有中国特质和世界普遍意义的标识性概念，推动了当代中国马克思主义哲学的繁荣发展。③ 习近平新时代中国特色社会主义思想是其中的重要理论创新成果。它是当代中国马克思主义、二十一世纪马克思主义，是中华文化和中国精神的时代精华，实现了马克思主义中国化新的飞跃。

马克思主义哲学中国化的理论创新逻辑，一是与中国实际相结合、在中国实践创新中推动理论创新。"实践的经验和教训激发了中国马克

---

① 徐梦秋、张爱华：《马克思主义中国化的可能、现实与限度》，载《马克思主义与现实》，2009年第1期。
② 秦志龙：《马克思主义中国化"两个相结合"的科学内涵与逻辑关系》，载《文化软实力》，2021年第4期。
③ 王海锋：《打造当代中国马克思主义哲学的标识性概念——基于新中国成立以来学术史的考察》，载《哲学动态》，2020年第4期。

思主义者、哲学社会科学界的自主创新意识"①，建立实践创新与理论创新的良性互动逻辑，包括理论创新与理论守正相统一、理论创新与实践创新相互动、理论创新与理论借鉴相统一、理论创新与理论武装相同步等。② 二是不断开展马克思主义哲学与西方哲学、中国优秀传统文化（主要是儒学）以及国外马克思主义的"对话"逻辑。③ 三是加快构建中国马克思主义知识体系的逻辑。④ 王海锋强调构建中国特色哲学"三大体系"，最为紧迫的任务之一在于打破"概念短缺"的困局，提升概念供给能力，打造标识性的哲学概念。⑤ 孙正聿指出构建当代中国马克思主义哲学学术体系，最为重要的就是以"关于现实的人及其历史发展的历史唯物主义"为理论基础和思想指引，从建设中国特色社会主义和推进人类文明形态变革的伟大实践中，不断地"提炼出有学理性的新理论""概括出有规律性的新实践"，从而形成具有主体性、原创性的当代中国马克思主义哲学学术体系。⑥ 此外，刘志洪认为新中国成立以来，马克思主义哲学在思想、方法、视野、范式、立场、观念、思维和境界等方面都实现明显创新突破的同时，也存在着阐释驱逐创造、借鉴抑制自创、观念重于现实、反思强于引领、批判盖过建设、认知背离生存、表象替代实质和功利消解理想等偏颇。⑦

---

① 任平：《论涂层概念与原创学术的中国道路》，载《江海学刊》，2020 年第 5 期。
② 艾四林：《坚持理论创新是中国共产党百年奋斗的重要历史经验》，载《红旗文稿》，2021 年第 24 期。
③ 王海锋：《"对话"范式与中国马克思主义哲学创新——基于新中国 70 年学术研究现状的反思》，载《教学与研究》，2019 年第 10 期。
④ 王立胜、周丹：《中国马克思主义哲学知识体系论纲》，载《山东师范大学学报》（社会科学版），2020 年第 4 期。
⑤ 王海锋：《打造当代中国马克思主义哲学的标识性概念——基于新中国成立以来学术史的考察》，载《哲学动态》，2020 年第 4 期。
⑥ 孙正聿：《凝炼和阐释构建哲学学术体系的学术命题》，载《中国高校社会科学》，2020 年第 6 期。
⑦ 刘志洪：《主要进展、当前偏颇与关键课题——新中国马克思主义哲学反思》，载《现代哲学》，2020 年第 2 期。

今天，站在世界百年未有之大变局的历史分水岭上，中国正在经历着人类历史上最宏大而独特的历史实践。一切都在呼唤新的思想，开启新的时代，我们期待 21 世纪的中国马克思主义哲学作出更多划时代的原创性贡献！

（三）马克思主义哲学中国化的实践逻辑

马克思主义哲学掌握大众，马克思主义者对时代问题进行哲学回答等，这些都是马克思主义哲学中国化的实践方式。为了实现哲学的本质和功能，马克思主义哲学中国化应遵循实践问答逻辑、实践价值逻辑和实践方法逻辑。

1. 实践问答逻辑

马克思主义哲学是时代精神的精华。本质上，这种时代精神不是既成的，而是在对时代问题的问答逻辑中生成的。马克思主义能够永葆其美妙之青春的秘密在于"不断探索时代发展提出的新课题、回应人类社会面临的新挑战"①。马克思主义哲学的本质和功能正是诊断时代症候，回应人民关切，提出实践方案。这也是马克思主义不会过时和马克思主义行的秘密。马克思主义哲学中国化正是通过实践问答逻辑实现马克思主义哲学在中国场域里的"出场"和"在场"。

首先，实践问答逻辑是一种善于提出问题的逻辑。这是一个怎样的时代？我们处于怎样的历史方位？我们面对着怎样的国际国内环境？我们的社会出现了怎样的问题？我们如何应对？对这些问题的回答反映着基本的马克思主义哲学素养。我们需要在马克思主义大历史观中定位自我和时代以及提出时代问题。首先要在大历史观中发现问题，继而才能分析问题和解决问题。当前，世界正经历百年未有之大变局，站在历史唯物主义的角度，运用马克思主义立场观点和方法，科学判断不变之中

---

① 《十九大以来重要文献选编》（上），北京：中央文献出版社 2019 年版，第 425 页。

大变的国际时局，坚持发挥中国特色社会主义的制度优势。①

其次，分析问题的逻辑。分析时代问题，中国化马克思主义哲学不能缺席。马克思主义哲学的本质和功能正是对时代问题的科学诊断与应对。2019—2020冬春之交的新冠肺炎疫情爆发，这是全人类与一种全球未知病毒的遭遇战，也是一场全球重大公共卫生事件。任平诊断这场突发性公共卫生事件的本质性向度是交往异化与公共性社会危机，交往禁忌是中国战疫治理模式的科学原则。② 他还认为，此次事件是对中国之治的一次全方位大考，在更深层次上呼唤21世纪中国马克思主义政治哲学的出场。③

再次，回答问题的逻辑。近两年来，中国马克思主义者积极回答了中国式现代化道路、人类新文明特质、人类命运共同体的哲学内涵、价值意蕴、实现路径等。比如，"人类命运共同体"就是回答"世界怎么了？人类向何处去？我们怎么办？"的中国哲学方案。

时代之问，也是中国之问、世界之问。对这些问题的回答，既是马克思主义哲学中国化的实践必需，也是马克思主义哲学当代性的证明。客观上，每一次问答都有助于从问题中的哲学走向哲学中的问题，既而推动中国马克思主义哲学的深入创新。

2. 实践价值逻辑

价值是主客体之间的某种意义关系，是客体的某种属性满足主体的某种需要继而客体具有了相对于主体而言的某种有用性。"马克思主义行"就是一种价值判断。"理论在一个国家实现的程度，总是取决于理

---

① 王伟光：《关于世界性新冠肺炎疫情与国际时局的哲学研判》，载《哲学研究》，2020年第11期。
② 任平：《走向完善的公共性社会：全球战疫与中国之治的公共哲学审视》，载《中国矿业大学学报》（社会科学版），2020年第2期。
③ 任平：《论21世纪中国马克思主义政治哲学研究的重大使命》，载《江苏社会科学》，2020年第4期。

论满足这个国家的需要的程度。"① 马克思主义哲学中国化的实践价值逻辑表现在马克思主义哲学满足中国实际需要的价值逻辑。"中国实际需要"这一概念具有复杂性。在个体层面，中国实际需要是具体的、个性化的、微观的；在国家层面，中国实际需要跟国家前途命运、历史道路选择、人民自由解放与生活幸福等相关。马克思主义哲学中国化的实践价值逻辑主要是就国家层面而言。

首先，从马克思主义的阶级属性来看，马克思主义哲学中国化要遵循人民性价值逻辑。实践本身无所谓善恶，但实践评判有善恶。我们往往依据价值立场进行实践评判，比如把体现人民性立场的实践活动评价为善的，而把违背人民性立场的实践活动评价为恶的。从阶级属性上看，马克思主义是人民的理论，马克思主义哲学中国化实践要注意以人民为中心的价值立场，遵循人民性价值逻辑。

其次，从马克思主义的利益观来看，马克思主义哲学中国化还要遵循实践的公共性价值逻辑。公共性不是一种先验的观念和原则，而是一种具体的社会关系的属性，具有现实性、辩证性和历史性的基本特征。② 马克思主义哲学中国化不是为了马克思主义研究者的眼前私利，而是为了国家前提命运乃至人类的全面自由解放，所以马克思主义哲学中国化要遵循公共性价值逻辑，而不是个别价值逻辑。这一公共性价值一定是有利于广大人民群众乃至全球的公共利益和长远利益的。从一定意义上说，马克思主义哲学是一种公共交往实践理论，构建命运共同体是其中的一种哲学方案。人类命运共同体的提出体现着一种面向未来的公共主义的、共同体的发展观。③ 人类命运共同体理念是为世界谋大同的当代中国马克思主义理论，其为马克思政治哲学的理论创新和实践创新开辟

---

① 《马克思恩格斯选集》第一卷，北京：人民出版社 2012 年版，第 11 页。
② 桑明旭：《关于"公共性"的唯物史观阐释》，载《理论探索》，2020 年第 6 期。
③ 桑明旭：《论"人类命运共同体"理念的唯物史观基础》，载《苏州大学学报》（哲学社会科学版），2021 年第 6 期。

了 21 世纪马克思主义发展的新境界。①

3. 实践方法逻辑

方法是人类实践活动要素之一。马克思主义哲学中国化需要遵循一定的实践方法。可以说,"中国共产党为什么能,中国特色社会主义为什么好",关键在于马克思主义中国化实践方法可行。马克思主义哲学方法主张一切以时间、地点和条件为转移、具体问题具体分析,历史与逻辑、理论与实践相一致,逻辑与辩证法、认识论相统一等。方法在马克思主义理论体系中居于核心地位。早期西方马克思主义者卢卡奇曾认为正统的马克思主义仅仅指方法。恩格斯甚至将方法视为马克思的整个世界观。他指出:"马克思的整个世界观不是教义,而是方法。它提供的不是现成的教条,而是进一步研究的出发点和供这种研究使用的方法。"② 方法与结论不同。结论往往是暂时性的局部真理,容易过时和僵化。死守住结论不放是教条主义的表现。马克思主义实践方法则没有一定之规,在具体实际中灵活变通,与马克思主义立场、观点具有一致性。

方法论是对方法的研究。当前马克思主义哲学中国化的方法论研究著述不多,有学者指出这种现象不利于马克思主义哲学中国化范式研究的规范化。③ 相反,学术界比较普遍的做法是结合研究的需要提出一些具体的实践方法。比如,陈加飞认为,马克思主义中国化表现为政党主导与人民主体相结合、理论创新与实践创新良性互动、普遍性与特殊性相统一的方法论自觉。④ 张允熠、张弛认为,马克思主义哲学中国化有

---

① 孟飞、郑勇良:《人类命运共同体理念的马克思政治哲学意蕴》,载《北京航空航天大学学报》(社会科学版),2022 年第 3 期。

② 《马克思恩格斯选集》第四卷,北京:人民出版社 2012 年版,第 664 页。

③ 周全华、马爱云:《马克思主义中国化研究方法创新论略》,载《贵州省委党校学报》,2021 年第 1 期。

④ 陈加飞:《马克思主义中国化的生成:历史逻辑与方法论自觉》,载《四川大学学报》(哲学社会科学版),2021 年第 5 期。

"两个结合"的方法,一方面强调马克思主义在实践、实行、实用、实效即实际应用层面上的结合,另一方面也注重在精神、价值、理念、理论即思想文化层面上的结合,二者共同致力于推进马克思主义中国化。① 丰子义从方法论的层面强调,我们应该以辩证思维来统筹疫情防控和经济社会发展,即处理好突出重点与统筹兼顾的关系,处理好当前与长远的关系,处理好"危"与"机"的关系,处理好"常"与"变"的关系。②

历史的行程、理论的铺垫、时代的际遇,为马克思主义哲学在中国的发展提供了广阔的"用武之地"。马克思主义哲学中国化内蕴着深刻的历史逻辑、理论逻辑和实践逻辑。其中,历史逻辑提炼了百年马克思主义哲学中国化的经验,理论逻辑诠释了马克思主义哲学中国化的内在机理,实践逻辑彰显了马克思主义哲学中国化的时代诉求。三重逻辑相辅相成、相互渗透,为我们在新时代继续推进马克思主义哲学中国化提供了思想启迪。

但是,正如有学者指出的,当前马克思主义中国化研究缺乏元理论层面最具普遍意义的深入分析,"经验性"有余而"理论性"不足。③ 实际上,马克思恩格斯特别注重抽象思辨力的逻辑分析,马克思主义哲学自身是"元"逻辑规范的思维展开。当前马克思主义哲学中国化范式研究的元逻辑层面探讨还有提升空间。马克思主义哲学中国化研究何以成为一种独特的研究模式?不同范式研究之间的逻辑边界在哪里?马克思主义哲学中国化范式研究的逻辑规范和规则有哪些?这些问题仍然有待于进一步思考。

---

① 张允熠、张弛:《从"一个结合"到"两个结合":马克思主义中国化的新叙事》,载《思想理论教育》,2021年第9期。

② 丰子义:《以辩证思维统筹疫情防控和经济社会发展》,载《当代兵团》,2020年第8期。

③ 尹占文、王丹:《"马克思主义中国化"命题研究的逻辑方法析论——基于元理论方法的视角》,载《观察与思考》,2019年第5期。

二、马克思主义哲学中国化范式研究元逻辑构想

当前马克思主义中国化逻辑叙事大致可以归约为历史逻辑、理论逻辑和实践逻辑这三大逻辑叙事，这三大逻辑叙事内部又各有三个具体的子逻辑。学术界关于马克思主义哲学中国化的逻辑研究可谓异彩纷呈，然而对马克思主义哲学中国化范式研究的元逻辑叙事则乏善可陈。而且，由于缺乏元逻辑视角，三大逻辑叙事之间存在一定程度的缠绕、交叉，也不利于形成对三大逻辑叙事的整体性认知，最终导致具体逻辑叙事片面化，很难深入。

（一）马克思主义哲学视野中的"元逻辑"

"逻辑"（Logic）本是一个外来词，来自希腊文 logos（逻各斯），意思为思想、理性、言词，由我国近代学者严复首次翻译使用。"逻辑"一词的相似表达有"规律""规则""条件""根据"等。逻辑研究是人类把握世界、掌握规律的重要理论研究活动。科学的逻辑不仅是分析问题的有力工具，其自身也体现为自洽的理论体系。对逻辑本身进行分析所形成的科学理论即为元逻辑理论。元逻辑是关于逻辑的逻辑，是具体逻辑背后的元理论，是一种本体论逻辑，将逻辑本身作为对象，探寻多重逻辑之间的内在关联或基础规范。元逻辑是具体研究逻辑的内在逻辑呈现，是更高程度的理论抽象，是对具体逻辑在元逻辑层面的思维形式总结。具体逻辑是思维具体的产物，是差异化、多重交叉、复调式的微观逻辑，旨在揭示局部研究的规律；元逻辑则是思维抽象的产物，是辩证的、关联的、全局性的辩证逻辑，旨在揭示系统（范式）研究的规律。元逻辑不能脱离具体逻辑，相反，它以逻辑系统内差异化逻辑为对象，通过揭示不同逻辑之间的内在关联，建构总体逻辑规范。

马克思主义的"元逻辑"不同于西方概念的"元逻辑"。后者指"以形式化的逻辑系统为研究对象的理论。采取公理化的方法，研究形

式语言、形式系统和逻辑演算的语法和语义"①，仍然是一种形式逻辑。与之不同，马克思主义哲学强调"逻辑的发展完全不必限于纯抽象的领域。相反，它需要历史的例证，需要不断接触现实"②。列宁也认为，"唯物主义的逻辑、辩证法和认识论……不必要三个词：它们是同一个东西……"③，以及"逻辑形式和逻辑规律不是空洞的外壳，而是客观世界的反映"④。马克思主义的元逻辑为辩证逻辑，在遵循思维规律的同时，还要遵循理论与实践、历史与现实相统一的辩证逻辑规则。

马克思主义哲学中国化范式研究的逻辑是一种辩证总体的元逻辑，是对马克思主义哲学中国化具体逻辑的逻辑分析。马克思主义哲学中国化范式研究的逻辑跟马克思主义哲学中国化的具体研究的逻辑的差异性在于：就逻辑形式而言，前者为元逻辑，后者为具体逻辑；就逻辑功能而言，具体逻辑着眼于明晰马克思主义哲学中国化的具体经验或者做法，元逻辑最突出的功能在于厘清马克思主义哲学中国化的逻辑规范，包括逻辑前提、逻辑根据、逻辑方法、逻辑转换、逻辑规则等，为研究共同体提供研究模式。所以，元逻辑问题，其实也就是逻辑规范问题，只有在逻辑规范中形成共识，才有可能形成科学共同体，才能把握具体逻辑背后的整体逻辑，才能拓展马克思主义哲学中国化研究的逻辑进路。

马克思主义哲学中国化范式研究的元逻辑问题至少包括：马克思主义哲学中国化研究范式何以成立？这一范式跟其他研究范式的联系和区别是什么？它的研究目的、对象、主体、内容、方法有哪些？中国马克思主义者们对马克思主义中国化的逻辑起点、逻辑根据、逻辑方法、逻辑规则能否大致形成共识？范式的元逻辑与具体逻辑之间的关系是什么？如何从元逻辑视角把握不同具体逻辑之间的一致性？范式的中国逻

---

① 余源培等编著：《哲学辞典》，上海：上海辞书出版社2009年版，第224页。
② 《马克思恩格斯选集》第2卷，北京：人民出版社1995年版，第45页。
③ 列宁：《哲学笔记》，北京：人民出版社1993年版，第290页。
④ 列宁：《哲学笔记》，北京：人民出版社1993年版，第151页。

辑具有什么特殊性？它跟马克思主义在其他国家民族化逻辑有何不同？能否从范式的中国逻辑走向一般逻辑？21世纪马克思主义哲学研究遵从哪些逻辑规范？马克思主义哲学中国化范式逻辑与中国共产党不断成长壮大的发展逻辑之间是怎样的关系？等。

（二）深化马克思主义哲学中国化范式研究

库恩认为，"一个范式就是一个公认的模型或模式（pattern）"①。作为中国马克思主义哲学研究的应有范式②——马克思主义哲学中国化研究范式，其中心任务就是归纳总结马克思主义哲学中国化的研究模型或模式。范式研究的成熟意味着研究共同体的形成和研究模式的成熟。判断一种范式是否成熟可以通过它是否形成公认的逻辑规范作为标准。当前，马克思主义哲学中国化范式研究的逻辑规范尚未完全明晰，深化马克思主义哲学中国化范式研究亟须完成的是确立马克思主义哲学中国化研究的元逻辑规范。

马克思主义的元逻辑不是只注重思维规则的形式逻辑，而是一种辩证逻辑，马克思主义哲学中国化范式研究的元逻辑构建不能仅凭逻辑推演就能完成。列宁曾提出辩证逻辑的四点要求：第一，要真正地认识事物，就必须把握住、研究清楚它的一切方面、一切联系和"中介"；第二，要求从事物的发展、变化中来考察事物；第三，必须把实践作为检验真理的标准；第四，没有抽象的真理，真理总是具体的。③ 这四点要求为深化马克思主义哲学中国化范式研究指明了方向，即坚持逻辑与辩证法、认识论的统一，科学把握三大逻辑叙事的内在关联，坚持马克思主义哲学中国化具体经验描述与元逻辑规范的统一，从马克思主义哲学

---

① 库恩：《科学革命的结构》，金吾伦、胡新和译，北京：北京大学出版社2012年版，第19页。

② 汪信砚：《范式的追寻——作为范式的马克思主义哲学中国化研究》，北京：人民出版社2014年版，第181页。

③ 《列宁选集》第4卷，北京：人民出版社2012年版，第219页。

中国化的现实逻辑走向 21 世纪马克思主义哲学的未来逻辑。

其一，坚持逻辑与辩证法、认识论的统一。马克思主义哲学坚持实践的辩证逻辑，历史从哪里开始，思想也就从哪里开始。马克思主义哲学中国化研究既是理论研究，也是实践研究，既要遵循中国革命、建设和改革实践中的历史认识论原理，也要遵循理论逻辑与实践逻辑相统一的辩证法原理。马克思主义哲学中国化的逻辑凝炼是为了对中国发展实践提供指导和方法，这一形式关联容易导致一种假象，即实践中的逻辑原则似乎成了研究的出发点，继而导致人们对逻辑原则的迷信与盲从。恩格斯早在《反杜林论》中就已指出："原则不是研究的出发点，而是它的最终结果；这些原则不是被应用于自然界和人类历史，而是从它们中抽象出来的；不是自然界和人类去适应原则，而是原则只有在符合自然界和历史的情况下才是正确的。"① 坚持逻辑与辩证法、认识论的统一，就是要坚持马克思主义哲学中国化范式研究的逻辑起点意识、逻辑根据意识，在实践中完善马克思主义哲学中国化的逻辑规范。

其二，科学把握三大逻辑叙事的内在关联。马克思主义哲学中国化的三大逻辑叙事是马克思主义者主动把握马克思主义中国化历史、学理和现实形态的理性叙事。这三者统一于马克思主义中国化百年实践中，统一于百年中国共产党不断成长壮大的历程中，也统一于中国人民孜孜以求的中国现代化道路的艰辛探索之中。立足于中国近现代历史主题，在波澜壮阔的中国实践中把握马克思主义哲学中国化的历史逻辑、理论逻辑和实践逻辑的辩证统一性。

其三，坚持马克思主义哲学中国化具体经验描述与元逻辑规范的统一。马克思主义哲学中国化范式研究既是具体的，也是抽象的。一方面，马克思主义哲学中国化研究范式之所以成立，原因之一是无数的马克思主义者对马克思主义哲学中国化运动的认真研究和具体实践。原因之二是马克思主义哲学中国化研究范式具有独特性。较之其他研究范

---

① 《马克思恩格斯选集》第 3 卷，北京：人民出版社 2012 年版，第 410 页。

式，马克思主义哲学中国化范式在问题意识、研究框架、逻辑起点、逻辑根据、逻辑方法等方面都有自己的特色。马克思主义哲学中国化范式研究的元逻辑规范建立在具体经验描述基础之上。

其四，从马克思主义哲学中国化的现实逻辑走向 21 世纪马克思主义哲学的未来逻辑。从历史认识论来看，马克思主义哲学中国化既是中国语境的产物，也是世界语境的产物。马克思主义哲学的本质要求和功能任务是持续推进马克思主义哲学中国化。从实践成果来看，21 世纪马克思主义哲学是马克思主义哲学中国化的理论产物，是马克思主义哲学中国化的阶段性成功，也是中国马克思主义哲学从中国逻辑走向世界逻辑的理论必须。从历史过程论来看，马克思主义哲学中国化的过去、现在和未来具有逻辑统一性。今日之中国是历史之中国的延续，也是未来之中国的缘起。处理好历史、现实和未来相结合的逻辑，是开拓马克思主义哲学中国化范式研究新境界的重要方法遵循。

（作者覃世艳系西南交通大学马克思主义学院副教授，主要研究方向为马克思主义哲学、马克思主义基本原理；作者杨灿系西南交通大学马克思主义学院硕士研究生，主要研究方向为马克思主义基本原理）

以时代问题引领马克思主义哲学的创新

——"反思的问题学"研究范式2020—2021年研究综述

孟献丽　张　旺

[摘　要] 以时代问题为导向既是马克思主义哲学始终坚持的原则和向度，也是马克思主义哲学创新和发展的重要途径。通过回应时代呼声，聚焦现实问题，探索事物发展规律，引领基础理论创新，为马克思主义哲学发展带来新的契机。"反思的问题学"研究范式坚持以"问题"为中心。2020—2021年，学术界主要围绕习近平法治思想、中国共产党成立100周年、百年未有之大变局、脱贫攻坚等当代中国发展遇到的重大现实问题进行深入探讨。

[关键词] 问题意识　习近平法治思想　中国共产党成立100周年　百年未有之大变局

作为时代精神之精华，作为认识世界和改造世界的思想武器，马克思主义哲学始终站在时代的前沿，始终坚持运用马克思主义立场观察分析和解决时代问题，并在时代的演进中"改变自身形式"。马克思曾指出："问题就是公开的、无畏的、左右一切个人的时代声音。问题就是时代的口号，它是表现自己精神状态的最实际的呼声。"① 因此，以问题为中心，抓住时代本质，攻克时代难题，是马克思主义哲学的内在要

---

① 《马克思恩格斯全集》第40卷，北京：人民出版社1982年版，第289—290页。

求,也是新时代立足中国国情,实现中华民族伟大复兴必须坚持的方法论原则。

一、坚持问题导向是马克思主义哲学的内在要求

以问题为中心,坚持问题导向是马克思主义哲学的内在要求。习近平总书记指出:"坚持问题导向是马克思主义的鲜明特点。问题是创新的起点,也是创新的动力源。只有聆听时代的声音,回应时代的呼唤,认真研究解决重大而紧迫的问题,才能真正把握住历史脉络、找到发展规律,推动理论创新。"① 任何真正的哲学都是自己时代的精神上的精华②,世界上任何哲学的发展成果都是基于对时代重大问题的反思产生出来的,马克思主义哲学也不例外。如果不以问题为导向,不研究时代发展所衍生出的"真问题",马克思主义也不可能产生。同样,如果不认真研究、解决中国在不同时期面临的重大问题,那么毛泽东思想和中国特色社会主义理论体系也将不会诞生。

与时俱进是马克思主义哲学的理论品质,只有回应和解决重大现实问题,才能推动理论创新,为马克思主义哲学发展带来契机,这也是马克思主义哲学永葆先进性的根源所在。因此,马克思主义哲学研究必须面向现实生活、研究现实问题,深入社会实践进行调查研究。理论工作者既要发挥"智囊团"的作用,也要摆脱"纸上谈兵"的尴尬局面,坚持理论联系实际的方法论原则,一切从实际出发,聚焦我国改革开放和社会主义现代化建设面临的现实问题、人民群众关注的热点难点问题,运用马克思主义的立场、观点、方法回应、解决现实问题,深化事物发展规律的认识,在实践基础上不断推动马克思主义哲学创新,增强话语自信力和解释力,实现马克思主义哲学的当代出场。

---

① 《之江新语》,杭州:浙江人民出版社 2007 年版,第 235 页。
② 《马克思恩格斯全集》第 1 卷,北京:人民出版社 1995 年版,第 220 页。

二、2020—2021年学术界对中国重大现实问题的研究与反思

以问题为中心是"反思的问题学"的基本特征。2020—2021年,学界围绕习近平法治思想、中国共产党成立100周年、百年未有之大变局、脱贫攻坚等重大现实问题进行了研究分析。

(一) 习近平法治思想

2020年11月,在全面依法治国工作会议上确立的习近平法治思想,对深入研究与阐释习近平法治思想的重要地位,深刻理解和揭示其时代特性具有重大意义。为推进习近平法治思想能够科学有效地全面贯彻落实,推动这一理论成果的不断纵深发展,学界也对习近平法治思想的生成逻辑、科学内涵、特征等基本理论问题进行理论分析和探讨。

1. 习近平法治思想的生成逻辑及基本特征

关于习近平法治思想的生成逻辑。习近平法治思想作为科学的思想,具有其内在的生成逻辑。目前,学界主要从历史逻辑、理论逻辑和实践逻辑三个方面进行探讨。首先,习近平法治思想形成的历史逻辑。张文显认为考察和反思人类社会法治发展史,把握人类法治进步规律、创新发展历史唯物主义法治原理、汲取中华传统法治文化和世界法治文明的营养,是习近平法治思想形成的历史逻辑。[①] 此外,冯玉军通过梳理党领导法治建设百年历程,总结国内外法律制度建设的正反两方面经验,为习近平法治思想的形成与发展提供了理论渊源。[②] 再次,习近平法治思想形成的理论逻辑。张奇认为马克思主义法治理

---

① 张文显:《习近平法治思想的实践逻辑、理论逻辑和历史逻辑》,载《中国社会科学》,2021年第3期。
② 冯玉军:《习近平法治思想确立的实践基础》,载《法学杂志》,2021年第1期。

论是其理论根基、党的十八大以前的中国化马克思主义法治观是其直接来源、中华法律文化精华是其文化底蕴以及汲取人类优秀的法治文明成果。① 喻中认为中国特色社会主义法治理论的思想根基是马克思主义法律思想,并且二者之间存在源与流的关系,即马克思主义法律思想是源,中国特色社会主义法治理论是流。② 另有学者认为以毛泽东、邓小平、江泽民、胡锦涛为主要代表的中国共产党人将马克思主义法治思想与中国实际相结合形成的一系列理论成果,为新时代习近平法治思想的创新发展奠定了理论基石。③ 再次,习近平法治思想形成的实践逻辑。张从显认为习近平法治思想在中国特色社会主义法治实践中产生和发展,并从建立"社会主义新秩序"、构建"社会主义市场体系"、践行"社会主义民主法制"等实践中系统阐释习近平法治思想。④ 也有学者指出,习近平法治思想是科学立法、严格执法、公正司法和全民守法的有机统一。⑤

关于习近平法治思想的基本特征。张奇认为习近平法治思想在认识上具有战略性、在逻辑上具有系统性、在理论上具有科学性、在内容上具有创新性、在价值上具有人民性。⑥ 黄文艺则认为坚定的人民立场、严密的系统思维、强烈的创新精神、缜密的辩证思维、深邃的历史眼

---

① 张奇:《习近平法治思想的理论渊源、基本特征与重要意义》,载《思想教育研究》,2021年第1期。
② 喻中:《中国特色社会主义法治理论:思想根基、主要特性与学科定位》,载《法学论坛》,2020年第1期。
③ 陈佑武:《习近平法治思想的科学内涵、历史底蕴及思想基础》,载《人权研究》,2020年第3期。
④ 张文显:《习近平法治思想的实践逻辑、理论逻辑和历史逻辑》,载《中国社会科学》,2021年第3期。
⑤ 李先伦:《习近平关于依法防控疫情重要论述的基本逻辑研析》,载《广西社会科学》,2020年第2期。
⑥ 张奇:《习近平法治思想的理论渊源、基本特征与重要意义》,载《思想教育研究》,2021年第1期。

光、宽广的全球视野以及高远的法理境界是习近平法治思想的鲜明特色。① 江必新在研究探讨习近平法治思想逻辑体系的基础上，进一步指出习近平法治思想具有全面性、政治性、人民性、正义性、统筹性、实践性、创新性七大理论特征。② 此外，张金才认为习近平法治思想具有鲜明的政治性、深远的战略性、坚定的人民性、严密的系统性以及强烈的实践性。③

2. 关于习近平法治思想的具体内容

习近平法治思想是当代中国特色社会主义法治理论，是内容丰富、阐述深刻、逻辑严谨的法学理论体系。目前，学术界关于习近平法治思想的具体内容研究如下：第一，党法关系维度。李秋蓉认为习近平关于党法关系重要论述深刻阐述党法关系的地位、本质、内容等，它不仅是中国特色社会主义法治理论的核心内容，还是中国特色社会主义法治理论的最新成果，更是新时代中国特色社会主义法治建设的实践指南。④ 第二，人民主体维度。史璇、张士海认为历史是人民创造的，人民在历史发展中所处的地位和所体现的价值决定了国家政党和政权前途命运的根本走向。法治国家亦不例外。⑤ 人民是习近平法治思想的主体力量和动力之源，法治建设必须坚决维护人民群众的利益。第三，宪法理论维度。江必新、蒋清华认为习近平法治思想包含一系列关于宪法理念、宪法制度、宪法实施的重要论述，涵括宪法概念、地位作用、基本原则、国体政体等宪法学的主要理论要素，构成一整套科学完备的宪法理论体

---

① 黄文艺：《论习近平法治思想的形成发展、鲜明特色与重大意义》，载《河南大学学报》（社会科学版），2021 年第 3 期。

② 江必新：《习近平法治思想的逻辑体系与理论特征》，载《求索》，2021 年第 2 期。

③ 张金才：《习近平法治思想的显著特征》，载《党的文献》，2020 年第 5 期。

④ 李秋蓉：《习近平关于党法关系重要论述的内在逻辑与时代价值》，载《思想理论教育导刊》，2020 年第 3 期。

⑤ 史璇、张士海：《十八大以来中国特色社会主义法治思想创新论纲》，载《内蒙古社会科学》，2020 年第 2 期。

系，呈现出深厚法理基础、强烈问题意识、科学制度自信等突出特点。①李林从宪法理论的角度，肯定了习近平法治思想中的宪法思想的重要地位，并从中国特色社会主义民主政治、全面依法治国以及依宪治国三个方面论述了新时代中国特色社会主义宪法理论逻辑。②第四，法治治理维度。公丕祥认为习近平法治思想的重要内容，就是强调要坚持在法治轨道上推进国家治理体系和治理能力现代化，适应新的伟大社会革命的时代要求，把国家治理现代化构筑在坚实的法治基础之上。③此外，宋世明从法治与推进国家治理现代化之间的关系出发，认为制度之治是推进国家体系和治理能力现代化的核心要义；良法善治是法治的精髓；法治是制度之治最基本最稳定最可靠的保障。④第五，生态法治维度。吕忠梅认为生态文明法治理论以"生命共同体"为核心，创新生态文明法治建设价值论；以"整体观"为要旨，创新生态文明建设法治方法论；以"协同推进"为目标，创新生态文明建设法学理论。⑤

3. 关于习近平法治思想重大意义

目前，学界主要从理论和实践两个层面阐述习近平法治思想的意义。习近平法治思想不仅是社会主义法治理论发展史上的一次系统创新和深化，也是马克思主义法学中国化的最新理论成果⑥，尤其是其运用马克思主义法治原理和方法论准则，科学阐述当代中国国家制度与法律制度建设的基本价值尺度，提出了坚持以人民为中心、以维护和实现社会公平正义为主轴的法治价值论思想，对马克思主义法治价值论思想作

---

① 江必新、蒋清华：《习近平法治思想之宪法理论研究论纲》，载《中国政法大学学报》，2021年第2期。
② 李林：《习近平法治思想中的宪法理论逻辑》，载《行政法学研究》，2020年第6期。
③ 公丕祥：《习近平的法治与国家治理现代化思想》，载《法商研究》，2021年第2期。
④ 宋世明：《坚持在法治轨道上推进国家治理体系和治理能力现代化》，载《中国政法大学学报》，2021年第3期。
⑤ 吕忠梅：《习近平法治思想的生态文明法治理论》，载《中国法学》，2021年第1期。
⑥ 褚国建：《习近平全面依法治国重要论述的理论体系与创新价值》，载《法治研究》，2020年第3期。

出了原创性的理论贡献。① 孙权胜认为习近平法治思想推动了马克思主义法学中国化，促进了"中国梦"的实现，将传统法治文化和现代法治文明有效结合起来。② 邓联荣认为习近平法治思想不仅系统总结了中国共产党人长期探索法治建设的丰富实践与经验，为全面依法治国提供了根本遵循和行动指南，也体现了深远的战略思维、鲜明的政治导向、强烈的历史担当、真挚的为民情怀。③ 胡明认为习近平法治思想是实现全面依法治国的系统性、规范性、协调性和稳定性的思想理论支撑，是新时代中国法治战略的总指引。④ 此外，王东认为习近平法治思想为加快推进新时代法治中国建设提供了行动指南，在保障人民群众安居乐业方面取得了新进步，展现了新气象。⑤

（二）中国共产党百年奋斗历程、重大成就和历史经验

在中国共产党成立 100 周年的重要时刻，在"两个一百年"的历史交汇期，梳理和总结中国共产党百年奋斗历程、重大成就和历史经验，具有重要学术价值和深远影响。2021 年，理论界围绕中国共产党成立 100 周年这一主题，形成了丰硕的学术成果。

关于中国共产党百年奋斗历程。目前，学术界主要从政治、经济、文化、生态等不同视角，分别从"新民主主义革命时期""社会主义革命和建设时期""改革开放和社会主义现代化建设新时期""中国特色社会主义新时代"四个历史阶段，回顾总结中国共产党百年奋斗历程，还

---

① 公丕祥：《习近平法治价值论思想的内在蕴涵》，载《行政法学研究》，2020 年第 6 期。
② 孙全胜：《论习近平法治思想的基本要求与时代意义》，载《理论研究》，2021 年第 5 期。
③ 邓联荣：《深刻认识习近平法治思想的重大意义》，载《人民论坛》，2020 年第 35 期。
④ 胡明：《习近平法治思想：新时代中国法治战略的总指引》，载《政法论坛》，2020 年第 6 期。
⑤ 王东：《理解习近平法治思想的三个维度：结构样态、内涵特质、时代意义》，载《理论月刊》，2021 年第 5 期。

有部分学者从各个时期的历史任务阐述党的百年奋斗征程。① 第一，中国共产党领导经济建设的百年历程。晏维龙从中国共产党带领中国人民坚守富民与强国、坚持独立自主与对外开放、坚定廉洁与奉公三个维度，梳理中国共产党领导经济建设的百年历程。② 第二，中国共产党百年政治建设的历史进程。岳奎认为百年来，党团结和领导中国人民奋斗的历程，也是党不断加强自身政治建设，以维护党的政治纲领、政治路线，达到党的政治目标、完成党的政治使命的过程。③ 第三，中国共产党百年文化建设的历史进程。燕连福、王芸认为中国共产党对文化建设的探索历经了文化重建、文化改造、文化改革、文化自信四个阶段。从破除旧文化、创立新民主主义文化到探索社会主义文化发展方向，再到建立中国特色社会主义文化，中国共产党探索走出了一条中国特色社会主义文化发展道路。④ 第四，中国共产党百年社会建设的历史进程。马德坤认为中国共产党领导社会建设经历了新民主主义革命时期的起步奠基、社会主义革命和建设时期的探索发展、改革开放新时期的调整改革、新时代的深化创新四个历史发展阶段。⑤ 第五，中国共产党百年生态文明建设的历史进程。陆波、方世南认为中国共产党百年奋斗历程也是始终坚持以马克思主义生态文明思想为指导，在不同的历史开展生态文明建设实践历程，先后经历了革命战争年代朴素的生态文明建设实践、社会主义建设初期对生态文明建设的奋力探索、改革开放至党的十

---

① 田克勤、程小强：《中国共产党百年奋斗的历程、经验和启示》，载《思想理论教育》，2021年第6期。

② 晏维龙：《中国共产党领导经济建设的百年历程与经验》，载《世界经济与政治论坛》，2021年第4期。

③ 岳奎：《中国共产党政治建设百年回望及当代启示》，载《马克思主义研究》，2021年第12期。

④ 燕连福、王芸：《中国共产党百年来领导文化建设的历程、经验与展望》，载《西安交通大学学报》（社会科学版），2021年第4期。

⑤ 马德坤：《百年中国共产党领导社会建设的历史进程与基本经验》，载《学术界》，2021年第8期。

八大生态文明建设的稳步推进、党的十八大以来生态文明建设的全面深化四个阶段。①

关于中国共产党百年奋斗重大成就。《中共中央关于党的百年奋斗重大成就和历史经验的决议》系统总结了中国共产党历经百年所取得的重大成就，包括实践成果和理论成果两个方面。就实践成果而言，决议根据四个时期全面总结了党带领人民取得四个"伟大成就"。就理论成果而言，实现了马克思主义中国化历史性飞跃。胡承槐认为中国共产党自成立以来，始终引导人民从"传统人"走向"现代人"（人的现代化），始终坚持依靠人民创造和巩固新型的中国特色的现代国家体制，带领和依靠人民努力提高中国的社会生产体系彻底改变中国贫穷落后的旧面貌。刘建武认为新政党、新中国、新道路、新时代对推动中华民族伟大复兴进程具有里程碑意义，革命、建设、改革对实现中华民族伟大复兴接续奋斗具有标志性意义，站起来、好起来、富起来、强起来在实现中华民族伟大复兴接力前行中具有革命性意义。② 另外，还有学者从某一个角度阐述中国共产党百年奋斗的历史成就。比如，就经济建设而言，100年来中国共产党带领全国人民取得了令人瞩目成就，主要表现为：经济实力跃上新台阶，综合国力实现历史性跨越；科技创新能力显著增强，创新驱动战略成效明显；脱贫攻坚成果举世瞩目，人民共享发展成果；对外开放持续扩大，引领构建人类命运共同体。③ 就政党建设而言，百年来，中国共产党在建设马克思主义学习型政党方面取得了一系列成就，集中表现为对学习的认识不断深化、学习教育的实践不断深

---

① 陆波、方世南：《中国共产党百年生态文明建设的发展历程和宝贵经验》，载《学习论坛》，2021年第5期。

② 刘建武：《中国共产党为民族谋复兴的百年担当与辉煌成就》，载《湘潭大学学报》（哲学社会科学版），2021年第6期。

③ 福建师范大学竞争力研究中心课题组、李军军、易小丽、程俊恒、黄茂兴：《中国共产党百年经济建设的辉煌成就与宝贵经验》，载《东南学术》，2021年第4期。

入、学习制度不断健全、学习教育体系日益完善。①

关于中国共产党百年奋斗历史经验。学界对党百年奋斗历史经验的研究主要分为宏观和微观两个层面。从宏观上看，田克勤、程小强认为始终坚持马克思主义的奋斗理论，始终坚持共产主义的奋斗目标，始终坚持以人民为中心的奋斗立场，始终坚持走中国自己道路的奋斗方向，始终坚持党对各方面的统一领导是贯穿党的百年奋斗史的基本经验。②从微观上看，理论界从政治、经济、政党建设等多视角阐述党百年奋斗历史经验。诸如：就政治建设而言，张乾元、刘甲星认为要坚定理想信念、坚持党的政治领导、坚持人民至上、严肃党内政治生活、正风肃纪反腐。③就政党建设而言，张润峰、梁宵认为建党100年来，党的自我革命形成了三个坚定和三个坚持，坚定维护党中央权威和集中统一领导、坚定站稳以人民为中心的政治立场、坚定推进党要管党和全面从严治党；坚持思想建党与制度治党、坚持运用批评与自我批评的锐利武器、坚持问题导向和目标导向相统一。④

总之，关于"中国共产党成立100周年"这一重大历史课题，学术界运用多学科理论和方法，从不同的维度阐述中国共产党百年奋斗历程、成就和经验，不仅拓宽了人文领域的研究，也推动了党史的研究。

（三）百年未有之大变局

2017年以来，习近平总书记在多个场合强调"当今世界正经历百年

---

① 丁俊萍、杨欢：《中国共产党学习型政党建设的百年成就和基本经验》，载《四川师范大学学报》（社会科学版），2021年第4期。

② 田克勤、程小强：《中国共产党百年奋斗的历程、经验和启示》，载《思想理论教育》，2021年第6期。

③ 张乾元、刘甲星：《中国共产党百年政治建设的宝贵经验》，载《党的文献》，2021年第6期。

④ 张润峰、梁宵：《党的自我革命：建党百年回望及经验启示》，载《重庆大学学报》（社会科学版），2021年第3期。

未有之大变局",这是习近平总书记对当前国际形势与时代潮流作出的重大论断。2020—2021年,学术理论界对这一问题进行了全面深入的研究,把握理论主动权与话语权,助力中国特色社会主义建设"在危机中育先机、于变局中开新局"[①]。

1. "世界百年未有之大变局"的科学内涵

大变局是什么,如何正确理解其内涵,是我们认识大变局的前提。大变局蕴含着"变"和"未变",在准确把握大变局之"变"的同时,也要准确把握大变局之"未变"。关于百年大变局中的"变"。徐光春从政治重心转移、经济实力演变、文化发展多样、治理体系调整以及中国快速崛起这五个方面深刻阐述了百年大变局中的"变"[②]。刘须宽认为,世界百年未有之大变局是美国霸权主导下"单边主义"向"多边主义"的转变,是"西方中心主义"的没落与"东方文明"崛起的切换,是美国优先与中国深度融入经济全球化博弈的升级[③]。此外,刘德斌以东西方力量对比变化为核心概括了大变局的五层内涵,即非西方国家的崛起、非西方国家形成新的协作关系、欧亚非经济联系更加紧密、以美国为首的"西方阵营"逐渐瓦解以及美国主导的世界秩序正在终结[④]。

关于百年大变局中的"未变"。刘睿认为世界格局演变态势和演变进程性要素方面未发生变化,即世界开放包容、多元互鉴的主基调没有变,相互联系、相互依存的大潮流没有变,和平、发展、合作、共赢的主旋律没有变;国际力量对比、资强社弱以及西方同盟阵营未发生变

---

① 《中共中央关于制定国民经济和社会发展第十四个五年规划和二〇三五年远景目标的建议》,载《人民日报》,2020年11月4日。

② 徐光春:《中国共产党百年辉煌与百年未有之大变局》,载《红旗文稿》,2021年第6期。

③ 刘须宽:《世界百年未有之大变局的意识形态分析》,载《马克思主义研究》,2020年第12期。

④ 刘德斌:《百年变局中的历史转换与战略机遇》,载《世界历史》,2020年第6期。

化。① 朱雪微认为和平、发展、合作、共赢的时代潮流不变;发展中国家崛起的整体态势不变;中国共产党的初心和使命不变。② 张亚勇和王永志认为,"百年未有之大变局"下的和平与发展的时代主题没有变、世界多极化趋势没有变、经济全球化趋势没有变、中国长期稳定向好的基本面没有变。③

2. "世界百年未有之大变局"的时间起止

目前,学术界对"百年未有之大变局"的时间起止看法不一。曲青山认为世界百年未有之大变局理解为世界近代以来特别是 20 世纪以来国际政治、经济、军事、科技等领域已经发生、正在发生的历史性革命性变化,而且这一变局仍将持续相当长一段时间,将伴随中华民族伟大复兴的全过程。④ 全毅认为世界格局百年大变局就是指 1918 年以来西方发达资本主义国家从权势顶峰逐渐衰落与新兴经济体国家的逐渐兴起的百年变化。⑤ 此外,徐蓝以 500 年世界历史发展的宏观视野和国际关系演变的纵向脉络梳理了新航路开辟、西方殖民扩张以及一战等重大历史事件,认为这些变化既是近百年来世界诸多变化的组成部分,又奠定了"百年未有之大变局的基础",为其提供了必要条件。⑥ 俞金尧认为这个大变局概念经历了从"近代以来"到"数百年"再到"百年"的变化,逐渐清晰,宜采用"长 20 世纪"的概念,以 19 世纪晚期和 20 世纪初

---

① 刘睿:《马克思主义哲学视野中的世界百年未有之大变局》,载《马克思主义研究》,2021 年第 6 期。

② 朱雪微:《"百年未有之大变局"下的中国方略》,载《思想理论教育导刊》,2020 年第 12 期。

③ 张亚勇、王永志:《大变局下的世界趋势与中国作为》,载《中国党政干部论坛》,2020 年第 8 期。

④ 曲青山:《中国共产党百年与百年大变局》,载《中共党史研究》,2021 年第 3 期。

⑤ 全毅:《世界格局百年未有之大变局下中国对外开放的战略选择》,载《福建论坛》(人文社会科学版),2021 年第 4 期。

⑥ 徐蓝:《500 年世界历史变迁与"百年未有之大变局"》,载《世界历史》,2020 年第 6 期。

期作为理解"百年"历史的开端。①

3. 百年未有之大变局下的"危"与"机"

百年未有之大变局下的"危"。从国际环境来看,余淼杰认为百年未有之大变局下,中国面临中美经贸摩擦升级、多边经贸合作趋向停滞、传统全球价值链面临破裂风险的新挑战。② 王一鸣认为中国面临的挑战主要有：美国伙同其他资本主义国家对我国进行科技围堵和打压；全球产业供应链"去中国化"问题愈发严重；我国发展的外部环境更加错综复杂,美国为首的西方资本主义国家对我国的战略遏制日趋强化,并在我国周围频频制造事端。③ 从国内环境来看,尽管中国在近几年取得了令人瞩目的成绩,但仍有学者认为中国自身还存在很多深层次矛盾,面临的挑战和问题也很严峻。譬如：制造业大而不强；贫富差距问题还在加重；区域、城乡依然存在差距；生态安全面临重大挑战等问题。④

百年未有之大变局下的"机"。"百年未有之大变局"是实现中华民族伟大复兴重要的历史机遇。危和机总是同生并共存,克服了危即是机。黄金辉、黄杰认为"百年未有之大变局"给中国保持持续快速发展,实现中华民族伟大复兴的宏伟目标,带来一系列新机遇。⑤ 方长平认为在整个战略机遇期内,机遇都应该大于挑战,一旦某一时刻外部挑战上升,就会对战略机遇期的持续性产生怀疑。必须承认,若中国发展的战略机遇期还存在,应该是总体机遇大于总体挑战。但是机遇与挑战还存在多重复杂关系,使得总体机遇大于总体挑战的背景下呈现复杂和

---

① 俞金尧：《在"世纪尺度"下看当今世界之变局》,载《世界历史》,2020年第6期。
② 余淼杰：《"大变局"与中国经济"双循环"发展新格局》,载《上海对外经贸大学学报》,2020年第6期。
③ 王一鸣：《百年大变局、高质量发展与构建新发展格局》,载《管理世界》,2020年第12期。
④ 陈文玲：《深度认识全球变局下的中国》,载《人民论坛学术前沿》,2020年第18期。
⑤ 黄金辉、黄杰：《理解"百年未有之大变局"深刻内涵的三个向度》,载《思想理论教育导刊》,2021年第3期。

多元图景。①

面对百年未有之大变局,中国的发展处于挑战与机遇共存的重要关头。如何正确应对大变局带来的机遇与挑战,成为重大时代课题。周森认为要以新发展理念引领新阶段高质量发展、统筹发展和安全,推动全球治理体系变革应对新风险新挑战。②唐爱军从意识形态建设的角度出发,认为利用好"非西方导向"趋势,构建中国话语体系;密切关注西方意识形态渗透新动向,维护好我国意识形态安全;积极应对第四次工业革命挑战,掌握第四次工业革命和人工智能时代意识形态建设主动权;处于世界百年未有之大变局与中华民族伟大复兴的历史交汇期,更加重视国家凝聚力建设。③金灿荣认为,要从"大国远见"入手,把握"远"的核心要义,以建设社会主义现代化国家为解局之道,以继续全面深化改革、继续扩大开放为解局之术,以把握第四次工业革命契机创新发展为解局之策。④

(四) 脱贫攻坚

党的十九大以来,学界围绕党中央提出"打赢脱贫攻坚战"的宏伟目标,聚焦扶贫减贫的成就和经验、脱贫攻坚的意义、中国对全球贫困治理的贡献、脱贫攻坚与乡村振兴有效衔接等理论与实践层面的问题,展开了多学科多角度的探讨。

1. 脱贫攻坚的经验

中国创造的减贫奇迹是"人类历史上一大壮举",学界系统总结了

---

① 方长平:《百年未有之大变局下中国发展战略机遇期的思考》,载《教学与研究》,2020年第12期。
② 周森:《百年未有之大变局下世界进入动荡变革期的思考与启示》,载《理论月刊》,2021年第7期。
③ 唐爱军:《百年未有之大变局中的中国意识形态战略选择》,载《思想理论教育导刊》,2021年第4期。
④ 金灿荣:《从"百年未有之大变局"的特征看——大国当有远见》,载《北京日报》,2020年12月21日。

党的十九大以来我国打赢脱贫攻坚战,实行精准扶贫所取得的历史经验。成向东、张新平从发挥党的核心作用、坚持以人民为中心、实施精准扶贫、发挥多元协同机制以及注重激发贫困地区与贫困群众的内生动力五个维度阐述新时代"中国减贫方案"的基本经验。① 左停等人认为凝聚减贫共识、构建有效的治理体系、施行财政涉农资金县级整合政策以及统筹不同的目标对象等七个方面是中国减贫脱贫成功的重要原因。② 此外,王琳认为坚持政治优势,发挥社会主义制度优越性;坚持发展减贫,提升国家整体实力;坚持实事求是,从贫困实际出发;坚持扶贫创新,推动扶贫方式的良性互动是中国脱贫攻坚的主要经验。③ 唐任伍从人类社会发展的宏大视阈中来审视中国脱贫攻坚事业的成功,认为坚持党的集中统一领导是其成功的根本保证;坚持中国特色社会主义制度是其成功的关键;坚持改革开放和发展是其成功的基础;坚持精准方略、多种形式是其成功的有效途径。④

2. 脱贫攻坚的成就及意义

关于脱贫攻坚的重大意义。学术界主要从国内国际两个视角来论述新时代脱贫攻坚的重要意义。从国内来看,张远新等人认为新时代脱贫攻坚的中国经验具有重大意义,它不仅丰富和发展马克思主义的贫困治理理论,彰显当代中国共产党人的宗旨意识、治理能力和中国特色社会主义的优越性,而且为我国进一步解决相对贫困提供借鉴和参考。⑤ 张

---

① 成向东、张新平:《新时代"中国减贫方案":基本经验、世界意义与国际化路径》,载《社科纵横》,2021年第1期。

② 左停、李世雄、史志乐:《以脱贫攻坚统揽经济社会发展全局——中国脱贫治理经验的基本面》,载《湘潭大学学报》(哲学社会科学版),2021年第3期。

③ 王琳:《我国脱贫攻坚的特征和经验》,载《北京大学学报》(哲学社会科学版),2020年第6期。

④ 唐任伍:《脱贫攻坚:中国方案、中国经验和中国贡献》,载《人民论坛》,2020年第2期。

⑤ 张远新、董晓峰:《论脱贫攻坚的中国经验及其意义》,载《浙江社会科学》,2021年第2期。

占斌认为脱贫攻坚创新和发展了马克思主义反贫困理论，历史性解决了中国绝对贫困问题，区域整体性减贫成效明显，贫困地区农村居民收入实现了快速增长，形成了符合中国国情的扶贫开发制度体系。① 黄承伟认为中国新时代脱贫攻坚彰显了中国共产党领导和中国特色社会主义的政治制度优势，推动了国家贫困治理体系和治理能力现代化建设，有望解决中华民族千百年来的绝对贫困问题，缩小了地区之间的发展差距，提升了贫困家庭内生脱贫动力。② 从国际来看，中国贫困治理具有极其重要的世界意义，它不仅引领了全球减贫事业的发展，为全球贫困治理贡献了中国智慧，推动了"消除贫困的人类命运共同体"的构建，而且极大地彰显了中国特色社会主义的优越性。③ 此外，王禹潇认为中国脱贫攻坚战的胜利率先实现了联合国 2030 年可持续发展议程的首要目标，推动了"没有贫困"的人类命运共同体的发展，为其他国家反贫困进程提供了中国智慧和中国经验。④

3. 脱贫攻坚与乡村振兴有效衔接

自《中共中央、国务院关于实施乡村振兴战略的意见》正式提出"做好实施乡村振兴战略与打好精准脱贫攻坚战有机衔接"的要求以来，学界关于这方面研究主要聚焦于逻辑关系、现实困境、实践路径等方面。

关于脱贫攻坚与乡村振兴的内在逻辑。厘清脱贫攻坚与乡村振兴的内在关系，是推动二者有效衔接的前提。颜德如和张玉强认为脱贫攻坚

---

① 张占斌：《中国减贫的历史性成就及其世界影响》，载《马克思主义研究》，2020 年第 12 期。

② 黄承伟：《中国新时代脱贫攻坚的历史意义与世界贡献》，载《南京农业大学学报》（社会科学版），2020 年第 4 期。

③ 张远新：《中国贫困治理的世界贡献及世界意义》，载《红旗文稿》，2020 年第 2 期。

④ 王禹潇：《新时代中国脱贫攻坚事业的历史性意义》，载《人民论坛·学术前沿》，2021 年第 1 期。

与乡村振兴具有理念目标互通、体制机制相融以及主体一致的显著特征。① 刘学武、杨国涛认为脱贫攻坚与乡村振兴的总目标具有递进性、主体具有一致性、体制机制具有延续性以及政策体系具有互融性。② 此外，陈明星从历史、理论、实践来梳理二者之间的逻辑关系，认为脱贫攻坚与乡村振兴有效衔接是顺利实现"两个一百年"奋斗目标交汇过渡的战略选择，是巩固提升脱贫攻坚成果、创新贫困治理的迫切需要，是破解发展难题、全面推进农业农村现代化的必然要求。③

关于脱贫攻坚与乡村振兴有效衔接的困境。脱贫攻坚与乡村振兴作为解决"三农"问题的两大战略，二者尽管具有互融性，但在整体目标、主体对象等方面有诸多差异。因此，实现二者无缝对接、有效贯通，仍面临着诸多的困难和挑战。从近一年的实践看，黄承伟认为两者有效衔接的共识、脱贫地区内生发展动力以及巩固拓展脱贫成果等方面存在风险和挑战。④ 张润泽和胡交斌认为二者在组织、政策、考评机制、产业、动力和保障等层面的衔接仍然困难重重。⑤ 左停认为脱贫攻坚与乡村振兴在政策有效衔接方面存在以下的困难：一是乡村振兴覆盖对象更广，不利于聚焦；二是两者之间在区域平衡存在很大差异；三是两者之间治理体系存在转换的难题；四是贫困地区脱贫前后经济发展政策的衔接问题，五是如何兼顾和处理好不同群体对社会政策的诉求。⑥ 另外，

---

① 颜德如、张玉强：《脱贫攻坚与乡村振兴的逻辑关系及其衔接》，载《社会科学战线》，2021 年第 8 期。
② 刘学武、杨国涛：《从脱贫攻坚到乡村振兴的有效衔接与转型》，载《甘肃社会科学》，2020 年第 6 期。
③ 陈明星：《脱贫攻坚与乡村振兴有效衔接的基本逻辑与实现路径》，载《贵州社会科学》，2020 年第 5 期。
④ 黄承伟：《脱贫攻坚有效衔接乡村振兴的三重逻辑及演进展望》，载《兰州大学学报》（社会科学版），2021 年第 6 期。
⑤ 张润泽、胡交斌：《脱贫攻坚同乡村振兴有效衔接的现实问题与逻辑进路》，载《甘肃社会科学》，2021 年第 6 期。
⑥ 左停：《脱贫攻坚与乡村振兴有效衔接的现实难题与应对策略》，载《贵州社会科学》，2020 年第 1 期。

刘焕、秦鹏也认为推动脱贫攻坚与乡村振兴有机衔接在政策、思想、行动、规划以及实践层面还有所欠缺，尚未形成打总体战的工作格局。①

关于脱贫攻坚与乡村振兴衔接贯通的实践路径。蒋永穆和祝林林认为通过稳定完善帮扶政策、建立健全机制、健全工作体系、优化整合帮扶队伍，进而强化党的领导，是实现两者有效衔接的根本保证。② 黄祖辉、钱泽森认为推进有效衔接既要巩固脱贫成果，又要保持可延续性；既要汲取既有经验，又要实现新拓展；既要破解固有局限，又要创立新格局。③ 此外，姜正君认为统筹脱贫攻坚与乡村振兴的综合衔接必须坚持人民立场，发展思想上无缝衔接；构建产业体系，发展产业上无缝衔接；培育人才队伍，发展动力上无缝衔接；抓好基层党建，乡村治理上无缝衔接；完善政策体系，机制保障上无缝衔接。④ 陈明星认为要破解脱贫攻坚与乡村振兴有效衔接的困境，不仅要理顺两者衔接的基本逻辑，还要推动理念、目标、成果、作风和政策方面的衔接，强化战略规划引领、政府市场协同、资源要素保障、体制机制创新和风险防范化解，进而高质量推进脱贫攻坚与乡村振兴有机衔接。⑤

三、紧扣时代问题，推动理论创新

坚持以时代问题导向是马克思主义哲学本真精神的内在要求。马克

---

① 刘焕、秦鹏：《脱贫攻坚与乡村振兴的有机衔接：逻辑、现状和对策》，载《中国行政管理》，2020 年第 1 期。

② 蒋永穆、祝林林：《扎实推动巩固拓展脱贫攻坚成果同乡村振兴有效衔接》，载《马克思主义与现实》，2021 年第 5 期。

③ 黄祖辉、钱泽森：《做好巩固拓展脱贫攻坚成果同乡村振兴有效衔接》，载《南京农业大学学报》（社会科学版），2021 年第 6 期。

④ 姜正君：《脱贫攻坚与乡村振兴的衔接贯通：逻辑、难题与路径》，载《西南民族大学学报》（人文社会科学版），2020 年第 12 期。

⑤ 陈明星：《脱贫攻坚与乡村振兴有效衔接的基本逻辑与实现路径》，载《贵州社会科学》，2020 年第 5 期。

思曾强调："一个时代的迫切问题，有着和任何在内容上有根据的因而也是合理的问题共同的命运：主要的困难不是答案，而是问题。因此，真正的批判要分析的不是答案，而是问题。"① 问题是时代的声音，准确把握时代问题的本质，在实践探索中关注、回应和解决问题，是学习掌握马克思主义哲学、解决当代中国问题的前提条件。坚持和发展马克思主义，不断推动哲学理论创新，必须具备强烈的问题意识，以时代问题为导向，回答和解决"中国问题"，是创新发展21世纪马克思主义哲学的应有之义，也是新时代发展中国特色社会主义事业的必然要求。

问题是时代发展的必然产物。马克思主义哲学就是在观察分析和解决问题中逐步发展完善的，并且在未来的人类社会发展中，根据时代的变革，展开对哲学研究主题、模式、方法的反思与批判②，科学有效地对不同时代的突出问题和重难点矛盾进行深刻剖析，把握住时代发展的根本要义，在复杂的时代环境中实现马克思主义哲学的出场。

（作者孟献丽系宁波大学教授，江苏师范大学当代中国马克思主义哲学研究范式创新研究中心研究人员，博士；研究方向为马克思主义理论与社会发展问题。作者张旺系宁波大学马克思主义学院硕士研究生）

---

① 《马克思恩格斯全集》第1卷，北京：人民出版社1995年版，第203页。
② 任政：《问题反思与理论建构——面向"中国问题"的马克思哲学研究范式》，载《中共天津市委党校学报》，2013年第4期。

论"两个史观"的出场逻辑

——"物""法"统一与"思""史"循环*

孙 琳

[摘 要]"两个史观"体现了方法与内容的统一、矛盾普遍性与特殊性的统一、历史与逻辑的统一。充分理解"两个史观"逻辑内涵的关键在于:通过"物""法"统一和"思""史"循环的深切融合,捕捉"法"中的"物"和"物"中的"法","思"中之"史"和"史"中之"思"的普遍规律。在"物"与"法"的现实统一基础上,实践"思"与"史"的辩证循环,是为内蕴于"两个史观"的唯物辩证法具体化运用的出场逻辑。

[关键词] 唯物辩证法 "两个史观" 出场逻辑 出场学

我们学史知史,不仅要了解历史,更要把握其中的方法论原则和逻辑规律。十九届六中全会通过的《中共中央关于党的百年奋斗重大成就和历史经验的决议》提出要坚持唯物史观和正确党史观,这是马克思主义基本原理与中国具体实际相结合的实践要求。能够使"两个史观"相互贯通的是方法论的逻辑红线。唯物史观的方法是唯物辩证法,内容是

---

* 本文系国家社科基金重大项目"当代全球资本主义新变化的原因和趋势的历史唯物主义研究"(项目编号:19ZDA022);江苏省高校哲学社会科学研究重大项目"马克思主义中国化'两个结合'的唯物辩证法研究"(项目编号:2022SJZDSZ003)阶段性研究成果之一。

不断发生发展的丰富具体的历史。马克思主义中国化的方法论自觉在于唯物主义世界历史观的逻辑传承，在马克思主义普遍原理与中国具体实际相结合的基础上，明确唯物辩证法具体化运用于丰富具体历史的出场逻辑。党史、新中国史和改革开放史是马克思主义中国化百年历史的见证，也是唯物辩证法在中国场域具体化运用的凝炼，意味着二十一世纪马克思主义是唯物史观与中国历史在原则高度上的统一；社会主义史则放眼全球，在世界历史高度擘画中国特色社会主义的绚烂画卷，中国的科学社会主义实践为世界科学社会主义运动提供中国智慧和中国方案。唯物史观是科学把握历史规律的唯物主义世界历史观，正确党史观则是在原则高度上的普遍科学历史规律在不断结合中国具体实际的具体化实践和运用。两个史观是不断重新打开和重新出场的科学史观。在当代要充分理解世界历史进程，把握两个大局历史语境，尤其要理解"两个史观"的内在逻辑和深刻意义。我们必须切中历史的出场逻辑，辨明唯物辩证法之"物"，唯物辩证法之"法"。马克思伟大思想创造在于以唯物辩证法论证世界历史发展的规律，把握历史在现实展开过程中呈现的必然性。因此，历史之中有哲学，哲学中亦有历史。哲学与历史，"思"与"史"之间具有逻辑一致性。否则，历史不过是罗列故事的曲折长廊，独立于社会现实之外的飘然表象。通过有原则高度的"物""法"统一才能在具体化运用中科学实践"思"与"史"的辩证循环，在"物""法"统一和"思""史"循环中深刻把握历史的场域现实性和逻辑必然性，这就是关于唯物辩证法具体化运用的出场逻辑。马克思主义出场学是唯物史观及其唯物辩证法的当代出场"形态"，指向人类文明新"形态"，在与唯物史观的逻辑一致性中呈现"两个史观"的方法论自觉，践行唯物史观的当代使命。

一、唯物辩证法"物"之辨

对历史的方法论界定直接关系到以其为基础的理论的本质属性。

习近平新时代中国特色社会主义思想是马克思主义基本原理同中国具体实际相结合、同中华优秀传统文化相结合的创新性发展和创造性转化,实现了马克思主义中国化的新飞跃,其历史观基础是唯物史观,方法论基础是唯物辩证法,以此完成对"两个史观"的出场逻辑,需要首先对唯"物"史观的唯"物"辩证法进行"物"之界定和"法"之辨明。这个"物"是死物还是活物?客观的实在物还是主观的体验物?先验在场物还是经验到场物?恩格斯关于哲学的两个基本问题的探讨也与此问题相关。第二国际以某种实证主义的方式把物理解为机械物;西方马克思主义学者则从历史性的角度对这一物进行反思,物必须具有具体历史性,无论是具身的历史还是历史的具身,才能成其为物;现象学悬置物之客观存在,面向"实事(Sache)"本身,通过反思分析把握先验-经验的意向性充实物;存在主义者则通过自"出—场事件(Er-eignis)"一边把物亲缘化和"此—在"化,一边使物虚无化;结构主义对物的事件层进行分析,实则把物结构化;解构主义眼中不再有既定在场物……林林总总,诸物之图像与场景,哪一种是对物的正确把握?让我们回到马克思的唯物史观及其唯物辩证法指认的"物"的科学要义中来,以便不在物的丛林中迷路。

第一,物之起点:展开的现实中的感性的人类活动。首先,物是有原则高度的统一。在黑格尔看来,物不是"das Ding",无机体或有机体,或自在之物;也不是"die Sache",有反思力的生命的自我意识统摄物,或自为之物;在黑氏三段论演绎下,它是自在之物与自为之物的统一。这种统一是对深刻现实的内部反思,是"有条件的根据"之历史与逻辑在思辨现实中的统一。马克思则指出,表面看来,经过一段段精神之旅,黑格尔似乎实现了在手之物与上手之物的统一,通过实体即主体实现形而上学的制高点,然而这种统一有一个基点,离开这个基点便都是空谈,这就是"自我意识"。因此,马克思需要重新确定物的原则与基础,这决不能是"以头着地"的物,也不能是在场形而上学的空洞抽象的物,而不得不是现实生命的律动之物。其次,物是现实的对象化活动。在《1844年经济学哲学手稿》的"笔记本 III"中，马克思对"自我意识"的反思批判是一个在前期对市民社会法哲学的反思批判及其犹太精神的反思批判基础上，开启的"自我意识"及黑格尔逻辑学体系的系统性反思批判的标志性事件。这一事件体现于马克思对"自我意识"的两重性剖析："自我意识"一方面是超人的抽象即超感官世界的对象化活动："黑格尔的《哲学全书》以逻辑学，以纯粹的思辨的思想开始，而以绝对知识，以自我意识的、理解自身的哲学的或绝对的即超人的抽象精神结束。"① 另一方面，以"自我意识"为核心的对象化过程却是辩证法的真正秘密所在："辩证法，作为推动原则和创造原则的否定性——的伟大之处首先在于，黑格尔把人的自我产生看做一个过程，把对象化看做非对象化，看做外化和这种外化的扬弃。"② 对"自我意识"两重性剖析的结果是确定了与人的活动相关的自然界，以及超越异化劳动的否定性推动力之辩证法的秘密所在，这是现实的对象化活动的对象性表征，也是对象化活动对自我意识的超越根据。现实的对象化活动是对象的现实化活动，即劳动："劳动的现实化就是劳动的对象化。在国民经济的实际状况中，劳动的这种现实化表现为工人的非现实化，对象化表现为对象的丧失和被对象奴役，占有表现为异化、外化。"③ 对象化活动在现实化过程中走向了非对象化和非现实化，劳动沦为社会的非存在和私有财产的主体本质，进而确定市民社会自我矛盾、自我异化的社会定在。再次，物是现实的人类活动。《神圣家族》延续性地继续说明黑格尔创造性的圆圈之起点与终点都建基于抽象"自我意识"之上，进而围绕"自我意识"展开对思辨唯心主义各学派的批判，以"现实的人"为核心展开对物之现实性的人道主义论证，围绕现实的"群众实践"活动为核心批判"无限的自我意识"的混乱逻辑。在这一阶段，马克思在费尔巴哈现实的"感性—对象性"基础上，使"现实的人"成为

---

① 《马克思恩格斯文集》第1卷，北京：人民出版社2009年版，第205页。
② 《马克思恩格斯文集》第1卷，北京：人民出版社2009年版，第205页。
③ 《马克思恩格斯文集》第1卷，北京：人民出版社2009年版，第157页。

批判"自我意识"的理论基础。"现实的人"是实践的，是个别的人构成的群众活动："如果说现实的人类的活动无非是由人的个体构成的群众的活动，那么与此相反，抽象的普遍性即理性、精神则应该有一种抽象的表现，即在少数个体身上展示无遗的表现。"① 最后，物的出发点是感性的人的感性活动。在《德意志意识形态》中，马克思明确规定了第一个历史即物之起点是从事实际活动的人，"我们的出发点是从事实际活动的人，……而发展着自己的物质生产和物质交往的人们，在改变自己的这个现实的同时也改变着自己的思维和思维的产物"②。作为规定的否定以及与感性现实相对立的否定之否定，只有通过起点与出发点的规定才能具有现实性、科学性与真理性。正如党史、新中国史、改革开放史都与现实的人的置身性场域息息相关，是在中国大地上针对具体问题具体分析的具体实践经验的总结，进而从中国大地扩展到世界大地，研究人类置身于其中的社会历史发展规律，把握社会主义史的逻辑必然性。通过具体的置身性的交往实践活动，证明唯物辩证法物之起点是在现实展开过程中的感性的人的感性活动，也即实在主体的自我活动。

第二，物之高点：人类社会和社会人类。社会本是黑格尔对康德的批判原点与超越点，但只有马克思把握了本质。首先，先行在场的"物"意味着市民社会及其利己主义本质。黑格尔指出，康德在笛卡尔基础上把"我思"理解为具有自我能动性的纯粹统觉的活动，在哥白尼革命的意义上使"我思"升华为"自我意识"，这是相当伟大的。然而，康德只能把握原子式个人的能动性的自我意识，而一旦上升到物自体的社会历史中则必定陷于"二律背反"，使自我意识止步于矛盾之前。社会，是精神的现实性定在，是人与人交往的深藏客观精神的伦理实体，是在交往实践活动中实现着的"我就是我们，我们就是我"的相互承认的自我意识，是走向"类"和世界历史的无限性的必要一环。这同样是

---

① 《马克思恩格斯文集》第 1 卷，北京：人民出版社 2009 年版，第 292 页。
② 《马克思恩格斯文集》第 1 卷，北京：人民出版社 2009 年版，第 525 页。

对康德的革命性超越。然而,黑格尔的社会,只是精神外化的历程即客观精神,也即绝对实体的自我外化为客观法与主观法及其相统一的最高法的一个环节。伦理实体超脱现实大地,只能作为一头着地的客观精神。社会,本是敞开的历史现实的不断具体化的置身性场域,海德格尔也曾将其表述为"时间—游戏—空间",以开抛表达不断敞开性。黑格尔作为起点和终点的"绝对"只能使对象化过程陷于"无对"的体系,使完成了的在场形而上学在原有范围内再完成,循环了的思与史的出场秩序在封闭体系内再循环。尽管他已经触及了类的无限性的人类社会,却无法以足落地。费尔巴哈对上帝之城的批判使颠倒了的足和头再颠倒,立足现实大地,切断抽象的起点即终点的虚假循环,但只能在"卑污的犹太人"的利己主义实践中使历史止步不前。"卑污的犹太人"生活的社会指的正是黑格尔《法哲学原理》表述的以利己主义为本质的市民社会。费尔巴哈找到了利己主义,也在嗅觉基础上区分了不同的利己主义,却忘记了人自身的生命力,也忘记了人类社会本身。其次,通过重新打开不断出场的"物",市民社会才能上升到人类社会。马克思在《关于费尔巴哈的提纲》中指出:"旧唯物主义的立脚点是市民社会,新唯物主义的立脚点则是人类社会或社会的人类。"① 费尔巴哈脚踏大地,完成了人道主义的新哲学原理,却只能停留在抽象大地仰望天空,感性的高级直观(爱与和谐)与低级直观(现实的差异与分化)间形成两条永远无法相交的平行线。缺乏否定性推动力的新哲学无法通过抽象的现实起飞到高点,无法在高空俯瞰大地,被统称为旧唯物主义的"物"在历史中依然游走于抽象形式的晦暗不明中。现实,以否定性的推动力即不断自我反思和自我批判才能不断自我飞跃,不断再出场,这就是唯物辩证法启示历史的出场逻辑,通过唯物辩证法及其具体化的实践运用,才能通过"物"的不断重新打开和出场,高瞻远瞩地透视人类社会的历史发展规律和必将实现的美好未来。最后,不断出场的"物"代表了站

---

① 《马克思恩格斯文集》第 1 卷,北京:人民出版社 2009 年版,第 502 页。

在人类社会高度的交往实践活动。马克思在《共产党宣言》最后振臂一呼的"全世界无产者联合起来",正是在现实大地上对"物"之高点的基本阐释。社会主义发展史站在全体人类社会的高度,以全世界的社会生产力发展为根本动力,逐步使资本现代性支架装配下的市民社会在自我分裂、自我矛盾、自我反思、自我革新中走向共产主义的人类社会和社会的人类。作为唯物史观的"物"之本质原点和出发点的感性的人的感性活动,正是感性的人类的感性活动。

第三,物之落点:置身性的社会化交往实践活动。物之落点不是永恒的同一的神秘事物,而是具体的现实的社会化交往中形成的置身性的灵动的有生命的现实场域。现实,既是物之落点,也是颠倒头足倒立的思辨辩证法的落(脚)点。如何理解这一落点呢?首先,确认对象化活动的生命力,在于社会化的交往实践活动。社会化面对的物之高点是人类社会,交往实践活动指向的是在高点处,通过有原则高度的方法论逻辑的具体化落实,它不是抽象的"某物"或形式的"定在",而是在置身性对象化活动中跳动着的生命脉搏、活生生的生命律动。《1844年经济学哲学手稿》中正是通过能够"呼出和吸入一切自然力"的生命力来展现作为"对象性的本质力量"的对象化的活动:"当现实的、肉体的、站在坚实的呈圆形的地球上呼出和吸入一切自然力的人通过自己的外化把自己现实的、对象性的本质力量设定为异己的对象时,设定并不是主体;它是对象性的本质力量的主体性,因此这些本质力量的活动也必定是对象性的活动。"[①] 自然力意指置身性的社会化场域的客观性之力,生命力则是对象性本质力量的主体性之力。对象化活动是对自然力与生命力的统一,否则离开对象化活动的自然,即"被抽象地理解的、自为的、被确定为与人分隔开来的自然界,对人来说也是无"[②]。对象化的活动由于深藏本质之现实力,因而是物的必然落点,意味着"物"是置身

---

① 《马克思恩格斯文集》第1卷,北京:人民出版社2009年版,第209页。
② 《马克思恩格斯文集》第1卷,北京:人民出版社2009年版,第220页。

于其中的活生生的社会化的交往实践活动。对象化的活动不再是飘荡在无耳、无眼、无牙等无对象性虚幻时空的"精神",它在落地的运动中成为对象化劳动,在自我发展和壮大的过程中逐渐自我扬弃,使对象化活动不再是异化和物化的活动,自我扬弃的对象化活动激起了对象性的本质力量,推动历史不断进步发展,最终实现共产主义。因此,马克思进一步指出,主体,就是社会。其次,定位在活动中形成的人与人之间的社会关系。并且在此落点中体现出人的本质。《神圣家族》中的论述充分表达了作为对象的他人的定在不是其他任何抽象,而就是人与人的社会关系:"对象……就是人为了他人的定在,是他同他人的人的关系,是人同人的社会关系。"① 社会关系是人的本质在其现实性上的具体体现。使社会关系凝结在一起的对象化活动,是与他者相关的自我活动,即具有"他人定在"的社会定在和历史方位,这是对资产阶级社会的精准定位,也就是市民社会。这一社会一定在展开过程中体现出了历史现实的具体性:实在主体的置身性的交往关系及其自我活动。再次,确定人的本质在其现实性上是一切社会关系的总和。社会关系建立在社会化的对象化劳动过程中,即生产力过程中,因而以生产关系为基础,在社会化的生产与生活的活动中展开为交往关系,进而在市民社会的精准定位中透视世界历史的交往关系,在世界历史的高度确定人的本质。《提纲》第六条指出:"人的本质不是单个人所固有的抽象物,在其现实性上,它是一切社会关系的总和。"② 实际上,海德格尔所谓的"此—在"(Da-sein)与此恰有某种相似性:恰在某时某地的"打交道"的社会活动才能使存在本现。如果脱离了交往及其对象化的实践活动,所谓的历史与存在都是无根的浮木、抽象的幻影。经由社会交往实践形成的社会关系的总和之敞开性,确定了世界历史之现实。现实必须是全体人类社会的现实,全体人类的现实则是世界历史本身。世界历史不是作为伦理

---

① 《马克思恩格斯文集》第 1 卷,北京:人民出版社 2009 年版,第 268 页。
② 《马克思恩格斯文集》第 1 卷,北京:人民出版社 2009 年版,第 501 页。

实体的最高环节，而是由社会实践即生产力及其生产关系之间的辩证张力不断推动历史向前发展的生命力。最后，置身性的交往实践活动是物的根本落点。置身性，是通过世界历史高度实现整体涌现的亲自到场行动。《德意志意识形态》对世界历史的特征作了充分表述："随着这种发展，人们的世界历史性的而不是地域性的存在同时已经是经验的存在了"①。这种发展便是社会化和整体性的劳动能力的发展，即生产力的发展，它使人的世界历史性摆脱抽象概念束缚的同时，获得了经验性，意味着社会化的劳动能力是置身性的社会化交往实践活动的整体能力表征，归根究底，作为置身性的交往实践活动即社会化和对象化劳动能力即生产力是物之根本落点：一方面，在特定的世界历史语境中，它是异化—物化的；另一方面，生产力是突破异化—物化的生命力，由此拨开现实的生产力与生产关系的固有矛盾之迷雾，照亮思想与历史的未来。

第四，物之终点：在现实中不断展开的感性的人类的感性活动。展开，不是无目的的盲目运动，而是朝向着"隐德来希"不断前进的历史性的生成运动。"物"通过感性的人类的感性活动不断展开。在人类社会中，它是在现实的人类活动中不断敞开。人类社会的普遍性和置身于各种社会关系的特殊性共同构成"物"的现实表征。物之起点、高点、落点和终点走的是"同一条道路"，并且在终点与起点的同构、同质、同态中，历史实现不断发展、不断出场。不断出场意味着物之终点是永无终点的终点，历史篇章是永无终章的终章。首先，劳动是外化的人的自我生成。早在《1844 年经济学哲学手稿》中，马克思便对这不断运动的、不断敞开的、本身作为历史的"物"的特征进行了阐释："劳动是人在外化范围之内的或者作为外化的人的自为的生成。"② 这是劳动这一生成性运动的积极因素，至于消极因素和对消极因素的积极扬弃也同样隐藏在生成运动中。其次，作为物的劳动的自我矛盾。在《提纲》中

---

① 《马克思恩格斯文集》第 1 卷，北京：人民出版社 2009 年版，第 538 页。
② 《马克思恩格斯文集》第 1 卷，北京：人民出版社 2009 年版，第 192 页。

马克思完成了对"自我意识"的彻底反思,他认为对物的两重性的突破口不能停留于抽象的自我运动与发展,必须通过对象化活动本身直面物本身。但是,在其抽象神秘体系下隐藏着对象化活动的能动性,历史现实的否定性的推动力只能通过历史现实本身来实现,整个世界历史和人类社会在现实的"同一条道路"中实现自我发展、变革与进步,"世俗基础使自己从自身中分离出去,并在云霄中固定为一个独立王国,这只能用这个世俗基础的自我分裂和自我矛盾来说明。"① "自我分裂"与"自我矛盾"沿袭了自我意识中的"自我"发展与运动,用现实的"世俗基础"对阻碍现实发展的抽象"意识"清淤。马克思面向那世俗基础的历史现实本身,这不再是黑格尔的伦理实体及其中的"市民社会",它是世界历史全球化语境中"人类社会"自身;对象化活动不再是思辨活动或市民社会活动,它是置身于特定历史现实的社会化活动,这就是在展开现实中的感性的人类的感性活动。最后,物化劳动及其固有矛盾的自我超越。从费尔巴哈的人的感性活动到马克思的感性的人类的感性活动,是建立在物之高点基础上的整体性超越。在《资本论》中,马克思确定当时的"劳动"是"物化"(Verdinglichung)的劳动,并且找到其固有矛盾所在,明确它与对它的积极扬弃走的是"同一条道路"。从马克思的"当时"到新时代的"当代",出场语境都是资本的全球化运动。在这一出场语境中,置身性的感性的人类的感性活动是世界历史和全体人类的劳动,它作为对象化的活动不断地自我展开、自我生成,并且不断自我飞跃。历史、逻辑、劳动三者在无限敞开中实现同构。由此,"思"与"史"的不断运动与发展造就"物"可以解开起点即终点的封闭圆环,撇开被悬置在"现象界"之外的幻影,越过被抛进"支架"(Ge-stell)世界的诸形而上的共性,打破被意识的三层楼禁锢的精神分析镜像,实现历史现实之"有条件的根据"的本质自身。

---

① 《马克思恩格斯文集》第 1 卷,北京:人民出版社 2009 年版,第 500 页。

二、唯物辩证法"法"之辨

"法"是辩证之"法",是"物"之基本原理的有原则高度的具体化运用逻辑。"两个史观"面向着中国大地,通过唯物辩证"法"及其具体化运用的出场逻辑,实现唯物史观(思之辨)与中国具体实际(史之辨)的思史循环。那么,"两个史观"在何种程度和哪些方面传承了唯物史观及其辩证法精神呢?

第一,统一之法:法之真理性。唯物辩证法是关于历史出场的逻辑,通过其具体化运用实践了在原则高度上统一的内容与方法的出场逻辑。首先,科学性:方法是内容的本质。形而上学辩证法最高理论形态和总结者黑格尔说过:方法是"向前进的冲动"[①],"方法并不是外在的形式,而是内容的灵魂和概念。"[②] 这尽管是以思辨为前提的,却也蕴藏着形而上学辩证法相当宝贵的理论精华。因此,我们首先要辨明的是辩证法之"辩证"为何意。就康德而言,辩证就是逃避二律背反的现象界的正反合;就黑格尔而言,方法是一种决心,是存在通向概念的必由之路,在有条件及根据的现实本质上的原则;就费尔巴哈而言,辩证法的要义是践行"人是人的最高本质"的感性实体的直观活动。马克思在世界历史的大地上,汲取了有条件根据的现实本质原则,祛除了本质之上虚浮的概念泡沫,在现实大地上以不断发生的历史奠基"物"的辩证法,重新统一世界观、认识论与逻辑学,把被"绝对"禁锢住的思辨辩证法解放为唯物辩证法,把绝对精神的自我展开的思辨世界观扬弃为唯物主义的世界历史观,它是普遍性背后的必然,是现实性背后的潜在。也就是说,唯物辩证法与唯物主义世界历史观通过逻辑同构破解了黑格尔思辨的封闭体系,在"物"之基础上实现历史、矛盾(现实)和逻辑

---

① 黑格尔:《逻辑学》(下),杨一之译,北京:商务印书馆1996年版,第535页。
② 黑格尔:《小逻辑》,贺麟译,北京:商务印书馆1980年版,第429页。

三统一的科学方法论。其次，发展性：矛盾的进展原则。三统一的方法论其实就是矛盾的进展原则，意味着历史与逻辑统一于现实"矛盾"，历史、矛盾在唯物辩证法的逻辑中呈现出同构关系，矛盾通过现实大地与逻辑的统一推进历史发展。方法逻辑成为唯物史观的本质原则。历史不断发生发展，现实具体的矛盾也随之不断出场变化。最后，整体性：亲临到场的整体涌现。矛盾，通过历史出场者亲临到场的现身行动整体涌现，这是以历史出场的视域定义海德格尔的此在的亲在状态和从本有而来的本现活动，是唯物史观和存在主义的双向结合。现实的具体的矛盾是现实的具体的时代问题的体现，因此社会主要矛盾集中体现为时代问题。对时代问题的解答，在不同的国家也必然有不同的答案，关键在于是否以实践作为检验真理的唯一标准。在"两个史观"的实践活动中，科学原理与具体实际通过对实践过程中展开的真理的把握，实现整体性的不断发展。"两个史观"以当时的经验总结和当下的具体实践为基础，结合理论普遍性和内容特殊性，推动历史行动和思想行动不断出场，向着更加美好的未来不断前进。统一之法指向法之真理性。

第二，现实之法：法之敞开性。刚才我们谈到，现实，是物之落点，同样也是法之基点。首先，关系性：方法是有条件的根据。自黑格尔《逻辑学》开始，现实便不再是直观或知觉直接给予的东西，加之马克思的思想革命，使具体现实成为唯物史观思与史辩证循环的生发之地。具体现实是有条件的根据，是先行在手与打开上手的统一。马克思的唯物史观以历史的现实的个人的活动本身为出发点，其现实性深刻体现了哲学革命的发生。关于人的本质，马克思认为它"在其现实性上"是"一切社会关系的总和"[①]；关于唯物史观基本原理，马克思不断强调理论的现实品格，"这里所说的个人不是他们自己或别人想象中的那种个人，而是现实中的个人，也就是说，这些个人是从事活动的，进行物质生产的，因而是在一定的物质的、不受他们任意支配的界限、前提和

---

① 《马克思恩格斯文集》第1卷，北京：人民出版社2009年版，第501页。

条件下活动着的。"① 因此，现实至少有两层含义：不受个人支配的前提和条件，以及活生生的从事活动的人本身。这与黑格尔所谓的"有条件的根据"有着深刻的逻辑对应关系，当然也有所区别。马克思超越了黑格尔思辨反思和自我意识即矛盾的现实，牢牢抓住了既定在场条件下的有生命的个人活动之根据，以此不断改变着置身性场域的现实。其次，活动性：实存与本质的统一。在黑格尔—马克思的关于现实的辩证法基础上，学者牢牢把握了理论的现实品格。"这里的关键在于对'现实性'（Wirklichkeit）这个词的理解，它不同于存在（Sein），也不同于'实在性'（Realitt）或"实存"（Existenz），而是包含有'工作'、'活动'、'创造'即 wirken 的意思。"② "自黑格尔以来，所谓'现实'（不同于单纯的'实存'或'事实'）是指实存与本质的统一，是指展开过程中的必然性。"③ 现实，是作为一定社会存在的社会定在，在展开过程中的必然性意味着现实就是置身性的交往实践活动和实在主体的自我活动，此即马克思唯物史观的感性的人（类）的感性活动。一切把现实理解为不动的、凝固的、图画摹写的思想都只是对现实的抽象表达，不过是蒸发了完整表象的抽象规定。现实，不仅是研究历史发展的科学规律的理论实践活动，也是置身于现实具体的出场者亲临历史和现身到场的交往实践活动，是对社会化了的理论实践与行动实践的统一，以及对社会定在的具体表达。最后，生成性：在现实中朝向"隐德来希"的出场活动。作为社会定在与社会化主体的历史出场者的交往实践活动，是同态、同质、同构的，也是历史、现实（矛盾）与逻辑在展开过程中的必然性的发生场域。只有在活生生的置身性的交往实践活动中，现实才能使自身在展开过程中实现其必然性。于是，现实，是理论与实践相统一的、不断朝向"隐德来希"的、在现实中不断实现着的生成性和敞开性

---

① 《马克思恩格斯文集》第 1 卷，北京：人民出版社 2009 年版，第 524 页。
② 邓晓芒：《论黑格尔〈逻辑学〉中从本质论向概念论的过渡》，载《德国哲学》，2016 年下半年卷。
③ 吴晓明：《马克思哲学与当代世界》，载《世界哲学》，2018 年第 1 期。

的出场活动；同时，它是朝向外部自身的内部自身，是超越外部反思的内部反思，是扬弃在场形而上学的坏的无限循环的历史的敞开，以及其中的思与史的出场循环。现实之法，指向法之出场性。

第三，出场之法：法之出场性。不断出场的亲临历史的现身行动，通过不断出场的现身行动超越黑格尔对封闭了的形而上学体系的再封闭和对完成了的形而上学理念的再完成。作为辩证法核心的否定性的推动"力"，其意义在于使历史随着不断自我否定的力量不断发生、不断出场。置身性的交往实践活动是否定性推动"力"之中心的出场动力，环绕着这一出场动力的是出场语境、出场路径和出场形态。首先，出场语境：统一的现实与现实的统一。出场语境随着出场动力的敞开而从先行在场转向现身到场、打开出场。例如，全球化的历史洪流、意识形态话语权的争斗、单边主义的抬头……导致了百年未有之大变局的当代出场语境。在"两个大局"的出场语境中回答时代问题，必须精准把脉出场语境，才能对症下药治疗时代病症。其次，出场路径：行动实践（史的路径）与理论实践（思的路径）的辩证循环。出场路径是感性的人类的感性活动、置身性的交往实践活动、实在主体的自我活动，同时涵盖了改变世界的行动实践方式（史的路径）和理论实践方式（思的路径）两个层次。"作为历史语境的思想表征，出场路径对历史语境有着深刻的历史依存性；'改变世界'的实践是马克思思想出场路径的主要标识，理论路径是'改变世界'实践路径的重要方面"。[1] 厘清出场路径，才能使唯物主义世界历史观的感性的人类的感性活动在当代重新打开，出场为全球化的人类命运共同体的交往实践活动。最后，出场形态：在"具体—抽象—具体"的出场循环中不断自我发展的科学理论形态。出场形态的出场，是历史的逻辑，也是有逻辑的历史。因此，习近平新时代中国特色社会主义思想是马克思主义中国化的新的飞跃，是二十一世纪马克思主义，是科学的理论形态，也是唯物史观的当代出场形态。

---

[1] 任平：《论马克思主义的当代出场路径》，载《哲学研究》，2004年第10期。

习近平新时代中国特色社会主义思想拓展了科学社会主义新境界。科学理论的出场形态受科学的出场逻辑论证,通过出场动力指引具体的出场路径,改变置身性的出场语境。因此,出场学的出场语境、出场路径和出场形态表征了"物"与"法"的相互统一以及"思"与"史"的辩证张力,它们共同构建了不断出场的实在主体的自我活动的出场辩证法。因此,马克思主义出场学以出场辩证法为基础方法逻辑,是唯物史观具体化运用的出场逻辑,是马克思主义中国化与时俱进创新的科学逻辑,"是把握马克思主义中国化与时俱进创新逻辑的研究范式,更是以'马克思主义在当代因何出场、怎样出场'为时代主题的阐释理论"。[①] 这是置身性场域的实践创新逻辑。出场之法指向法之创造性。

三、"思""史"循环与"两个史观"的出场逻辑

"物"完成基本原理,"法"面向具体现实,"物"与"法"之间相辅相成,实现"思"与"史"的辩证统一。那么,在"物""法"之辩后,我们要继续追问:唯物主义的方法论与历史观的关系是什么?对此问题的解答才能使"物"进一步具体化为"法",完成"(现实)具体—(理论)抽象—(理论)具体—(现实)具体"的思史辩证循环。在此辩证循环中,就"具体"而言,有着现实的具体,也有着理论的具体;就"抽象"而言,是对现实具体的科学的有逻辑的抽象;就"理论"而言,既有理论的一般,也有理论的具体。"现实具体"代表着现实的"史","两个史观"因而蕴藏着深刻的出场辩证法及其出场逻辑,是马克思唯物史观在中国场域中特定发展下的理论形态,进一步完成具有科学性和普遍性的唯物史观及其唯物辩证法。"理论抽象"是站在"具体现实"基础上的总体性、科学性和规律性建构,是对"现实具体"

---

① 任平:《论马克思主义出场学的历史语境、思想资源与对话图景》,载《河北学刊》,2018年第2期。

的矛盾解答和经验总结，也是放之四海皆准的总体性的世界观和方法论的建构；"理论具体"代表着对"现实具体"的规定性的科学表达，不仅与"现实具体"的矛盾相符合，更指出了"现实具体"之不可调和的矛盾的根源所在，提出解决此现实矛盾的方法及矛盾解决之后"现实具体"的历史发展方向。"理论抽象"与"理论具体"是现实之"思"。唯物辩证法是具体—抽象—具体的统一，意味着有内容的方法的出场逻辑秉持着思与史的辩证统一的原则，也意味着出场语境、出场路径和出场形态在出场动力推进下的思与史的出场循环。那么，"两个史观"在何种程度上传承了马克思创立的唯物史观？

第一，"两个史观"蕴藏着丰富具体的出场语境。出场语境意味着历史是现实具体的历史，通过"物""法"之辨，在具体的出场语境中的具体化运用，在"现实具体"的"史"中采取具体问题具体分析的辩证之"思"，进而在"思"中找寻"史"之方向。首先，世界具体：置身性的特定语境是资本全球化之横线。马克思、恩格斯指出了置身性的特定历史阶段即出场语境是资本全球化，这是全世界人民共同面对的历史语境："马克思、恩格斯的这些洞见和论述，深刻揭示了经济全球化的本质、逻辑、过程，奠定了我们今天认识经济全球化的理论基础。"[①]"两个史观"，也是对资本全球化出场语境的中国应答。其次，中国具体：对资本全球化出场语境中国应答之纵线。此纵线上下五千年，在最近的一百年独放异彩。党史、新中国史使人们看到在旧时代中国，民族解放之任务艰巨和共产党人不惧艰难险阻，通过"农村包围城市""武装夺取政权"等适应当时中国具体条件的具体策略，百年来首次打破三座大山的封锁压迫，以"实事求是、独立自主、群众路线"为活的灵魂，完成中国人民"站起来"的历史任务，实现民族解放；改革开放史则精准把脉资本全球化的历史浪潮，准确把握和平与发展之时代主题，以"解放思想、实事求是，团结一致向前看"的精神实现中国人民"富

---

① 习近平：《深入理解新发展理念》，载《社会主义论坛》，2019年第8期。

起来"的历史任务；社会主义史则接续着此三史继续前行，在现有生产力基础上，以二十一世纪马克思主义为当代科学社会主义，不仅完成让中国人民"强起来"的历史任务，而且指导实现人类命运共同体和世界历史的历史使命。最后，出场语境："物""法"之辨在纵横交织中完成具体化运用。在世界具体和中国具体纵横交织而成的"两个大局"的历史语境中，场域的灵动性原则、不断艰苦的奋斗精神等整体涌现，这些正是"物"之丰富具体实践之内容中呈现的"法"之真理性、必然性、创造性的统一原则。以出场语境来看，"两个史观"不断随着场域的变化而建构和丰富发展自身。因此，"两个史观"是通过唯物辩证法，在丰富具体的"史"的基础上不断出场的"思"的科学形态。

第二，"两个史观"饱含着自我反思的出场路径。"两个史观"无疑来源于现实，现实则指向内部反思和自我超越，是对矛盾的反思与超越，必定具有艰难性和曲折性。"'人生天地间，长路有险夷。'世界上没有哪个党像我们这样，遭遇过如此多的艰难险阻，经历过如此多的生死考验，付出过如此多的惨烈牺牲。"[①] "两个史观"自险阻而来、被鲜血谱写、用汗水凝固，历史是不断奋进、自我革命的奋斗史。通过"物""法"统一的具体化实践，采取一切从实际出发、不断自我反思、自我蜕变的出场辩证法，在现实具体的行动实践之"史"中，实现理论实践之"思"。首先，行动实践之"史"：一切从实际出发，具体问题具体分析。在党史中，就行动实践而言，党的成长过程也并非一帆风顺。建党初期，由于对城市局势的错误判断，导致三大起义接连失败，而后在井冈山建立革命根据地保留星点火种，通过不断自我反思和自我批判，最终使星星之火燎原；遵义会议前党又遇到前所未有的内外危机，我党继续通过自我反思和自我革命再出发，最终实现民族解放的历史使命。新中国史中，我党对建设社会主义现代化国家展开长期探索，在置身性的交往实践活动中不断自我反思和自

---

① 习近平：《在党史学习教育动员大会上的讲话》，载《党建》，2021年第4期。

我扬弃，以生产力作为工作展开的根据，继而走进改革开放史，继续谱写社会主义史的光辉篇章。其次，理论实践之"思"：唯物史观在中国化过程中的不断自我发展。就思想实践而言，内部反思就是本质；具体到党的内部而言，作为内部反思的自我反思也是党保持纯洁性和先进性的必要武器："要坚持守正和创新相统一，坚守党的性质宗旨、理想信念、初心使命不动摇，同时要以新的理念、思路、办法、手段解决好党内存在的各种矛盾和问题，不断提高自我革命实效。"① 可见，理论实践和行动实践都以内部反思和自我批判为基础，时刻牢记社会主义国家的主体是人民，置身性主体的交往实践活动是人民的劳动。在以人民为中心的立场上，党与人民一起努力、共同奋斗，通过不断提升社会化的奋斗和劳动能力即社会生产力解决社会主要矛盾，历史出场者在自我进步和自我超越中不断走上社会主义发展新阶段，逐步迈向共产主义新台阶。最后，出场路径："思"与"史"在不断内部反思的逻辑中不断出场。理论实践与行动实践根据具体的现实（矛盾）问题在内部反思中找到科学的出场路径，"要做好从顶层设计到'最后一公里'落地的工作，在实践中不断取得新成效"②。通过内部反思，以具体的行动实践和理论实践，在"物"与"法"的现实统一和"思"与"史"的不断循环中，使历史、现实（矛盾）与逻辑在自我反思中实现科学性到场、发展性在场和飞跃性出场。

第三，"两个史观"深蕴着普遍必然的出场形态。唯物辩证法及其具体化运用中的出场逻辑，是学习"两个史观"的理论地基，同时"唯物史观是我们共产党人认识把握历史的根本方法"③。首先，"史"中之"思"：从现实具体实践到科学理论实践。通过"物""法"之辨，通过在现实具体的行动实践之"史"的基础上采取科学的、整体的、普遍必然的和不断发展的辩证法之"思"，体现理论实践与时俱进的品质。

---

① 习近平：《牢记初心使命，推进自我革命（四）》，载《前进论坛》，2019年第12期。
② 习近平：《深入理解新发展理念》，载《社会主义论坛》，2019年第8期。
③ 习近平：《在党史学习教育动员大会上的讲话》，载《党建》，2021年第4期。

习近平新时代中国特色社会主义思想是蕴含着唯物史观及其根本方法之普遍必然性的科学意识形态和出场形态，对当代具体历史现实起着科学的指南针作用，是人类文明新形态。其次，"思"中之"史"：以科学理论实践指导现实具体实践。"两个史观"作为科学的理论形态，包含着现实具体的历史中的逻辑必然性，这是从现实具体到抽象一般的过程，同样，"两个史观"与中国具体实践相结合，因此也是抽象一般到抽象具体的过程，进而再回复到现实具体中，指导现实具体的行为实践。在作为科学理论形态的"两个史观"中，体现了矛盾普遍性和特殊性的结合，通过内容与方法的结合，体现物与法的现实统一，也体现了思与史的辩证循环，因此"两个史观"是有科学逻辑的"两个史观"，深埋着普遍必然性的科学出场形态，内藏着唯物辩证法具体化运用的科学的出场逻辑。从党史、到新中国史，再到改革开放史和社会主义史，是中华民族从站起来、富起来到强起来的发展见证。唯物辩证法及其具体化运用的出场逻辑是决心，这是实现民族解放和国家富强的伟大中国梦的决心；是前进，这是通过不断创新实现生产力不断进步发展的前进；是超越，这是在丰富具体的现实出场语境中不断自我反思的自我超越。最后，思与史的出场循环："物""法"统一的具体化实践使"思""史"辩证的出场循环共同构成出场逻辑，论证科学的出场形态。唯物史观包括哲学、政治经济学批判和科学社会主义三大出场形态，而透过"两个史观"可以找寻到其中的传承与创新关系。二十一世纪马克思主义是唯物史观在新时代场域的创新与发展。可见，二十一世纪马克思主义是唯物史观的当代传承，是马克思主义中国化的最新成果，是马克思主义世界化的重要指南，是唯物史观的当代出场形态。

通过"物""法"的具体化运用厘清"思"与"史"辩证循环，在"物""法"统一的基础上深度融合"思""史"循环，才能深刻理解历史场域的现实性和出场逻辑的必然性。出场逻辑以唯物辩证法的红线交织，"法"的物中有"物"的法，"思"的史中有"史"的思，在"物"与"法"统一的具体化运用和实践的基础上形成"思"与"史"

的辩证循环。这是出场学视域中的"两个史观"的出场逻辑探究。最后,请允许我用下表对本文进行总结。

"两个史观"的出场逻辑表

内容方法		"物""法"统一	"思""史"循环
"物"之辨	起点	现实的感性的人的活动	现实具体的行动实践（史之辩证法）
	高点	人类社会和社会人类	
	落点	置身性的社会化交往实践活动	
	终点	在现实中不断展开和出场的感性的人类活动	
"法"之辨	统一性	法之真理性	科学抽象的理论实践（思之辩证法）
	现实性	法之敞开性	
	出场性	法之创造性	
出场逻辑		通过"物""法"统一的具体化运用实现"思""史"辩证循环	

（作者孙琳系南京农业大学马克思主义学院副教授）

二

专家评论

论全面认识"中国式现代化新道路"的出场逻辑*

任 平

[摘 要] 全面认识"中国式现代化新道路"的出场,需要方法论自觉,深度理解这一新道路出场的历史逻辑、现实逻辑、理论逻辑、中国逻辑和文明逻辑。本文阐明:第一,既然"走自己的路"是党的全部理论和实践的立足点,那么,"中国式现代化新道路"的历史逻辑应当涵盖革命逻辑和发展逻辑;第二,"两个大局"构成了"中国式现代化新道路"出场的现实逻辑;第三,开辟"中国式现代化新道路"以新时代中国方案创新解答了关于世界现代性的"马克思之问""列宁之问","唯物史观的中国逻辑"成为马克思主义中国化在新时代的伟大理论创造;第四,从"文明互鉴"视域看"中国式现代化新道路"之"新"聚焦在"中国式现代化新道路"的中国逻辑;第五,作为现实必然性进程,"中国式现代化新道路"以自己的文明逻辑创造了人类文明新形态。

[关键词] 中国式现代化新道路 出场 逻辑

---

* 本文系国家社科基金重大项目"当代全球资本主义新变化的原因和趋势的历史唯物主义研究"(19ZDA022)的中期成果。原文发表于《阅江学刊》2022年第1期。

"中国式现代化新道路"是习近平总书记在庆祝中国共产党成立100周年大会上的重要讲话和党的十九届六中全会通过的《中共中央关于党的百年奋斗重大成就和历史经验的决议》（以下简称《决议》）在全面深刻总结贯穿百年党史主线、主题时提出的重大新论断、新概括和新命题。其中，习总书记在"七一"讲话中指出："走自己的路，是党的全部理论和实践立足点，更是党百年奋斗得出的历史结论。中国特色社会主义是党和人民历经千辛万苦、付出巨大代价取得的根本成就，是实现中华民族伟大复兴的正确道路。我们坚持和发展中国特色社会主义，推动物质文明、政治文明、精神文明、社会文明、生态文明协调发展，创造了中国式现代化新道路，创造了人类文明新形态。"[1] 党的十九届六中全会通过的《决议》进一步指出：建党百年来，"党和人民百年奋斗，书写了中华民族几千年历史上最恢宏的史诗。""党的百年奋斗深刻影响了世界历史进程，党领导人民成功走出中国式现代化道路，创造了人类文明新形态，拓展了发展中国家走向现代化的途径"[2]。近来，学界围绕"中国式现代化新道路"或曰"中国式现代化道路"这一重大主题展开热烈讨论，踊跃发表了一大批阐释性文章，细读这些文章有助于我们去完整理解和把握"中国式现代化新道路"的深刻内涵和重大意义。然而，这并不意味着我们的研究已臻完善，相反，在其出场的历史逻辑、本质内涵、创新功能和世界意义等许多方面还存在着若干重大问题未能深解，不少论述还流于话语表面，一些结论还缺乏足够的出场学视域穿透，甚至还存在着某些明显的偏见。此外，上述问题存在凸显的一个共同特征，就是缺乏马克思主义出场学的方法论自觉，阐释境界没有上升到唯物史观原则加以深度穿透。有鉴于此，限于篇幅，本文集中阐释"中国式现代化新道路"的历史逻辑、现实逻辑、理论逻辑、中国

---

[1] 《习近平总书记在庆祝中国共产党成立100周年大会上的讲话》，载《人民日报》，2021年7月2日，第1版。

[2] 《中共中央关于党的百年奋斗重大成就和历史经验的决议》，载《人民日报》，2021年11月11日，第1版。

逻辑和文明逻辑：第一，"走自己的路"作为党的全部理论和实践的立足点，那么，什么是创造"中国式现代化新道路"的历史逻辑？第二，"两个大局"是否构成了"中国式现代化新道路"出场的现实逻辑？第三，开辟"中国式现代化新道路"的理论逻辑：如何以新时代中国方案创新解答关于世界现代性的"马克思之问""列宁之问"，"唯物史观的中国逻辑"成为马克思主义中国化在新时代的伟大理论创造？第四，"中国式现代化新道路"的中国逻辑：从"文明互鉴"视域看"中国式现代化新道路"究竟"新"在何处？第五，作为现实必然性进程，"中国式现代化新道路"又如何以自己的文明逻辑创造了人类文明新形态？解答上述问题，必须要有哲学方法论自觉，在唯物史观原则的境界制高点上加以穿透。

一、关于"中国式现代化新道路"的历史逻辑

第一个需要重思的重大问题是：究竟如何理解走出一条"中国式现代化新道路"或曰"中国式现代化道路"的历史逻辑？所谓历史逻辑，应当包括党领导中国人民如何经过百年奋斗走出一条"中国式现代化新道路"历史全过程，包括其中的主要环节、主要阶段及其链接方式。那么，这一历史逻辑究竟是如一些文章作者在阐释中认为的"中国式现代化新道路"就是"中国特色社会主义道路"，而不包括前此以往百年奋斗历程，还是指扩及整个百年奋斗历程、包括中国式现代化革命道路和发展道路的完整概念？本文选择后者。究其原因，既然"走自己的路"是"党的全部理论和实践立足点"和"党百年奋斗得出的历史结论"，那么，"中国式现代化新道路"的出场作为"走自己的路"的必然结果，其历史逻辑就应当是贯穿全部百年党史、成为其主题和主线的全链条。伟大的中国共产党建党已经百年，今天，站在新时代历史方位上深望建党百年史，我们发现其中贯穿着一条主线，就是以马克思主义中国化为指导，领导中国人民"走自己的路"，开创了一条中国式现代化新道路

即中国新现代性道路,包括革命道路和发展道路。沿着这一道路,中国人民从站起来、富起来到强起来,成功迎接着中华民族的伟大复兴。

具体而论,"道路创新"为什么说构成了百年大党奋斗的主题和主线?

首先,通过"中国式现代化道路"来实现中华民族伟大复兴,这不仅构成中国特色社会主义道路的鲜明主题,而且是贯穿百年党史的主题,甚至是自1840年第一次鸦片战争爆发至今180余年来中华民族历史迫切需要解决的根本问题。道路探索也贯穿着问答逻辑。即是说,探索中国现代化道路"实现中华民族伟大复兴"成为中国人民、中华民族的根本追求与奋斗主题。那么,人民的根本向往就是党的奋斗目标,为了解答这一问题必然成为以马克思主义为指导建立的中国共产党领导中国人民百年奋斗的伟大初心和根本使命。由此而论,贯穿百年党史的主题和主线、也是百年大党超越其他一切政党的最重大贡献,就是以马克思主义为指导思想的党领导中国人民成功开辟了通向中华民族伟大复兴的中国式现代化新道路。进入新时代、新发展阶段,中华民族正在奋力全面建设社会主义现代化强国,正是这一主题和主线在新时代的伟大继续和集中表现。这是整个百年党史甚至是180年中国近现代史必然的历史指向。我们只有将开创"中国式现代化新道路"放在整个百年党史"走自己的路"的坐标上、进而放在180年来近现代史的宏伟历史坐标上,才能真切地看到中国共产党领导中国人民奋斗开创了"中国式现代化新道路"的独特贡献和伟大意义。

其次,"中国式现代化新道路"的出场逻辑包括百年来的革命道路和发展道路,这是"中国式现代化新道路"追求目标的题中应有之义。"中国式现代化"本身就意味着社会形态的根本变革,它要求打破一个传统的半殖民地、半封建的旧世界,创造一个民族独立、经济富强、政治民主、社会文明、生态美丽的新世界,中国式现代化这一深刻的社会变革必然是全面的而不是局部的,本身就包括了"打破旧世界"和"创造新世界"两个方面,包括要实现中国人民站起来、富起来、强起来三大历史任务。即是说，三大任务中的每一项都是党领导中国人民以中国式现代化社会大变革来实现中华民族伟大复兴必须肩负、必须完成的历史使命。中国人民"站起来"，从被压迫、被剥削、被支配的对象客体转为国家的主人、创造历史的主体，必然是现代化进程的首要主张，是实现"富起来""强起来"的首要前提、全部"中国式现代化新道路"的第一使命。正是在如何完成这一重大现代化历史任务考验面前，前此以往依靠照抄照搬别国旧道路的洋务运动、戊戌变法、太平天国、辛亥革命都失败了，说明照搬别国旧道路走不通，需要"走自己的路"、开辟"新道路"。而要开辟自己的路，让中国人民站起来，首要的是须创造一条中国式现代化革命道路，即创造了一条不同于旧民主主义革命道路的新民主主义革命道路。党在新民主主义革命时期面临的主要任务是反对帝国主义、封建主义、官僚资本主义，争取民族独立、人民解放，不仅为实现中华民族伟大复兴创造根本社会条件，而且任务本身就是中国式现代化新道路为实现中华民族伟大复兴的第一使命。新民主主义革命道路的创造，在中国大地上深刻改变了旧民主主义革命道路照抄照搬西方现代性样本的教条规约，也深刻变革了马克思晚年批判的"唯物史观的西欧逻辑"，而是在中国大地上以马克思主义中国化即"唯物史观的中国逻辑"创造出中国社会现代性的全新解读，就是对中国走向现代化强国必经的革命道路选择。没有这一革命新道路，也就没有新中国；没有中国人民站起来，也就不可能有后续的中国式现代化发展新道路。

其三，新中国建立70多年来探索"中国式现代化发展道路"历程艰辛无比，其探索起始于以毛泽东同志为主要代表的中国共产党人坚持探索"走自己的路"，提出关于社会主义建设的一系列重要思想。其中标志性的事件包括毛泽东同志对苏联科学院版《政治经济学教科书》和斯大林论《苏联社会主义经济问题》中形而上学、教条主义提出的批评，在总结中国社会主义道路经验时发表《关于正确处理人民内部矛盾》《论十大关系》等。总之，百年初心成大道，而今迈步踏新程。"走自己的路"、开辟"中国式现代化新道路"是贯穿百年党史的一条主线，包括了"中国式现代化革命道路"和"中国式现代化发展道路",开辟这一道路成为党领导中国人民百年奋斗的主题,党超越其他一切政党的最重大的历史性贡献。中国人民之所以能够站起来、富起来和强起来,其根本原因都在于在党的领导下走出了这一条正确道路。

二、"中国式现代化新道路"的现实逻辑

"中国式现代化新道路"只有在改革开放、特别是新时代中国特色社会主义道路之中才获得它的充分表现和最典范形态,这就涉及第二个需要深度审视的重大问题:"中国式现代化新道路"出场的时代语境与现实逻辑。这就是全球百年未有之大变局和中华民族复兴全局进入全面建设社会主义现代化国家的新阶段。如果说,历史逻辑是对"中国式现代化新道路"出场的历史语境的把握,那么,现实逻辑追问的是这一新道路必然出场的时代语境。

全球百年未有之大变局之所以成为"中国式现代化新道路"出场语境的现实逻辑,是因为这一大变局不是仅仅表现为中美两个孤立大国之间较量呈现的地位和力量的"东升西降",而是两大国家所领导的新旧全球化时代体系之间正在发生的大转换。以美国为首的西方资本逻辑主导的单一全球霸权、霸凌体系,就是几百年来西方现代性一直支配全球、宰制全球的旧全球化时代体系。无论是老殖民主义、老帝国主义还是新殖民主义、新帝国主义,都是西方资本现代性全球霸权的必然表现。在哲学表达上,这一旧全球化时代体系就是西方资本逻辑的单一中心性,或者是以非西方为"被支配客体"的单一"主体—客体"全球霸权体系,它们必然要求以西方文明、西方霸权、西方话语为唯一规范宰制世界,让全球化参与者按照西方标准同质化。这一旧全球化体系造成的两次世界大战和全球分裂,已经遭遇了越来越多被奴役、被歧视、被压迫民族和国家的人民多年来的坚决反抗。而中国所倡导的新全球化时代体系是多元主体、和而不同、和平发展、平等交往、合作共赢、文明

互鉴。多元而平等交往的主体际关系体系，替代战争争端和文明冲突的和平发展、合作共赢，替代西方单一标准的文明霸凌的文明互鉴，都高度体现了新全球化时代体系优于旧全球化时代体系，这一优越性在"一带一路"倡议实施和"人类生命共同体"的建构中得到越来越多国家和地区人民的赞扬和支持，当然也必然遭遇为了维护旧全球化时代霸权体系美国及其若干西方国家的无底线破坏。新全球化时代体系呈现的人类文明新形态，本质上就是"中国式现代化新道路"的全球表达。毫无疑问，"中国式现代化新道路"之"新"就在于以多元主体的价值—文明共同体建构来取代旧全球化时代造成的全球分裂。关于这一点，我们稍后再论。总之，中国崛起引领的新全球化时代体系，反过来更加强烈地呼唤和催生"中国式现代化新道路"的出场。如果说，自 1840 年鸦片战争以来，"世界走向中国"的旧全球化时代，中国主要依靠汲取和运用外来思想和文化来拯救中国、发展中国；那么，今天，进入新全球化时代，"中国走向世界"，就必须首先要开创自己的路即"中国式现代化新道路"，然后才能走向世界，开创新全球化时代的文明体系。

中华民族伟大复兴全局在成功完成"全面建成小康社会"之后进入全面建设社会主义现代化国家新阶段，战略使命就是要让党领导中国人民建设社会主义现代化强国。那么，有两个问题必然要告诉全党和全国人民。其一，我们要建设一个什么样的社会主义现代化国家或曰目标蓝图是什么？其二，我们要怎样建设这样的社会主义现代化国家或曰开创什么样的道路通向这一辉煌目标？概而言之，就是"建设一个什么样的社会主义现代化国家"和"怎样建设（开创、选择什么现代化道路）这一国家"？对前者，党的十九大已经明确：我们要建设一个中国特色社会主义现代化强国，这一强国主要特征是"富强民主文明和谐美丽"。无疑，这一目标的确定也是党的理论的一大创造，这一现代化目标充分展现了超越西方、苏联、旧中国关于现代性的新现代性的内涵和特征，具有强烈的中国风格、中国气派、中国特色和时代特点，站在了世界和时代的最前沿。这一目标是对前此以往中国式现代化道路经验的高度概括和科学抽象,呈现"中国新现代性"本真特征。在目标确定之后,习近平总书记的"七一"讲话和十九届六中全会概括提出了"中国式现代化新道路",就完整解决了通向中国新现代性辉煌目标的切实道路。一个国家的现代性目标无疑带有根本指导性和引领性,但是如果没有切实可行的道路,那么目标依然是空想。恩格斯曾经指出:科学社会主义之所以超越空想社会主义,主要在于"共产主义是关于无产阶级解放的条件的学说"①。这一条件主要指道路。因此,明确通向目标的现实道路,使新征程的新理论、新思想、新战略成为真正的科学。因此,我们不仅要全面理解和把握中国新现代性目标,更要深度理解中国式现代化新道路。

如果说"中国新现代性"是对"中国式现代化新道路"探索经验的抽象概括,那么,两者本质上是一致的,或者说,"中国式现代化新道路"本质上就是"中国新现代性道路"。然而,就实现方式而言,两者存在着明显的差别,这就是"抽象(中国新现代性)"与"具体(中国式现代化新道路)"的差别。尽管"抽象"源于"具体",但是在认识论和实现方式上又先于"具体","抽象上升到具体"又呈现一个先验的然而是合理的辩证逻辑。理解这一逻辑,需要有方法论自觉。

三、"中国式现代化新道路"的理论逻辑

百年大党领导中国人民百年奋斗之所以取得站起来、富起来和强起来的辉煌成迹,在于开创了"中国式现代化新道路";而之所以能开创这一新道路,是因为马克思主义行。更具体地说,是中国化时代化的马克思主义行。

没有马克思主义,就不可能超越和摆脱西方束缚中国的现代化旧道路;没有马克思主义中国化,也就没有可能开辟中国式现代化新道路。

---

① 《马克思恩格斯选集》第1卷,北京:人民出版社1995年版,第230页。

这就是"中国式现代化新道路"的理论逻辑。马克思主义中国化与中国式现代化新道路开辟之间，呈现为理论与实践、思想与现实相互作用、共进共长的共进线关系。一条道路，只有上升为理论反思的高度才能达成思想的自觉；一种理论，只有转为行动指南、成为道路探索才能成为实践自觉。作为新的思想指导和引领开辟中国式现代化新道路的中国化马克思主义，其核心是"唯物史观的中国逻辑"。"唯物史观的中国逻辑"就是开辟"中国式现代化新道路"伟大实践的哲学表达和思想引领，它的出场，深刻揭示了"中国式现代化新道路"的必然性，以此为现实根基，成为不同于"唯物史观西欧逻辑"的中国表达。

"唯物史观的中国逻辑"的出场史存在五个关键节点。一是在现代化道路指导思想上，马克思主义替代进化论，成为中国人民抛弃旧道路、开辟新道路的历史起点。1840年鸦片战争以来，旧民主主义革命照抄照搬西方现代化旧道路之所以屡遭失败，首先是因为其指导思想"物竞天择、适者生存"的天演进化论，本质上就是西方资本逻辑现代性的文化表达，这一表达主张"丛林法则"的社会达尔文主义，必然是维护西方霸权的意识形态。颠覆这一旧道路、开创新道路的关键，在于当第一次世界大战彻底瓦解了西方文明的形象，让中国人在旧精神崩溃中彷徨。这时，十月革命一声炮响，给我们送来了马克思列宁主义，它在与中国工人运动结合中诞生中国共产党，从此开天辟地，换了人间。以唯物史观为核心的马克思主义替代了进化论作为中国先进知识分子的新思想旗帜，才有可能开辟新现代性道路。二是马克思主义中国化替代照搬照抄国外马克思主义的教条主义，成为成功开辟"中国式现代化新道路"的思想条件。陈独秀、王明等在指导中国革命实践中不从中国实际出发，教条主义地照搬照抄"唯物史观西欧逻辑"，结果导致两次大失败。在延安时期，以毛泽东同志为代表的中国共产党人从中国实际出发，反对本本主义和教条主义，让马克思主义的唯物史观在中国大地上重新出场，考察、发现民族解放和中国现代化的独特规律，以"中国式革命的逻辑"思想真正开辟了一条新民主主义的"中国式现代化革命道路",推翻了"三座大山",建立了新中国,让中国人民站立起来。三是新中国建立之后,为了开辟"中国式现代化发展道路",以毛泽东同志为代表的中国共产党人继续探索"走自己的路",反对苏联把马克思主义形而上学化、僵化教条化,继续在探索"中国式现代化发展道路"中发展"唯物史观的中国逻辑"。而后的实践证明:正因为我们始终坚持在探索"中国式现代化发展道路"进程中继续"走自己的路",才有可能超越苏联的僵化老路。四是改革开放以来,我们成功地开辟中国特色社会主义道路,让中国人民富起来,成为"中国式现代化发展道路"的典范。"真理标准大讨论"成为开启改革开放新时期大门的思想先导,破除观念崇拜,不断解放思想,推动观念变革成为改革开放大踏步向前的强大思想动力。中国发展道路创造的奇迹再一次证明:改革开放是强烈推动当代中国马克思主义哲学创新的实践动力,"唯物史观中国逻辑"是强烈推动改革开放和中国特色社会主义发展的强大思想动力。五是进入新时代,特别是进入全面建设社会主义现代化国家的新阶段,我们既明确了"富强民主文明和谐美丽"的中国新现代性目标,又进一步明确"唯物史观的中国逻辑"与时俱进地具有新时代、新阶段形态。

"唯物史观中国逻辑"不仅摆脱了马克思批评的那种教条化"唯物史观西欧逻辑"的束缚,而且在更深层次上成为关于世界现代性道路的"马克思之问"和"列宁之问"的中国解答。所谓"马克思之问",即指马克思在《资本论》中深刻彻底批判了资本现代性道路,追问"超越资本逻辑的现代性道路何以可能"。而列宁领导的俄国"十月革命"打破了世界现代性道路由资本逻辑宰制和一统天下的格局,开辟了社会主义现代化道路,但是,这一道路究竟能否成功,成为著名的"列宁之问"。在中国大地上走自己的路,中国式现代化新道路用"唯物史观中国逻辑"揭示了中国社会变革和发展的特殊规律,因而也就为解答世界现代性难题提供了中国方案。

四、"中国式现代化新道路"的中国逻辑

无论是"中国式现代化新道路"或曰"中国式现代化道路"概念中有无"新"字,都有"中国式",这就是"新"的依据,也是创造、走出这条道路的关键和灵魂。有学者指出:所谓"中国式",就是指"用中国风格、中国气派、中国方式"创造的中国道路。这一表述固然不错,但仍失之浮泛。其实,从根本上来看,所谓"风格""气派""方式"都指向一个对象,这就是指"中国式现代化新道路"的中国逻辑。关键在于我们要回答这一道路的中国逻辑"新"在何处?在这方面,学界发表的文章论述颇多,然而问题也相对较多。究其原因,主要是缺乏方法论自觉,即没有建立完整的坐标系加以参照比较,孤立地谈论"中国式"之"新"就会不得要领、难以自洽。没有坐标系就没有比较,也就没有判断"中国式"之"新"与否的标准,因而也就无法判断出"新"与否;但是,如果仅仅在一个坐标系的参照下得出的"新"特征,很可能在另一个坐标系中就成为共性品质而非"新"特征,反之亦然。本文认为,理解这一道路之"新"需要在以下五个坐标或谱系的综合参照下才能加以把握。多种坐标的存在是历史自在必然形成的谱系,不是研究者或某种主观观念外在抽象地嵌入、任意选择的产物。我们从方法论角度自觉选择比较的多种坐标,是对这一现实必然的历史逻辑的自觉反思。而更为关键的是,这些坐标之间绝不是毫无联系、可以任意抽象和切割、孤立地加以比较和对待的,恰好相反,他们需要"从抽象上升到具体",最终在历史与逻辑的统一中、从抽象上升到综合具体中加以把握。这就不再是一堆单纯碎片化的"新"特征,而是"中国式现代化新道路"完整的中国逻辑。

第一坐标:"中国式现代化新道路"超越与扬弃了西方资本逻辑主导的经典现代化道路。西方现代化是世界上第一个现代化道路和模式。西方现代化在创造世界现代化许多普遍性的同时,也由于资本逻辑追求

剩余价值的贪婪本性，必然地导致现代社会发生三大崩溃：一是造成人与人的社会关系全面异化、阶级对抗和冲突，进而造成社会全面崩溃；二是无限制地榨取自然资源，造成人与自然对抗，使人类生存的自然条件崩溃；三是导致全球分裂，东方从属于西方，资本全球霸权统治着世界，新老殖民主义、新老帝国主义宰制的资本全球化体系就是旧全球化体系。"中国式现代化新道路"坚持中国特色社会主义，必然在对应的三个方面加以超越。一是在基本经济制度基础上以逐步消除两极分化、主张共同富裕与和谐发展来抵御、弥补和消除资本逻辑带来的社会裂隙；以生态文明、绿色发展和"人与自然生命共同体"的主张来抵制和消除资本逻辑造就的人与自然的全面冲突；三是以自我发展、多元主义、平等交往、合作共赢、文明互鉴的新全球化时代体系来取代以美国为首的西方霸权主义的旧全球化体系，以改变世界秩序来逐步抵制和消除全球分裂，建设"人类命运共同体"。

此外，中国绝不会亦步亦趋地照抄照搬西方那种"启蒙现代性""经典现代性""后现代"和"欧洲新现代"发展道路，而是创造了"中国新现代"发展道路：用"数字中国"带动工业化创造"新型工业化"道路；用"城镇化"和"乡村振兴"并举来开辟"中国式城镇化新道路"；充分发挥政府、社会经济杠杆作用来共同完善社会主义市场经济，形成"中国式现代化经济体系"；用坚持共产党领导、以人民为中心的"协商民主"与"选举民主"的融合统一，建立"全过程民主"和"全方位民主"；用"基本公平"与"比例公平"统一来重构差异性社会的正义与和谐；以马克思主义为指导思想、社会主义核心价值观为轴心灵魂构成中国特色社会主义文化体系；以"生态"与"为民"统一、"人与自然和谐共生"为核心构建中国式绿色发展道路。

第二坐标：超越和扬弃了旧中国现代化老路。从1840年鸦片战争开始，中国被西方列强用"坚船利炮"打开国门，沦为"半殖民地、半封建社会"，并入西方霸权统治的世界版图，为了拯救危难的中国、实现中华民族伟大复兴，无数中国仁人志士致力于救国救民，从洋务运动、戊戌变法、太平天国到辛亥革命,都致力于照抄照搬西方道路,无论是部分抄还是全抄,抄的像或不像,结果都是屡抄屡败。历史证明西方资本逻辑现代性道路不能救中国。因此,用马克思主义中国化来重新开辟中国式现代化新道路,才能实现中华民族伟大复兴。

第三坐标:超越和扬弃苏联经典社会主义现代性道路。列宁领导的十月革命开辟了社会主义现代化道路,但是之后的苏联并没有成功实现列宁的梦想,解答"列宁之问"。苏联走的僵化教条的经典社会主义现代化道路,存在着严重的弊端。中国用改革开放和中国特色社会主义道路超越了苏联经典社会主义现代化道路,用基本经济制度超越了苏联僵化了的单纯公有制和计划经济体制;用中国式"全过程民主"超越了苏联的高度集权体制,等等。在此,我们看到,在超越和扬弃西方现代化道路之时,我们当然可以将"坚持党的领导"和"坚持社会主义道路"当作"中国式现代化新道路"之主要"新"特征,但是在与苏联经典社会主义现代化道路的比较坐标中就不能这样判定,上述两点恰好是同质性而非差异性的。在这一坐标中,如在经济领域,中国特色社会主义道路恰好在于打破了苏联的模式,恰好采取了以公有制为主体、多种经济成分并存的基本经济制度,以按劳分配为主体、多生产要素分配并存的分配制度以及社会主义市场经济体制,它们共同构成了中国特色社会主义基本经济制度。这一经济制度内部的相互作用既汲取了公有制和多种经济成分各自的优越性,又相对避免和减缓了其问题,因而能够成为既超越单纯资本逻辑的西方现代化道路,也超越苏联僵化教条的经典社会主义现代化道路的新道路。

第四坐标:超越和扬弃了新中国成立初期基本照搬苏联经典社会主义现代化的"老路"。虽然新中国建立到改革开放之前,以毛泽东同志为代表的中国共产党人为中国式现代化道路的探索提供了最为重要的政治制度基础和社会主义道路,经过努力奠定了初期工业化基础,人民生活得到改善,但是因为外有帝国主义封锁,内部缺乏建设社会主义经验,从总体上看,我们还是照搬照抄了苏联的经典社会主义现代化道路和建设模式。尽管党中央对苏联的僵化教条进行了自觉抵制，但"一边倒"的结果依然是存在着若干问题，因而，需要在改革开放这一"关键一招"中加以（重新探索）打破。

第五坐标：超越改革开放之初"杀出一条血路""摸着石头过河"的道路探索方式的坐标。中国式现代化发展道路探索是前无古人的事业。早期没有现成经验可以借鉴、没有现成理论可以指导预设，只能诉诸感性实践探索，走一步看一步，摸着石头过河，在实践中杀出一条血路。客观地说，我们的改革开放早期探索也交了许多学费。今天，站在全面建设社会主义现代化国家新征程的历史方位上，我们的"中国式现代化新道路"之"新"就要认真全面总结历史经验、包括改革开放以来的道路探索经验，重新以理性自觉、展开顶层设计来指导未来道路探索和战略实施。唯物史观的中国逻辑的时代化出场，成为道路的自觉表达。

总之，中国式现代化新道路是前无古人的创举，它破解了人类社会发展的诸多难题，摒弃了西方以资本为中心的那种必然导致两极分化的现代化、物质主义膨胀的现代化、对外扩张掠夺的现代化老路。反过来看，走向现代化的中国方案就是以人民为中心、共同富裕、精神文明协调、生态文明、自我发展的全新道路。

"中国式现代化新道路"之"新"的中国逻辑需要在"文明互鉴""历史互鉴"中加以把握。超越和扬弃是在充分汲取别国道路和历史道路经验教训基础上展开的辩证过程。扬弃就是辩证否定和超越，就是既克服又保留，保留、继承和汲取合理的因素，克服其弊端和缺点。只有经过这样辩证否定后的新道路，才真正具有历史的优越性。这一新道路既然是辩证的否定，那就是既克服又保留，其包含的矛盾和潜在问题必然比前两者更加集中。加速发展很可能使新道路的内在矛盾积累更多、情形更突出，一旦冲突爆发就可能更加剧烈。因此，我们对此决不能掉以轻心，更不能单向度地仅仅看到新道路的优越性而回避矛盾，不能全面辩证地加以把握，那么就会误大事。

五、"中国式现代化新道路"的文明逻辑

中国走出了一条"中国式现代化新道路",为什么说"开创了人类文明新形态"?聚焦于此,学界发表了许多文章加以阐释,但是其中有两个紧密相关的问题始终没有得到深解:第一,中国式现代化新道路作为一种现实的、实践的、必然的进程,究竟为何具有了创造人类价值—文化—文明逻辑的意义,为何能够创造人类文明新形态?即是说,现实与价值、道路与文明、合理性(正当性和规范性)与现实性的关系究竟是怎样统一的?这一追问具有很强的理论意义和现实意义。第二,在更深的方法论自觉意义上,作为"中国式现代化新道路"的哲学表达,唯物史观中国逻辑需要将这个问题转换为一个唯物史观的内在向度或功能问题("问题中的哲学"转换为"哲学中的问题")来加以考察:以揭示人类社会发展总体规律为己任的唯物史观,内在地包含着价值—文化—文明逻辑(维度、规范或功能)吗?

两个问题本质上是一致的。毫无疑问,一种道路探索的问题,如果不上升为哲学反思就难以得到更深层的理性解答。以往人们将唯物史观视作实践哲学、行动指南时,主要强调其揭示人类社会发展规律的真理性、客观性向度和功能,而忽略甚至否定唯物史观具有价值、文化、文明的向度、规范和功能。没有后者,就无法说明作为揭示人类社会发展规律的唯物史观何以可能同时要"以人民为中心"、主张"人类命运共同体""人与自然生命共同体"以及"正义性""正当性""合理性""合目的性"等"属人性"价值规范要求。为此,理论界在辩论"马克思主义政治哲学"是否有根据立足问题时就有学者质疑那些在追求"正义"原则时脱离唯物史观的现实基础而滑向追求道德制高点的唯心主义外在空想的学者是否有理由主张"马克思主义政治哲学"。也有学者从认识论"求真"与评价论"求善"统一的角度阐释这一逻辑,但是,如果历史道路本身没有价值向度,不从唯物史观的本体论自身考察阐明价

值、文化、文明的客观向度（首先不是主观观念的存在），那么这一问题依然没有从根本上得到解答。即便讨论唯物史观双重功能，但是如果不从唯物史观的核心范畴——实践或更准确地说交往实践本身出发去阐明道路现实何以内在地、客观地包含着价值、文化和文明向度，那么，中国式现代化新道路何以可能开创人类文明新形态就至少缺乏本真性的根据。

其实，从出场学或交往实践的唯物主义视域出发来观察，问题够简单。历史、社会生活、道路本身是实践的。人们创造历史、开创道路，是一种实践活动。我曾一再指出：实践都是交往实践，都是作为社会的人即多元主体经过改变共同的中介客体而结成的交往实践。交往实践存在着"主体—客体—主体"的存在论或本体论结构，就是社会存在的抽象形态。任何交往实践结构都具有三重结构。第一重结构就是本体论意义上社会存在的客观结构。在交往实践"主体—客体—主体"结构中，多元主体和客体均为客观的、物质的存在要素，交往实践活动结果创造着现实的道路，"中国式现代化新道路"正是党领导中国人民百年奋斗的实践开拓、创造的。这一道路进程不仅是人民改变自然客体的生产活动，而且是创造和改变人们的社会关系（交往关系乃至扩展为全球化体系）的活动。因此，开辟道路的实践是社会实践、交往实践。虽然，交往实践的每一次活动虽然是多元主体出自不同的目的共同作用的产物，然而活动对于多元主体都产生相同或相异、"利"或"不利"的结果，这就是客观的价值结构。马克思在《资本论》中分析资本逻辑的生产活动（生产交往实践）对于资本家而言是财富的积累，相反对于劳工而言却是贫困的积累，同一个生产交往实践本体对于两者的价值向度呈现对立、对抗关系，这就是西方资本逻辑现代性道路的内在根本矛盾。价值结构首先是客观的结构，而不是观念的。每一种道路的创造，因而也就包含着价值向度、进而升华为文化向度、文明向度。文化是价值体系，文明是文化体系的结果形态。这些向度，植根于现实的道路之中，又超越现实向度，成为引导、支配现实必然性前行的方向性存在。用哲学语言来表达，价值向度构造道路的"价值自我"，而现实向度是构成道路的"现实自我"。"现实自我"是"价值自我"的存在基础和现实场域，而"价值自我"是"现实自我"的超越性存在，指向未来。"中国式现代化新道路"之"新"在现实层面上超越西方资本逻辑旧道路之时，就同时在价值向度上创造"共同富裕""合作共赢""文明互鉴"的新文明形态，就在"五位一体"文明层次上创造了超越资本现代化道路、超越全球霸权主义的旧全球化时代的人类新文明。这一文明新形态既不是西方资本逻辑主导的经典现代性文明，也不是后现代，而是超越经典现代性与后现代的新现代性文明。

我们正处在东西方新旧两种人类文明形态大转换的夹缝之中，文明冲突和思想撞击在所难免。"中国式现代化新道路"追求文明互鉴的"和合"体系，超越西方资本逻辑主张的"力"（依靠一己私利和霸权统治世界）的文明、"同"（追求抽象的"普世价值"安置世界）的文明，主张多元主义、多样性文化的和谐共生的文明。然而，这一主张需要得到全球广泛的价值认同和支持。"中国式现代化新道路"历史地解决了让中国人民"不挨打"（站起来）、"不挨穷"（富起来）的问题，然而要"强起来"，还要冲破以美国为首的西方世界为了维护旧全球霸权而对中国道路污名化即"挨骂"问题，即人类文明新形态的正当性、合理性、合法化问题。中国式现代化新道路创造并成为人类文明新形态，就必然经历正当性、合理性、合法化过程的考验。

中国教育现代性与中国式教育现代化的哲学基础[*]

曹典顺

[摘　要] 中国式教育现代化是中国式现代化的重要组成部分表明，应该按照理解中国式现代化的思维方式来理解中国式教育现代化。哲学的思维方式认为，中国式现代化的哲学基础是中国新现代性，因此，中国式教育现代化哲学基础就应该是中国教育现代性。中国教育现代性是一个哲学意义上的概念框架体系，至少包含了哲学目标、哲学根据和哲学理想等哲学意蕴上的基本要素。从哲学目标的视阈理解，中国教育现代性的确立道德教育优先前提是中国式教育现代化的哲学目标；从哲学根据的视阈理解，中国教育现代性的培养栋梁之材主旨是中国式教育现代化的哲学根据；从哲学理想的视阈理解，中国教育现代性的塑造人文情怀主体是中国式教育现代化的哲学理想。

[关键词] 中国教育现代性　中国式教育现代化　道德教育优先　栋梁之材培养　人文情怀塑造

---

[*] 本文系国家社会科学基金项目"新时代党的历史观研究"（22BKS056）的阶段性成果。

从社会实践上理解，现代化道路是社会建设的现实道路；从哲学上理解，现代化道路是人类进入现代文明后的社会发展道路。这就是说，现代文明既是一个实践意蕴上的概念，也是一个哲学意蕴上的概念。作为哲学意蕴上的现代文明，哲学界习惯性地称之为现代性，即哲学家们认为现代性为现代文明提供了理论的基础。"中国的现代化……实在是中国现代性的建构。中国现代性的建构，千言万语，则不外乎是一个中国现代文明秩序的塑造"。[①] 与此逻辑相一致，中国式教育现代化的哲学基础就应该是中国教育现代性。现代性的主要内容经历了若干个阶段，这若干个阶段包含资本主义现代性和社会主义现代性两类不同性质的现代性，社会主义现代性又包含中国新现代性等。不论何种形式的现代性，都是以确立现代社会机制为己任，作为中国新现代性组成部分的中国教育现代性也是以建设现代社会的良性运行机制为原则。按照以人民为中心的中国新现代性建构逻辑，中国教育现代性的主要内容至少应该包含道德教育优先前提、培养栋梁之材主旨和塑造人文情怀等三个主要方面。从中国教育现代性与中国式教育现代化的关系视角深度剖析中国教育现代性的这些方面，应该是准确把握中国式教育现代化道路不可或缺的思想之旅。

一、中国教育现代性的确立道德教育优先前提是中国式教育现代化的哲学目标

中国式教育现代化的哲学目标是多元的，但不论有怎样的目标和不论有多少目标，它们的实现都不能离开人们的主观选择，而就马克思主义哲学的意识具有相对独立性理论视角理解，这种主观选择的确立根源于人们长期受教育的结果，也就是，中国式教育现代化的哲学目标不能

[①] 金耀基：《中国的现代转向》，牛津大学出版社 2004 年版（中文版），"自序"第 VII 页。

缺失中国教育现代性应该具有的确立道德教育优先前提。在1999年出台的《中共中央国务院关于深化教育改革全面推行素质教育的决定》中明确提出了邓小平倡导的德智体美劳的教育方针，为中国式教育现代化指明了发展方向、确立了发展目标。尽管德智体美劳的五种教育之间是辩证统一、不可或缺的关系，然而，德育的重要性还是十分突出的，用习近平总书记的观点表达就是："要坚持社会主义办学方向，把立德树人作为教育的根本任务。"① 从哲学的逻辑理解，把立德树人作为中国式教育现代化的根本任务就是指道德教育优先应该是中国教育现代性的重要哲学目标。所谓道德教育优先，用法国哲学家涂尔干的观点表达就是："道德是由预先决定行为表现的行动规范体系所组成的。这些规范规定着一个人在既定的情景中应该怎么行动；举止得当，就是良知上服从。"② 按照涂尔干的这一哲学逻辑理解，中国式教育现代化建设之所以要实现中国教育现代性意义上的道德教育优先，是因为道德作为社会生活中的逻辑前提，既外在地规定着一个人的道德行为，又内在地规定着人们的精神信仰。从辩证思维的反向逻辑理解，这两种规定使得中国教育现代化的哲学目标不得不融入道德教育优先的中国教育现代性前提。就道德教育的内涵来看，道德教育优先作为中国式教育现代化的哲学目标，在中国教育现代化建设中具有的前提意义是多层面的，即它不仅立足于国家建设和社会建设的当下并展望其未来走向，还影响着个人的行为方式养成。

从国家层面意义上理解，中国教育现代性的道德教育优先是建设中国社会主义现代化强国的思想保障。习近平总书记曾经指出："我们为

---

① 习近平：《在教育文化卫生体育领域专家代表座谈会上的讲话》，载《人民日报》，2020年9月23日，第2版。

② 涂尔干：《道德教育》，陈光金、沈杰、朱谐汉译，上海：上海人民出版社2006年版，第21页。

共和国 70 年的辉煌成就喝彩,被爱国主义的硬核力量震撼。"① 这一观点意在表达,正是因为中华民族拥有着坚定高尚的爱国情怀,人们才能够为了祖国的独立与发展敢于牺牲、勇于奉献,才使得中华民族在历史的长河中屹立不倒,并且取得了伟大的胜利。爱国主义高尚情怀的延续不是自然行为,而是需要道德教育才能够实现。道德教育具有的引导作用和强化作用表现在两大方面,一方面是指中国式教育现代化的道德教育具有引导作用。道德教育的过程实际上是从社会道德向个人道德转换的过程,这也就是说,正确的道德教育是个人优良道德养成不可或缺的重要形式。换言之,道德教育的引导作用能够帮助人民树立正确的人生观、价值观,并为人民正确处理个人与国家、集体之间的关系提供理论借鉴。另一方面是中国式教育现代化的道德教育具有强化作用。众所周知,国家层面道德的培养、爱国主义高尚情怀的养成,以及伟大民族精神的继承都不应该是空谈,而是需要借助个体实践来完成。也就是说,只有通过道德教育强化个体爱国意识,才能保证其主人翁作用的充分展现,共同实现社会主义现代化强国的伟大梦想,意即个体实践的完成离不开个体责任感与使命感的介入。由此可见,中国式教育现代化的道德教育为社会主义现代化强国的建设提供着宝贵的精神财富和支撑。正如习近平总书记所指出的那样,要"加强革命传统教育、爱国主义教育、青少年思想道德教育,引导全社会更好知史爱党、知史爱国"②。之所以如此认为,就是因为中国教育现代性的道德教育是建设现代化强国的重要保障,能够为强国的建设之路提供思想前提的保障。

从社会层面意义上理解,中国教育现代性的道德教育优先前提是实现中国特色社会主义社会和谐的价值前提。将社会和谐作为我国一项重

---

① 《国家主席习近平发表 2020 年新年贺词》,载《人民日报》,2020 年 1 月 1 日,第 1 版。
② 《习近平在省部级主要领导干部学习贯彻党的十九届六中全会精神专题研讨班开班式上发表重要讲话　强调继续把党史总结学习教育宣传引向深入　更好把握和运用党的百年奋斗历史经验》,载《人民日报》,2022 年 1 月 12 日,第 1 版。

大政治任务而提出,是由中国特色社会主义的本质属性决定的。社会和谐的实现不仅需要物质文明作为其物质基础,还需要精神文明作为其良性运转的价值保障,而精神文明的建设离不开道德教育在其中发挥的作用。道德教育之所以能够成为社会和谐实现的价值前提,是因为道德教育能够凝聚社会的价值共识。社会主义核心价值观是当代中国的社会价值共识,表征了社会和谐应该秉持的核心价值理念是什么,体现了社会成员的价值诉求。因此,在道德教育实践中贯彻社会主义核心价值观,积极培养人们的道德自觉,是实现社会和谐的重要形式。社会主义核心价值观作为国民教育的引领,具有道德规范建构、道德认同强化以及道德实践指引三个层面的道德建设价值,而只有将这些价值融入社会发展的各方面,才能实现和维持社会和谐。其一,社会主义核心价值观教育具有道德规范建构作用,是指社会主义核心价值观作为马克思主义哲学与中华优秀传统美德有机结合的成果,具有科学性以及民族性的价值原则和价值规范。其二,社会主义核心价值观教育具有道德认同强化的作用,是指"社会主义核心价值观是当代中国精神的集中体现,是凝聚中国力量的思想道德基础"[1]。作为凝结了中国精神的主流价值,社会主义核心价值观体现了全社会的价值共识,推进该教育具有强化道德主体的道德认同意义。其三,社会主义核心价值观教育具有道德实践指引的作用,是指"价值观要真正发挥作用,必须融入社会生活"[2]。换言之,只有将社会主义核心价值观教育内化于心、外化于行,真正地将其作为社会生活的行动指南,才能实现并维持社会和谐。

从个人层面意义上理解,中国教育现代性的道德教育优先前提是确保个体主动养成中国社会主义现代化建设精神的动力前提。习近平总书记指出:"国无德不兴,人无德不立。"[3] 这一观点意在表达,一个国家如果没有道德规范,就不能走向强大;个人如果没有道德意识,就没有

---

[1] 《习近平谈治国理政》第二卷,北京:外文出版社2017年版,第351页。
[2] 《习近平谈治国理政》第一卷,北京:外文出版社2014年版,第165页。
[3] 《十八大以来重要文献选编》(中),北京:中央文献出版社2016年版,第3页。

二 专家评论

立身之本。国家的道德规范是个人的道德意识建设的根本指引,而个人是否具有道德意识决定了国家道德规范能否成为现实,二者是辩证统一的关系。在此意义上讲,中国社会主义现代化建设能否成功实现离不开个人道德觉悟的提升。就对个人的道德教育来理解,道德教育应该围绕个人的道德认知教育、道德情感教育、道德行为教育三大层次展开,以确保个体的道德意识与道德实践相结合。其一,麦金泰尔提出,个人不应该以自我的价值作为唯一的价值,而应该追求社群共同的善或共同的道德。① 这就是说,对个人的道德认知教育,就是要在道德教育实践中以社会主义道德观为基本指引,以共产主义道德观为理想方向,培养个人内在的道德观念,提升民众的思想道德水平,树立个人服务集体、服务国家的奉献精神。其二,道德情感是个人在道德认知的前提下,对于现实生活中发生的道德行为的内在感受,以及对满足道德需要的情感需求,没有情感的道德只能培养出伪君子②,道德情感的培养在道德教育实践中具有关键作用。也正是因为此,对个人的道德情感教育,就是要培养个人具备社会主义荣辱观,以促进个人自觉选择符合道德标准的道德行为。其三,道德行为是"一种个人的态度和素质的表现以及社会结果的实现和社会结构的维护……忽视这一原理就会导致道德行为的机械模仿"③,是基于个人内在的道德认知以及道德情感所做出的对他人或集体的自主行为。因此,就个人的道德行为教育而言,就是要培养个人自觉进行对他人或社会产生积极影响的活动。综上而言,中国教育现代性的道德教育优先只有重视道德认知、道德情感以及道德行为三者的辩证实践,即只有充分贯彻个人的道德教育于实践之中,才能培养个人主动

---

① 参见麦金泰尔:《德性之后》,龚群等译,北京:中国社会科学出版社1995年版,第152页。

② 《湖南教育》编辑部编:《苏霍姆林斯基教育思想概述》,长沙:湖南教育出版社1983年版,第75页。

③ 杜威:《学校与社会明日之学校》,赵祥麟等译,北京:人民教育出版社2005年版,第153页。

养成积极投身中国特色社会主义现代化建设之中去的自觉精神、勇于承担中国特色社会主义现代化建设的责任。

二、中国教育现代性的培养栋梁之材主旨是中国式教育现代化的哲学根据

不论怎样的教育，其教育的根本目的都是培养人，所以，中国式教育现代化的哲学根据也是不能离开人，即中国式教育现代化的哲学根据应该是中国教育现代性中的培养栋梁之材主旨。中国式教育现代化之中的栋梁之材，就是指拥有理想抱负与雄才大略、能够肩负民族复兴之大任、承载民之所望的人才。用中国传统哲学家张载的理论表达就是，栋梁之材就是指能"为天地立心、为生民立命、为往圣继绝学、为万世开太平"的人才。这一栋梁之材的培养离不开教育，尤其是离不开高等教育，因为，教育是国家的事业，一个国家的发展状况要以其教育的发展水平为重要衡量标准。正是在这种意义上理解，习近平总书记曾经明确指出，建设社会主义现代化强国"归根到底要靠人才、靠教育"[①]。习近平总书记的这一观点十分明确，培养栋梁之才是中国式教育现代化的目标之一。既然培养栋梁之才是中国式教育现代化的目标，那么，培养栋梁之材就成为中国教育现代性的应有之义，或者说，作为中国教育现代性主旨之一的培养栋梁之材就成为了中国式教育现代化的哲学根据。从中国式教育现代化的视角理解，栋梁之材是一个具象的"范畴"，也就是说，它是一个内含有知性思维逻辑的"客观实在"。栋梁之材是指在各行各业能有所作为的人们，因为，中国教育现代性的逻辑是建立在现代性逻辑基础上的，而微观意义上理解的栋梁之材则是教育现代性的前提。就当下中国式教育现代化的进程而言，培养栋梁之材这一"客观实

---

① 习近平：《做党和人民满意的好老师——同北京师范大学师生代表座谈时的讲话》，载《人民日报》，2014年9月10日，第2版。

在"至少包含三个方面的内容,即各级政府部门和各级学校要培养人们的使命担当、培养人们的创新思维和培养人们的技术能力。

中国教育现代性所表征的栋梁之材的使命担当,就是指栋梁之材勇于主动承担中国社会主义现代化强国建设的历史使命。习近平总书记指出:"青年一代有理想、有担当,国家就有前途,民族就有希望。"[①] 中国梦的实现、国家的前途发展离不开栋梁之材,只要栋梁之才能够主动地、不懈地参与到中国社会的现代化建设之中,中国社会就会有源源不断的发展动力。当然,栋梁之材对中国现代化强国建设使命的担当,需要借助中国式教育现代化的职能来促进。之所以如此判断,主要原因就在于:其一,中国式教育现代化的培养栋梁之材主旨具有导向功能。中国式教育现代化能够为栋梁之材指明建设中国现代化强国的人生奋斗方向。当今世界瞬息万变,社会文化多样,价值观念杂多,能否形成正确的思想引领就显得极为重要。中国式教育现代化的培养栋梁之材主旨保证了栋梁之材在纷繁复杂的社会导向中沿着正确的发展方向前行,使其具有和保持实现中华民族伟大复兴的理想信念。其二,中国式教育现代化的培养栋梁之材主旨具有规范功能。中国式教育现代化对培养栋梁之材建设中国式现代化强国的实践活动具有规范和制约作用。在中国现代化强国建设这一理想变成现实的过程中,由于人的自由意志的参与,就可能产生出各种意想不到的干扰,而中国式教育现代化的培养栋梁之材主旨能够教授栋梁之材承担中国式现代化建设重任的能力,而且能够借助规范作用的职能提醒栋梁之材在实践中减少失范行为的发生,从而保证中国现代化建设任务的全面落实。其三,中国式教育现代化的培养栋梁之材主旨具有激励功能。中国式教育现代化的培养栋梁之材主旨有利于激发栋梁之才主动、积极地参与到中国式现代化建设之中。习近平总书记明确指出:"实现中国梦,创造全体人们更加美好的生活,任重而

---

① 《十八大以来重要文献选编》(上),北京:中央文献出版社2014年版,第277页。

道远,需要我们每一个人继续付出辛勤劳动和艰苦努力。"① 中国式教育现代化培养栋梁之材的主旨能够通过激励作用来深化栋梁之材的责任感以及使命感,鼓励栋梁之材投身到中国现代化建设中去,从而为中国梦的实现贡献自身力量。

中国教育现代性所表征的栋梁之材的创新思维,就是指栋梁之材在承担中国社会主义现代化强国建设任务时的创新意识。习近平总书记多次强调,要"坚持创新在我国现代化建设全局中的核心地位"②。创新是中国社会主义现代化强国建设实践中的发展动力,因此,在中国式现代化建设实践中是否具有创新实践是能否顺利建设中国社会主义现代化强国的关键。就中国式现代化的培养栋梁之材主旨具有如此创新的意义而言,中国教育现代性的培养栋梁之材主旨为当代中国式现代化对栋梁之材需求提出了明确的要求,即要求栋梁之材应该以创新精神"回答中国之问、世界之问、人民之问、时代之问"③。根据唯物史观的观点理解,创新意识应该是个人主动进行创新实践的内在动力,因此,创新在中国社会主义现代化强国建设中具有举足轻重的作用。就个人的创新意识养成判断,应该围绕培养创新动机、创新兴趣和创新理想来落实中国教育现代性的培养栋梁之材主旨。其一,就培养栋梁之材的创新动机而言,创新动机是栋梁之材基于自身或者社会的需要而想要主动进行创新实践的意愿。创新动机是创新实践的起点。因此,在落实培养栋梁之材主旨教育过程中要培养栋梁之材的责任意识、使命意识与自我实现意识,激发栋梁之材对于强国建设的创新动机。其二,就培养栋梁之材的创新兴趣而言,兴趣"是达成现在意向的手段,是居于行为者与其目的的'中间'"④,即兴趣作为衔接个人与其目的实现的"中间",是促使栋梁之

---

① 习近平:《在第十二届全国人民代表大会第一次会议上的讲话》,北京:人民出版社2013年版,第6页。

② 参见《习近平谈治国理政》第四卷,北京:外文出版社2022年版,第200页。

③ 参见《习近平谈治国理政》第四卷,北京:外文出版社2022年版,第42页。

④ 约翰·杜威:《民主与教育》,薛绚译,南京:译林出版社2012年版,第116页。

材为达成目的而主动学习实践的积极心理状态。因此，在落实培养栋梁之材主旨教育过程中要注意培养其全身心地投入相关领域创新的兴趣。也就是说，在培养栋梁之材的教育过程中，要从建设中国社会主义现代化强国的内在驱动力视域出发，重视栋梁之材的兴趣、价值，引导栋梁之材选择正确的价值取向。其三，就培养栋梁之材的创新理想而言，只有理想信念坚定的人，才能坚定不移为实现既定目标而奋斗，因此，只有培养栋梁之材具有实现中国梦的理想信念，才能够促使他们承担中国社会主义现代化强国的责任意识，即只有保证栋梁之材树立坚定的理想信念，才能激发栋梁之材的内生驱动力，从而促使他们愿意在创新实践中勇于为强国而奋斗。

中国教育现代性所表征的栋梁之材的技术能力，就是指栋梁之材具有能够承担中国社会主义现代化强国建设任务的实践能力。建设中国社会主义现代化强国要求栋梁之材具备创新实践能力，而具备创新实践能力的前提在于个人是否掌握了进行创新实践所必需的基础性能力。换言之，培养栋梁之材的关键就在于基础性能力的提高。既然学习提高基础性能力作为创新实践的前提，那么，它对于中国社会主义现代化强国建设就具有不可或缺的作用。习近平总书记指出："学习好才能服务好，学习好才有可能进行创新。"[1] 需要明确的是，"学习好"不是指对知识的僵化灌输或者是实践技能的机械训练，而是指对知识的融会贯通与实践能力的发展。因此，栋梁之材基础性能力的培养，应该至少包含独立思考能力、研究探索能力和协调合作能力等三大维度。其一，只有单向的"输入性"知识学习，而非知识学习与独立思考的有机结合，就无法将知识融会贯通，所学知识也就不能学以致用、实现知识的实践意义，因为，"大量的知识如果未经自己思想的细心加工处理，其价值也远远逊色于数量更少、但却经过头脑多方反复斟酌的知识。"[2] 因此，要培养

---

[1] 《习近平谈治国理政》第一卷，北京：外文出版社 2018 年版，第 403 页。
[2] 叔本华：《叔本华美学随笔》，韦启昌译，上海：上海人民出版社 2009 年版，第 1 页。

栋梁之材的独立思考能力,就要在教育过程中激发栋梁之材的好奇心、引导栋梁之才学会自主思考,只有经过自己反复思考、细心斟酌的知识才能被真正运用到中国社会主义现代化强国的建设之中。其二,培养栋梁之材的研究探索能力,就是要教导栋梁之材积极主动学习并在此基础上自觉研究探索未知的领域,致力于当代中国的强国之路。其三,就培养栋梁之材的协调合作能力而言,建设社会主义现代化强国不是个人的事业,而是人民群众共同的伟大事业。也就是说,栋梁之材的能力具有差异性和有限性,通过相互间的协调合作,可以形成推动社会主义现代化强国建设的合力。总而言之,栋梁之材必须具有独立思考、研究探索和协调合作这三大基础性能力,才能具备参与中国社会主义现代化强国建设的基础性能力。

三、中国教育现代性的塑造人文情怀主体是中国式教育现代化的哲学理想

中国式教育现代化建设不能没有哲学理想,而作为中国教育现代性表征的塑造人文情怀主体就是其中最为重要的哲学理想之一。中国式教育现代化视域中的塑造人文情怀主体,就是指中国式教育现代化要造就一批具有人文精神的青年学生。人文精神是指"一种普遍的人类自我关怀,表现为对人的尊严、价值、命运的维护、追求和关切,对人类遗留下来的各种精神文化现象的高度珍视,对一种全面发展的理想人格的肯定和塑造"①。马克思和恩格斯在《共产党宣言》中肯定了资本主义创造了巨大生产力的同时,还严肃地批判了资本主义社会对人文精神的破坏,如马克思和恩格斯指出,资产阶级"使人和人之间除了赤裸裸的利

---

① 陈言:《叶朗:人文精神的坚守与呼唤》,载《人民日报(海外版)》,2001年1月2日,第7版。

害关系，除了冷酷无情的'现金交易'，就再也没有别的联系了"①。在当今中国，中国式教育现代化必须强调塑造人文情怀主体的意义，一个主要原因是现实生活世界存在一些违背人文精神而导致舆情的社会现象，另一个原因是马克思批判的资本主义社会的资本逻辑导致的否定人文精神理论依然具有一定市场。就违背人文精神的现象视角而言，塑造人文情怀主体的哲学理想能够从根本上避免人文精神缺失的社会现象发生，因为，人们的行为是由世界观所主导的，即如果没有重视人文精神的世界观就不可能有真正的人文情怀。就否定人文精神的理论视角而言，中国教育现代性确立塑造人文情怀主体是对马克思共产主义理论的当代理解和贯彻，而如果不贯彻马克思的这一理论，就是对马克思主义教育理论的异化，经不住理论逻辑、实践逻辑和历史逻辑的检验。总之，中国教育现代性的塑造人文情怀主体作为中国式教育现代化的哲学理想，不仅体现了马克思主义哲学的理论要求，而且表征着国家倡导的个体理想。塑造人文情怀主体的中国式教育现代化，至少应该包括家国情怀教育、道德良知教育和真理意识教育三个方面的教育。

中国教育现代性所表征的家国情怀教育，就是指将青年学生塑造成具有浓浓的亲情意识、家庭观念意识、爱国意识和胸怀天下意识的中国式现代化教育。亲情意识是人之所以为人应该具有的基本素质，是以血缘为纽带连接起来的血缘感情观念。家庭观念意识是在亲情意识的基础上建立起来，关于如何经营家庭和如何认知维护家庭存在方式的思想观念。爱国意识是个人对祖国的热爱之情，以及愿意为祖国的建设发展贡献力量的精神信仰。胸怀天下意识指以世界眼光来关注人类生存命运的价值意识。之所以要对青年学生进行家国情怀教育，是因为人们不可以忽略或忽视亲情意识、家庭观念意识、爱国意识和胸怀天下意识教育。其一，如果青年学生没有家国情怀意识，那么，青年学生就不能够称之

---

① 《马克思恩格斯选集》第1卷，北京：人民出版社2012年版，第403页。

为精神健康的个体或精神健康的个体主体。其二，如果青年学生没有家国情怀意识，那么，青年未来就难以建立起和谐的家庭关系，或者说家庭就难以美满。其三，如果青年学生没有家国情怀意识，他们就难以成为合格的社会主义接班人。至于如何才能够履行对青年学生进行家国情怀教育的使命，中国式教育现代化应该至少从三个方面加以践行。其一，通过家国情怀教育，强化青年学生的家国情感，并促使青年学生将之付诸生活实践。中国古代传统文化就已经把追求"修身齐家治国平天下"和"穷则独善其身，达则兼济天下"的共同体意识作为价值目标。前者的远大理想与后者豁然大气的人生态度都是家国情怀重要的思想来源之一。也就是说，中国式教育现代化的家国情怀教育自古以来就是中国人民的优良文化传统。其二，要从优秀人物的家国情怀意识视角阐明家国情怀教育的可行性。如阐明周恩来总理之所以能够产生"为中华之崛起而读书"的伟大抱负，一方面与他醇厚的家风教育有关，另一方面还与当时先进革命思想的教育有关，两者缺一不可。也就是说，要为青年学生表征出家庭为其成长提供了第一课堂，社会先进革命思想则起到了激发作用，即要表征出进行家国情怀教育是极其必要的，因为，它能够激发个体对家国的自觉意识和社会责任感，能够指引青年学生形成正确的观念，为青年学生提供精神动力。其三，要从未来理想如何实现的视角来阐明家国情怀教育的有效性，即要阐明国家理想的实现离不开个人理想的实现。当然，国家的繁荣富强也是个人家庭幸福生活的前提，家庭与国家未来理想的实现是密不可分的。正是因为这一密不可分，家国情怀教育就必不可少，可以通过此种教育将个人家庭理想与国家理想相融合，从而促使人们全心全意地投入到国家富强和家庭幸福生活的双重建设之中。

中国教育现代性所表征的道德良知教育，就是指将青年学生培养成为具有悲天悯人的情怀、明辨是非的观念、奉献精神的感动和漠视善举的愧疚等内涵的中国式现代化教育。悲天悯人情怀是指人类所具有的天赋美德，是面临社会时运的不济、他人的苦难时不由自主产生的怜悯之心。明辨是非的观念是指内心的良知赋予人的正义感，有辨别社会事件的道德性质的意愿，能够"做出裁决的道德判断力"①。奉献精神感动是指对于他人的奉献事迹所引发的内心的感动和共鸣。漠视善举的愧疚是指面对他人的善意却冷漠、迟钝麻木的惭愧之心。这就是说，正是由于人天生具有良知的本心，道德良知教育才得以可能，而之所以要对青年学生进行道德良知教育，是因为良知虽是人类与生俱来的一种天赋，但是"如果良心在沉睡，就不可能有自我教育"②。价值观尚未定型的青年学生容易受到外在事物的影响而逐渐泯灭良知之心，而行之有效的道德良知教育不仅可以唤醒青年学生天生的良知本性，还能促使其形成正确的价值取向以引导青年学生在面临道德选择时进行自我道德教育。对青年学生的道德良知教育，是不能忽视悲天悯人情怀、明辨是非观念、奉献精神感动和漠视善举愧疚教育的。其一，没有道德良知教育，青年学生的人性教育就难以健全。其二，没有道德良知教育，青年学生就很难成为彻底意义上的道德判断个体。其三，没有道德良知教育，青年学生就很难成为具备美好品质的个体。至于如何才能够履行对青年学生进行道德良知教育的责任，中国式教育现代化应该至少从三个方面加以实践。其一，道德良知教育，对于个体的道德人格能否形成、社会的道德运行机制是否切实有效，具有积极性作用。只有履行好道德良知教育，才能够促使青年学生形成道德自律意识，进而形成健全的道德人格。健全道德人格判断所依赖的精神因素之一就是良知，之所以下如此判断的根本原因就在于人们有良知③。也就是说，道德的精神基础源于良知的

---

① 康德：《单纯理性限度内的宗教》，李秋零译，北京：中国人民大学出版社2003年版，第198页。

② 《湖南教育》编辑部编：《苏霍姆林斯基教育思想概述》，长沙：湖南教育出版社1983年版，第109页。

③ 梯利：《伦理学概论》，何意译，北京：中国人民大学出版社1987年版，第24页。

存在，如果没有良知，就很难在道德上辨别行为善恶，更无所谓存在社会的道德原则、道德规范和道德生活了。其二，从优秀人物具有道德良知的社会事实来看，道德良知教育具有可行性。中国古代哲学家王阳明曾说，"知善知恶是良知，为善去恶是格物"①。王阳明的观点很明确，仅仅有一颗良知之心而不付诸行动，也就没有所谓的道德良知，即只有出于人们良知的道德践履，良知才能显现。如在"感动中国十大人物"之中，我们就能发现无论是科学家、教授、残障人士，又或是农民，都在自己的专业领域或是日常生活中显现出做人的良知。也就是说，实践证明，道德良知教育能够促使人们唤醒良知，以形成其道德人格。其三，达到道德良知教育的有效性，离不开正确的道德良知教育方法。所谓道德良知教育的有效性，就是指道德良知教育所能达到的预期的、正面的、积极的效果，即满足人和社会道德需要的效果。正确的道德良知教育方法能够有助于明确其目的，即要教育青年学生不能以功利性的目的学会"伪善"，而是要以追求人类社会共同的幸福去唤醒良知。正确的道德良知教育方法不是要以外在的强制性力量约束人们的行为举止，而是要在过程中将社会的道德价值和道德规范内化为信念和情感，以促使青年学生自觉地养成道德良知意识。

  中国教育现代性所表征的真理意识教育，就是指要将青年学生培养成为具有反思思维、求真思维、探索思维和创新思维的中国式现代化教育。反思思维是指对某种既定的事物或者观念存疑，从而进行审慎的、持续的思考的思维方式，是问题意识产生的根源。求真思维是指基于反思思维而进一步去追求真理的思维方式。探索思维是指建立在求真思维的基础上，为寻求真理而付诸实践的思维方式。创新思维是指在探索事物或现象的过程中以旧有的思维方式无法解决现实问题时，自觉寻求新

---

① 王守仁：《王阳明全集》（上），吴光等编校，上海：上海古籍出版社2015年版，第102页。

的思维方法去观察、分析、解决问题的思维方式。正是基于如此认知，对青年学生进行真理意识教育，是不可以忽略反思思维、求真思维、探索思维和创新思维教育的。其一，没有真理意识的教育，青年学生就很难成为一个具有独立思考能力的个体；其二，没有真理意识的教育，青年学生就很难成为一个具有自我发展能力的个体；其三，没有真理意识教育，青年学生就很难承担建设中国社会主义现代化强国的重任。为此，中国式教育现代化应该至少从三个方面展开教育才能有利于履行真理意识教育的使命。其一，青年学生的发展和社会的进步正是不断发现问题、解决问题、接近真理的过程。正是在此意义上，真理意识教育于青年学生而言具有必要性。真理意识之所以有利于培养探求真理的科学精神和勤奋务实的治学态度，是因为真理意识是促使青年学生主动认识被遮蔽的现实、达到对事物真正认识与把握的前提。其二，从优秀人物具有真理意识的案例中论证真理意识教育的可行性。如竺可桢不仅在思想上具备了真理意识，而且在生活中也践行着这种人文情怀。生活中，他不计较外在的功名利禄，积极探索、追求真理，为中国的科学事业做出了伟大的贡献。竺可桢自己对这一思想的概述是，追求真理就是要具有"只问是非，不惧利害"[①]的人文情怀。再如苏格拉底，因为其对真理的坚持而献出了自己的生命。以上这些论据，足以显示出真理的伟大力量和进行真理意识教育的可行性。其三，由于反思思维、求真思维、探索思维和创新思维都是真理意识教育所期冀青年学生能够具备的思维能力，因此，真理意识教育就必须要保证教育活动的有效性。也就是说，真理意识教育既要培养青年学生具备"勇于坚持真理、修正错误，勇于刀刃向内，刮骨疗毒"[②]的信仰，也要向青年学生阐明追求真理的道路存在艰难险阻，即要告知青年学生，如果不具备如此精神品格，很

---

① 竺可桢：《看风云舒卷》，天津：百花文艺出版社2009年版，第140页。
② 《习近平谈治国理政》第四卷，北京：外文出版社2022年版，第526页。

可能只能成为盲从、附和的人，从而导致个人和社会的发展停滞不前。总之，行之有效的真理意识教育不仅能够塑造青年学生的理想人格，而且还是促使青年学生形成参与中国式现代化强国建设能力的重要精神力量。

（作者曹典顺系江苏师范大学哲学范式研究院院长、教授，江苏省习近平新时代中国特色社会主义思想研究中心特约研究员；主要研究方向：哲学基础理论、马克思主义文本文献学、发展哲学、教育哲学等）

以马克思主义哲学中国化为范式开展当代中国哲学研究何以必要与何以可能

——读汪信砚教授《马克思主义哲学中国化——理论与方法》

皮家胜

21世纪初,汪信砚教授受武大哲学传统的感召,甫一由马克思主义哲学基础理论转向马克思主义哲学中国化的研究,即以敏锐的学术洞察力提出了马克思主义哲学中国化研究范式问题[①],意在用马克思主义哲学中国化范式引领、范导显得比较分散、零乱的中国哲学研究,把各种力量汇聚起来,实现中国哲学研究的创新,形成具有中国特色的哲学话语体系。近20年过去了,通过潜心研究和探索,他对当初自己提出的这个极具挑战性的重大理论课题作出了全方位的回应。其成果就是摆在人们面前的这部由人民出版社出版、装帧精美、内容丰富的著作——《马克思主义哲学中国化——理论与方法》。阅读这部著作,有几个问题需要事先予以说明:一是"当代中国哲学研究"的外延问题。这里所说的当代中国哲学研究,主要指学科学术领域的哲学研究,既包含当代中国的马克思主义哲学研究,也包含当代中国学术界对中国传统哲学和西方哲学的研究,甚至也包括哲学史和各种专门哲学的

---

① 汪信砚:《马克思主义哲学中国化——理论与方法》,北京:人民出版社2021年版,第388页。

研究。二是马克思主义哲学中国化范式和马克思主义中国化范式的关系问题。笔者的理解是，汪教授在思考前者的同时，也把这种思考延伸到了后者。实际上这两个命题在本质上并没有区别，只有内容和层次上的不同。也就是说，"马克思主义哲学中国化是整个马克思主义中国化的一个重要组成部分"①，用马克思主义哲学中国化范式规范和引导中国的哲学研究，同时也意味着必须用马克思主义中国化范式规范和引导中国的人文社会科学研究。在哲学研究方面解决好范式问题有利于在整个人文社会科学领域研究范式问题的解决。三是该书的主题问题。按照笔者的理解，这部著作不仅是对以马克思主义哲学中国化为范式开展当代中国哲学研究的必要性和可能性的回答，而且是对怎样用马克思主义哲学中国化范式研究马克思主义哲学和其他哲学问题的回答。这里只讨论必要性和可能性问题，一是限于文章的篇幅无法面面俱到地阐明所有问题；二是该著的大部分内容本身就是一个怎样用马克思主义哲学中国化范式研究哲学问题的范例，需要读者自己去阅读和理解，似无须笔者赘言。

一

在展开讨论中国的哲学研究何以要以马克思主义哲学中国化为范式之前，我们首先需要对马克思主义哲学中国化范式作出准确理解。按照汪教授的定义，所谓马克思主义哲学中国化的范式，"是指当代中国马克思主义哲学研究应该紧紧围绕马克思主义哲学中国化这个中心任务来展开，它的理论目标就是要在当代条件下推进马克思主义哲学中国化；是否有利于推进马克思主义哲学中国化，应该成为衡量当代中国马克思

---

① 汪信砚：《马克思主义哲学中国化——理论与方法》，北京：人民出版社2021年版，第44页。

主义哲学研究的问题和成果的意义的标准。"① 这里包括对研究对象、目标和评价标准三个方面的规定。实质上就是要按照把马克思主义哲学同中国的具体实际和优秀传统哲学相结合的方式，规范和引导中国的马克思主义哲学以及其他全部哲学的研究。这之所以是必要的，主要基于以下几点：

第一，以马克思主义哲学中国化为范式展开当代中国的哲学研究，是由马克思主义哲学的性质、宗旨和根本特点所决定的。马克思、恩格斯虽然公开宣称自己的哲学是无产阶级的哲学，他们创立哲学的目的是为无产阶级锻造思想武器，但由于无产阶级与人类利益的一致性，因此，马克思主义哲学从它诞生的那一刻起，就具有全人类的性质。正如马克思所说的那样："旧唯物主义的立脚点是市民社会，新唯物主义的立脚点则是人类社会或社会的人类。"② 当然，一种哲学是否具有世界性质或人类性质，绝非仅由它的创立者加以宣称和断言，而必须由它的性质和作用来加以证明。这种证明来自两个方面：一方面，要看它能否被各国、各民族所接受和理解，从而在世界范围内广泛传播开来；另一方面，要看它能否同各国各民族的社会实际相结合，从而成为这些国家和民族的人们用来观察、思考和改变自身命运的工具。总之，任何哲学要成为人类哲学，都必须通过民族化来实现。民族化是检验一种哲学是否具有世界历史意义的试金石。马克思主义哲学只有在民族化过程中才能获得它作为人类哲学的充分证明。因此，无论是马克思主义哲学的苏俄化、日本化，还是马克思主义哲学的中国化等，都绝非可有可无，而是既对马克思主义哲学自身发展也对各国各民族的社会和精神发展具有十分重要的意义，是一个不可或缺、具有必然性的过程。以马克思主义哲学中国化为范式的当代中国的哲学研究，所体现的正是马克思主义哲学所具有的这一本质要求。马克思主义哲学不仅是具有世界历史性质的哲

---

① 汪信砚：《马克思主义哲学中国化——理论与方法》，北京：人民出版社2021年版，第151—152页。

② 《马克思恩格斯选集》第1卷，北京：人民出版社1995年版，第57页。

学，而且是关于无产阶级和人类解放的哲学。无产阶级和人类解放因世界历史发展的不平衡性而绝不可能一蹴而就，必然有一个从一个国家到另一个国家、从一个民族到另一个民族的曲折而漫长的发展过程。在这一历程中，马克思主义哲学把各国的无产阶级当作自己的物质力量，各国无产阶级则把马克思主义哲学当作自己的精神力量。只有实现这两种力量的有机结合，才能为一个国家或民族的解放提供成功的可能性。这就充分说明，马克思主义哲学的宗旨只有在它指导各国各民族谋求解放的过程中才能得到体现并最终得以实现。以马克思主义哲学中国化为范式的中国哲学研究，所体现的正是马克思主义哲学的这一崇高理想。马克思主义哲学不仅具有世界历史性质和人类解放的价值理想，而且具有实践性这一根本特点。强调实践的重要性和理论必须与实践结合，是马克思主义哲学最根本和最鲜明的特点。这一根本特点要求各国的无产阶级和马克思主义者都必须将马克思主义哲学与各国的实际紧密结合，必须克服对待马克思主义哲学的教条主义的态度，懂得马克思主义原理的应用"在英国不同于法国，在法国不同于德国，在德国又不同于俄国"①这些基本的道理。只有立足于本国实际研究和运用马克思主义哲学，只有把马克思主义原理应用于"本国的经济条件和政治条件"，并"随时随地都要以当时的历史条件为转移"②，各国的马克思主义者才可以理直气壮地说自己是按照马克思主义哲学的要求在研究、应用马克思主义哲学的。汪教授提倡以马克思主义中国化范式开展中国的哲学研究，绝非空穴来风，而是自有其本源。这个本源就是，民族化不仅是由马克思主义的创始人提出和倡导的，而且它自身就是蕴涵在马克思主义哲学之中的理念、原则和方法。

第二，以马克思主义哲学中国化为范式开展当代中国的哲学研究，是当代中国社会发展的客观需要。当代中国的哲学研究是从以往的中国

---

① 《列宁全集》第4卷，北京：人民出版社1984年版，第161页。
② 《马克思恩格斯选集》第1卷，北京：人民出版社1995年版，第248页。

哲学研究演化和发展而来的。这一研究何以必须以马克思主义哲学中国化为范式,其答案要到马克思主义哲学中国化的历史进程中去寻找。首先,马克思主义哲学传入中国并实现中国化,完全是由中国近现代特殊的历史境遇所决定的。自鸦片战争以降,帝国主义的野蛮入侵和腐朽没落的封建统治就将中华民族带到了亡国灭种的境地,救亡图存成为近现代中华民族最紧迫最根本的任务。为了拯救自己的国家,中国的志士仁人开始把眼光瞄向西方,试图通过引进西方的科学技术和文化学术来改变中国落后的面貌。从哲学方面来说,罗素的自由主义、叔本华和尼采的唯意志论、蒲鲁东和巴枯宁的无政府主义、杜威的实用主义等,都被一股脑儿地引进到中国,它们也曾经对一部分中国人发生过深刻影响。但由于这些理论要么是为西方资本主义服务的意识形态,要么是为帝国主义侵略辩护的强盗逻辑,完全与中国社会的需要背道而驰,因而不仅救不了中国,反而加速了中国社会的解体或灭亡。因此,这些理论很快被中国人所抛弃就是理所当然的了。只有马克思主义哲学,它运用唯物史观和阶级斗争的学说,不仅对资本主义进行了鞭辟入里的揭露和批判,对帝国主义大肆掠夺殖民地的丑恶嘴脸进行了强烈的谴责,而且对各国无产阶级反抗资本主义的斗争,对被压迫民族反抗帝国主义侵略的斗争给予了高度赞扬。这一投射出理性光辉、始终站在无产阶级和劳动人民一边、秉持科学观点与方法的哲学理论,一经被介绍到中国,就受到了热烈欢迎和推崇,并与中国的具体实践和优秀的传统哲学结合,逐渐成为中国人的思维习惯和心理定式。这种习惯和定式经过中国一代又一代马克思主义者的培育和加工,最终升华为一种哲学范式。这乃是一种符合历史逻辑的结果,是势所必然而已。其次,以马克思主义哲学中国化为范式开展当代中国哲学研究,也是马克思主义哲学中国化的历史向我们昭示的真理。什么时候我们实现了马克思主义哲学同中国的具体实际和中国优秀传统哲学的结合,什么时候就一定会出现马克思主义哲学与中国革命和建设事业的"双重繁荣"局面;什么时候无视中国革命和建设的实际、搞教条主义的照搬照抄,或主观主义的无的放矢,或全盘否定中国的传统哲学、搞历史虚无主义,什么时候就会给中国革命和建设带来巨大损失,同样也极不利于马克思主义哲学的传播和发展。毛泽东、邓小平等是把马克思主义普遍原理与中国具体实际相结合的典范,正是在他们的带领下,中国革命和中国社会主义建设才找到了适合自己国情的发展道路,中国人民才不仅实现了翻身解放的目标,而且走上了实现民族复兴的伟大梦想之路。王明在土地革命后期的教条主义,新中国成立后的"文化大革命",都给中国革命和中国社会主义建设带来了巨大损失和危害。王明差点断送了中国革命的全部有生力量,使中国革命几乎遭受了灭顶之灾;十年"文革",不仅中断了中华民族的文化发展脉络,而且把中国的国民经济带到了崩溃的边缘。这一切都说明,以马克思主义哲学中国化为范式开展当代中国的哲学研究,绝非即兴随想,而是从历史发展的正反两方面经验中概括和总结出来的科学结论,是具有历史必然性和必要性的深刻命题。

第三,当代中国的哲学研究必须以马克思主义哲学中国化为范式,是由当代中国哲学研究的现状和它走向世界的需要所决定的。汪教授根据实际情况对当代马克思主义哲学研究的现状给出了有理有据的分析和判断。他认为,自 20 世纪 90 年代以来,当代中国马克思主义哲学研究,由于不再有人们关注的"热点"和"焦点"问题,且缺乏共同的"问题意识",特别是缺乏共同的目标、信念和评价标准,因此,它实际上正处于一个旧的范式已失去效力、新的范式又尚未形成的"危机时期"①。没有范式或没有形成新的统一范式不仅是当代中国马克思主义哲学研究的现状,而且是整个中国哲学研究的现状。这对整体的中国哲学研究造成很大的危害。其一,使得马克思主义哲学研究力量分散、相互抵消,自说自话或各自为政。这种缺乏协同和合力的状况,进一步还导致当代中国马克思主义哲学研究消融于对各种具体问题的无原

---

① 汪信砚:《马克思主义哲学中国化——理论与方法》,北京:人民出版社 2021 年版,第 159—163 页。

则的议论之中，很难获得与时代发展相匹配、得到学术界广泛认同的重大研究成果。其二，由于当代中国马克思主义哲学研究缺乏创造性的、为学界所认同的重大成果，从而使得整个哲学研究失去了方向。不仅其他哲学研究得不到马克思主义哲学的有力指导，而且出现了"以西解马""以中解马"的乱象，似乎马克思主义哲学需要放在西方哲学或中国哲学的框架中方能得到理解和解释。更有一些人推崇西方马克思主义哲学研究，试图用以取代对马克思主义哲学和马克思主义哲学中国化的研究。还有一些人表面上提出马克思主义哲学要与其他哲学"对话"和"互动"，实际上是要用对西方哲学或中国哲学的研究代替马克思主义哲学研究。总之，正是由于当代中国马克思主义哲学研究缺乏自身的目标、信念和评价标准，才使得马克思主义哲学的研究陷入被其他哲学研究所消融和取消的境地。这说明当代中国哲学研究确立以马克思主义哲学中国化为范式不仅具有必要性，而且具有相当的紧迫性。经过四十余年的改革开放，中国的国力大大增强，现在已是世界上的第二大经济体，在世界舞台上的地位越来越重要，作用也越来越大。与之相适应，当代中国哲学也必须走向世界，并在国际社会中发挥积极的、建设性的作用。要实现这样一个目标，当代中国哲学研究必须做到两点：一是必须强化马克思主义哲学中国化的研究。因为只有真正民族化的哲学、文化、艺术才是世界的，才能走向世界，须知马克思主义哲学最初也是以德意志深厚的哲学底蕴和民族形式出现的；只有经过中国化并带有中国作风和中国气派的马克思主义哲学，才是真正世界化的哲学，才能在世界哲学的发展中发挥它巨大的影响力和作用。二是必须以马克思主义哲学中国化为范式开展当代中国哲学研究。因为只有如此，才能在学术共同体内有共同目标，才会具有为了实现共同目标的相同信念和评价标准，才能凝聚和协同各方力量，创造出无愧于时代的哲学理念和价值观，创造出与负责任大国相称的哲学理论和哲学成就。

二

以马克思主义哲学中国化为范式开展当代中国马克思主义哲学及其全部哲学研究，其可能性首先来自于东西方文化的相互交流、碰撞和融入。世界历史进入资本主义时代之后，无论是物质的还是精神的生产，都已被"各民族的各方面的互相往来和各方面的互相依赖所代替了"，"民族的片面性和局限性日益成为不可能"①。在资本主义全球化的形成和发展历程中，既有西学东渐，也有东学西渐。随着资本主义世界市场的形成和扩张，西方殖民主义者在把西方的哲学文化艺术带到中国的同时，也将中国和其他东方国家的哲学文化和艺术带回到西方。比如中国的哲学就曾经对莱布尼茨、伏尔泰等人产生过较大的影响。黑格尔虽然以西方人的傲慢表现出对东方思想的某种轻蔑，但他也不得不承认哲学的太阳是从东方升起来的。在马克思主义哲学诞生之前，东西方哲学思想就已经显现出相互交融的趋势。马克思主义哲学不仅比上述这些哲学家更有条件吸收人类历史上一切优秀的哲学文化成果，而且它的创始人具有更为自觉的人类意识。这使得马克思主义哲学更加具有普遍性和人类性，是放之四海而皆准的伟大真理。这就使得马克思主义哲学，一方面产生出巨大的辐射力和感染力，另一方面也能够被世界各国和各民族所接受、理解，并运用这一学说来改变自己国家和民族的命运。虽然我们不赞成这样一种说法，即马克思主义哲学是中国传统哲学传入欧洲后的产物，现在的中国化只不过是又回到中国而已，但我们完全可以认定，在东西方文化发生激烈碰撞和交融前提下，在中国优秀文化传统哲学已经对德国古典哲学发生深刻影响的条件下，马克思主义哲学包含着大量中国传统哲学的元素，却是无可置疑的。正因为马克思主义哲学既具有最为广泛的普遍性，又包含着大量的中国优秀的传统哲学成果，既

---

① 《马克思恩格斯选集》第1卷，北京：人民出版社1995年版，第276页。

能与中国的具体实际结合改变中国的国家命运,又能用来改造和提升中国的传统哲学,那么,随着当代全球化趋势的不可遏制的发展,以及建立人类命运共同体的呼声愈益得到更多国家和民族回应的时代的到来,以马克思主义哲学中国化为范式开展当代中国哲学研究就不仅具有了更加深刻的必然性,也具有了完全的可能性。

其次,以马克思主义哲学中国化为范式开展当代中国马克思主义哲学及其全部哲学研究,其可能性也来自100多年来马克思主义哲学中国化所获得的成功范例。马克思主义哲学中国化并非始自这一命题提出的时候,而是从马克思主义传入中国即已在中华民族精神领域发生的一场变革运动。最初的中国马克思主义者在译介和传播马克思主义时,就是有所选择的。这种选择完全根据中国具体的实际的需要,是为了解决中国的问题作出的。如李大钊、陈独秀、李达等人,他们最先介绍到中国的马克思主义就是唯物史观和阶级斗争学说。因为这才是当时改造中国社会面貌最有效的武器。中国的马克思主义者在当时虽然还不可能具有把马克思主义及其哲学中国化的自觉意识,但他们做的的确是那个时代最正确的事情。这就是根据中国的国情和社会具体实际的需要翻译、介绍、宣传马克思主义及其哲学。在经历了中国革命和中国社会主义建设异常艰难曲折的历程之后,中国的马克思主义者,不仅积累了革命和建设正反两方面的诸多经验,而且在是否需要和如何将马克思主义及其哲学同中国革命和建设的具体实际、同中国优秀的传统哲学文化结合方面,有了更加坚定的态度和行之有效的路线和方案。在中国革命和建设的不同历史时期,产生了毛泽东哲学思想、邓小平哲学思想和习近平新时代马克思主义哲学思想。毫无疑问,这些成果都是在把马克思主义哲学同中国革命、建设的具体实际和中国优秀传统哲学文化结合的过程中取得的。离开了"两个结合"或马克思主义哲学中国化,就不会有马克思主义哲学在中国的创新和发展,就不会有中国马克思主义哲学的丰富成果。从学术层面讲,这给哲学研究包括当代中国马克思主义哲学研究和其他各方面的哲学研究提供了一个明确的指引,这就是，只有以马克思主义哲学中国化为范式，才能实现马克思主义哲学在当代的创新和发展，才能使哲学研究发挥引领时代发展和社会进步的重要作用。

再次，以马克思主义哲学中国化为范式开展当代中国马克思主义哲学及其全部哲学研究，其可能性还来自于中国革命和建设事业所取得的辉煌成就。恩格斯曾经提出过著名的"历史合力论"。他认为，历史的最终结果是由许多单个的意志的相互冲突中产生出来的。在理解这一思想时，我们需要注意以下几点：一是这种情况只限于存在于私有制和阶级对立且人类对自己所创造的生产力和自身力量都还未达到自我控制的时代。在这种条件下，社会只能任由各种盲目力量的相互冲突所摆布，最终会产生出一个所谓的平均数，一个各方面都没有预料到的结果。二是不仅社会领域由各种盲目力量的冲突所左右，思想或精神领域也是如此。因为精神领域无非是社会存在状况的反映而已。三是这种受盲目的必然性支配的人类社会充满着自我毁灭的危险。因此，人类必须通过社会革命消灭造成这种盲目力量相互冲突的私有制，通过上层建筑领域的革命消除意识形态领域相互对立的力量的冲突，从而达到消除人类自我分裂和自我毁灭危险的目的。中国的革命和社会主义建设，一是消灭了以往占统治地位的私有制和作为剥削阶级而存在的私有者阶级，从而使社会的各种力量能够逐步地被全社会合理、自觉地加以控制；二是与社会存在相适应，上层建筑虽然也还存在着矛盾和斗争，但消除了具有根本对立倾向的盲目力量的相互对立和冲突；三是社会自我分裂和自我毁灭的危险得到了消除。这就为学术界以马克思主义哲学中国化为范式开展当代中国马克思主义哲学和其他哲学研究创造了有利条件，提供了充分的可能性。

(作者皮家胜系广州大学公共管理学院教授)

三

学术视点

从马克思关于人的本质理论的三个命题看唯物史观的创立

谢江平 张亚润

[摘　要] 唯物史观的创立与青年马克思对人的理解密切相关，青年马克思关于人的本质理论有三个著名命题。"人就是人的世界，就是国家、社会"，是马克思对人的社会关系本质的最初论述。马克思批判国民经济学的"利己的人"假定，指出"利己的人"是对市民社会个人的理论抽象，是一定社会历史发展阶段的个人，并在此基础上展开对资本主义生产关系及资产阶级经济学的批判。与功利主义者一样，马克思肯定"人的需要即人的本质"，但马克思反对把人视为单纯的消费者，马克思认为，生产活动才是人更为基本的活动，生产关系对人的其他社会关系具有决定性意义。"人是人的最高本质"体现了马克思人的本质理论的价值之维，马克思以人的自由全面发展作为人的最高价值和最终目标，以人性为标尺展开对现实社会的批判，赋予唯物史观以批判锋芒。

[关键词] 人性　需要　劳动　价值

马克思对人的本质的论述，广为人知的是《关于费尔巴哈的提纲》中，人的本质"在其现实性上，是一切社会关系的总和"的论述。马克思对人的本质的社会关系界定与新世界观的诞生同时发生绝非偶然。正是将人的本质的研究引向社会关系，马克思开始了对人类社会物质生产交往关系、交往方式的考察，进而发现生产力和生产关系矛盾运动，开启了新的世界观；同样，也正是从人的社会关系本质出发，马克思把"利己的人"看成是经济范畴的人格化，并在此基础上展开对资本主义生产关系及资产阶级经济学的批判。马克思关于人的本质理论是理解马克思的哲学、经济学变革的重要线索。

一、"人就是人的世界，就是国家、社会"：从利己的人到社会人

资本主义社会以来，随着生产工具的不断改进和生产资料的不断丰富，社会财富愈加增多，人与人之间的利益关系逐渐凸显，人的利己主义倾向开始被众多经济学家所关注。孟德维尔在《蜜蜂的寓言》中将人视为"各种激情的混合体"，认为人受激情支配追求自身欲望的满足，自私、贪婪、奢侈、虚荣是人们行为的推动力量。孟德维尔以寓言的方式反思个人对私欲追求的合理性，迎合了新兴市民阶层发家致富的愿望，"自利人"由此成为资本主义市场经济的基本信条。经济学的鼻祖斯密在《国富论》中断言，人"只是盘算他自己的安全；……他所盘算的也只是他自己的利益"[1]。在经济生活中，人们在自己需要帮助时，并不会将希望放在他人的人性上，而是希冀于他人的利己主义，并且也绝不会说出自己是有需要的，而是说这对他人是有利的。李嘉图在27岁时读到《国富论》，兴趣由此转向经济学。他从人的问题出发，研究分析经济现象，认为社会完全屈服于个人，溶解于个人，因而，个人利益是人类行为的准则，每个人在自己的活动中只遵循利己主义，追求自身的最大幸福。

---

[1] 亚当·斯密：《国民财富的性质和原因的研究》（下卷），郭大力译，北京：商务印书馆1974年版，第27页。

马克思在《论犹太人问题》中，将从利己主义角度抽象出来的、与现实社会分离的人归结为"利己的人"，认为这样的人是市民社会中的成员，不是类存在物，而像是独立自在的单子，把他们联系起来的唯一纽带是个人需要，是私人利益。"利己的人"将个人利益作为自身行为的出发点和落脚点，利他也不过是为达到利己的手段。在资本主义生产关系中，他们并不关心彼此之间的联系及其社会状况，唯一关心的是在分工和交换等环节中，自身的利益如何实现、如何满足，"利己的人"被夸大和固定化，成为普遍的、一般性的人。从英法古典政治经济学的产生，到现代西方经济学说的发展，"利己的人"逐渐形成和完善。古典经济学家的集大成者马歇尔，肯定人的利己动机，认为无论是在古代还是现代，自私自利始终是人的特点。二十世纪最具影响力的经济学家之一弗里德曼致力于扩大"利己的人"的内容，主张人们一切"所关心的、所珍视的、所追求的，就都是私利"[1]。究其根本，"利己的人"的框架和内容虽然随着时代变迁有所发展，但并未能突破马克思在早期著作中对"利己的人"的批判，摆脱这一假设的根本缺陷。

马克思看来，"抽象的利己主义者的人"是资产阶级"思维的利己主义"[2]。国民经济学家将人的交往看作纯粹的利己主义行为，看到了人与人之间的利益联系，并把利益作为人与人联系的唯一线索。马克思批判国民经济学家片面的概括人的行为动机，将人从人与人、人与共同体的现实社会关系中抽离出来，将个人的其他一切规定性抽去，使市民社会中的人成为"封闭于自身、封闭于自己的私人利益和自己的私人任意行为、脱离共同体的个体"[3]，将人变成了单子式的个人。实际上，"利己的人"是对资本主义剥削关系合理化的虚假论证，是追逐自身利益的自私、贪婪的资产阶级的理论自画像。人的真正本质被曲解了，现实的

---

[1] 米尔顿·弗里德曼、罗斯·弗里德曼：《自由选择》，胡骑、席学媛、安强译，北京：商务印书馆1982年版，第31页。

[2] 《马克思恩格斯文集》第1卷，北京：人民出版社2009年版，第207页。

[3] 《马克思恩格斯文集》第1卷，北京：人民出版社2009年版，第42页。

人被抽象的符号所代替，成为了脱离历史与现实的抽象的人。

马克思认为，经济范畴是现实的经济关系的理论反映，仅在这些关系存在时才是真实的。"利己的人"作为对资本主义社会经济关系的理论抽象，是特定社会生产关系的产物，是市民社会的人。"利己的人"强调的是人的利己之心，但利益并非是所有社会的行动原则。实际需要、利己主义是市民社会的基本原则，只有在市民社会中，每个人才"都把本身利益作为自己的目的"①，但是在市民社会不够发达的前资本主义时期，利益并非人们的行为准则，实际上，"利己的人是已经解体的社会的消极的、现成的结果"②。恩格斯也认为，只有英国人才有一部社会的历史，"群众才作为群众为自己的单个利益进行活动"③，而法国人和德国人正处于走向市民社会的中途，利益并非人们行动的基本原则，德国人就满足于对抽象原则的偏好。五世纪意大利教皇利奥一世的格言宣称："钱生息是灵魂的死亡"，这是对利益原则的最有力的反驳。只是在资本主义商品经济这个特定社会历史发展阶段，才存在着所谓的"利己的人"，一旦把这个特定历史阶段的范畴看作是普遍的、永恒的规律，而不是放入一定的历史阶段和生产力发展的实际中，就走上了不可饶恕的道路。

"利己的人"忽视了人的历史性，也忽视了人的社会性。马克思看到，生产力水平越低，交换手段产生的力量就会越小，连接个人的共同体的力量就愈大，个人越往前追溯，就越表现为不独立，附属于一个较大的整体，离开群体，个人就无法生存，这就是所谓的人的依赖。资本主义商品经济的诞生，促进了生产力的发展，形成了普遍的社会物质交换，全面的关系，多方面的需求和全面的能力的体系，个人便从共同体中独立出来，生产者个体相对于以前的时代，具有更大的独立性，这是建立在物的依赖性为基础之上的独立性，是只有在社会中具有的独立，

---

① 黑格尔：《法哲学原理》，范扬译，北京：商务印书馆1961年版，第201页。
② 《马克思恩格斯文集》第1卷，北京：人民出版社2009年版，第46页。
③ 《马克思恩格斯文集》第1卷，北京：人民出版社2009年版，第92页。

交换关系的发展，导致生产者与生产者之间的相互依赖和相互制约关系不断增强。然而，从另一个方面说，市民社会中人与人的相互联系表现为人与人的利益对立关系，这样的物质利益对立就剥夺了人与人的共同性和普遍性，乍一看，市民社会好像是一个原子论的体系，个人就像孤立的单子一般消融于相互敌对的世界之中。但实际上，"利己的人"只有在观念中、在自己的想象的天堂里才是原子，就现实的市民社会而言，"利己的人"存在本身事实上就是社会性的存在。

马克思强调，要从现实的社会生活出发考察人的本质，并且指出考察方法的前提"不是处于某种虚幻的离群索居和固定不变状态中的人，而是处在现实的、可以通过经验观察到的、在一定条件下进行的发展过程中的人"①。因而，这样的人必定是有血有肉的、从事着实际活动的人，是时刻发生着社会关系和政治关系的社会中的人。人与社会的关系表现在两个方面，一是人与人之间的联系构成社会，人是社会中的一员；二是人本身就是人的活动、人的世界，作为人而进行活动，其本身的存在就是社会的活动。人是"社会存在物"。马克思指出，无论是人在进行劳动时所用的材料，还是在劳动中身为主体的人，都是在运动的范畴中所包含的，并且整个运动都是社会中的运动，蕴含着社会性质，"正像社会本身生产作为人的人一样，社会也是由人生产的"②。因而，只有采取发展的而不是静止的、具体的而不是抽象的、可经验的而不是抽象虚幻的前提看待人与社会的关系，考察人的本质，才不会陷入抽象人性论的网罗。相较于利己主义的观点，马克思的这一发现对人的社会性本质有着更深层的认识。

在1843到1844年间，针对以上关于"利己的人"、人的单子式的种种观点，马克思明确指出："人不是抽象的蛰居于世界之外的存在物。人就是人的世界，就是国家，社会。"③ 社会、国家、世界等这些形式和

---

① 《马克思恩格斯文集》第1卷，北京：人民出版社2009年版，第525页。
② 《马克思恩格斯文集》第1卷，北京：人民出版社2009年版，第187页。
③ 《马克思恩格斯文集》第1卷，北京：人民出版社2009年版，第3页。

社会组织，都是人的本质的一种存在方式，而人也在表现着国家的本质。1845 年，马克思在《提纲》中，对人的社会关系本质做出了进一步规定，"人的本质不是单个人所固有的抽象物，在其现实性上，它是一切社会关系的总和"①。在《德意志意识形态》中，马克思和恩格斯进一步对人的社会性进行论述，人的社会性在于人总是处在一定的社会关系中，人与人之间最初就有一种物质的联系，同时"社会结构和国家总是从一定的个人的生活过程中产生的"②，人是处在社会、国家、世界中的人，也是人的生活构成了社会、国家、世界。人的本质的社会关系向路开启了新的世界观的大门。

二、"人的需要即人的本质"：从消费者到生产者

与资产阶级经济学者将人性归结为人的利己心不同，功利主义将人性等同于人的感性需要，认为人的需要就是人的本质。功利主义理论"将人性描述成各种欲望和需求的简单集合，这些需求的满足会产生快乐，而受挫则带来痛苦"③，人与动物一样都是趋乐避苦的生物体，工作是令人不快的，繁重的劳作令人痛苦，休闲则是令人向往的。在这样的人性论的前提下，他们把人视为消费者，而不是生产者，正如休谟所描述的那样，每一样东西都放在触手可及的地方，"没有费劲的工作要做，不需要耕耘，也不需要出海"。这种消费主义的人性论把人等同于消费性动物，人性、人的本质并没有被凸显出来。穆勒把快乐分为高级快乐与低级快乐，试图将人性区别于动物性，他声称与简单的满足感官欲望相比，"成为不满足的苏格拉底，更好"。虽然穆勒将需要从感性提升到理性，但是功利主义者并没有因此阐明人的需要的全面性，不论是人的

---

① 《马克思恩格斯文集》第 1 卷，北京：人民出版社 2009 年版，第 505 页。
② 《马克思恩格斯文集》第 1 卷，北京：人民出版社 2009 年版，第 524 页。
③ 肖恩·塞耶斯：《马克思主义与人性》，冯颜利译，北京：东方出版社 2008 年版，第 39 页。

感性需要还是理性需要，都是从消费角度而言的，在他们看来，人本质上是一个消费者。

马克思也承认需要、消费在认识人的本质中的作用。在现实世界中，人不可避免地有很多需要，"每一个单个人的本质，是他自己的活动，他自己的生活，他自己的享受，他自己的财富"①，"他们的需要即他们的本性"②，人的需求的对象在一定程度上表征了人的本质。马克思批判国民经济学家虽然看到了人的需要，却把人看作只是满足最基本的肉体需要的牲畜。人的需要不是单一的、仅仅维持生存的，实际上人的需要也包括精神方面，"有能够进行精神创造和精神享受的时间"③。"从主体方面来看：只有音乐才激起人的音乐感；对于没有音乐感的耳朵来说，最美的音乐也毫无意义，不是对象，因为我的对象只能是我的一种本质力量的确证"④。马克思进一步指出，人的需要也应该到"对象世界"即人可以感性直观到的物质生活中去寻找。

就需要而言，动物的需要与人的需要有本质不同。动物仅靠其本能活动就能从自然界获得需要的一切，而人的需求却无法直接从自然界中获得满足。从理论方面来讲，动物、空气、光等等，属于自然存在物，是科学研究的对象，是艺术的对象，是人的意识的一部分，从实践方面来讲，这些东西也是人进行生活、活动的一部分，是人们实践活动的对象。就此来看，人与动物最大的区别在于，人不仅把自然界当作生活资料，更能将其当作自己进行劳动的对象。人是"通过活动来取得一定的外界物，从而满足自己的需要。（因而，他们是从生产开始的）"⑤。与动物不一样的地方在于，人对"无机界"的依赖更普遍、更宽阔，这就主要体现在人的加工和改造。人通过生产以满足消费，生产活动扩张了

---

① 《马克思恩格斯全集》第42卷，北京：人民出版社1979年版，第24页。
② 《马克思恩格斯全集》第3卷，北京：人民出版社1960年版，第514页。
③ 《马克思恩格斯文集》第1卷，北京：人民出版社2009年版，第125页。
④ 《马克思恩格斯文集》第1卷，北京：人民出版社2009年版，第191页。
⑤ 《马克思恩格斯全集》第19卷，北京：人民出版社1963年版，第405页。

人的需求的范围，使人的需求超越了动物的需求，从而把人的消费与动物的消费区别开来。

相较于把人只看作消费者，人性、人的本质就无法得到充分展开，何况只消费不劳动的生活对多数人而言，也是不可能实现的，马克思更为看重的是，消费是以生产这一更重要、更基本的活动为条件的。关于生产攸关人的本质这一点，可以从人与动物之间的关系来确证，在马克思思想处于重要转折的时期，就已经谈道："动物和它的生命活动是直接同一的"，"诚然，动物也生产。动物为自己营造巢穴或住所，如蜜蜂、海狸、蚂蚁等。"① 从人与动物有相似之处来看，人的本质和自己的活动也是同一的，人的活动则主要是劳动、生产。一旦人开始生产生活资料，"即迈出由他们的肉体组织所决定的这一步的时候，人本身就开始把自己和动物区别开来"②，宗教、意识可以作为人与动物的区别，但根本性的区别是生产。马克思之后更为明确的表述道，"个人怎么样表现自己的生活，他们自己也就怎样。因此，他们是什么样的，wassiesind [他们的本质]，这同他们的生产是一致的——既和他们生产什么一致，又和他们怎样生产一致"③，唯物史观是从生产这一根本性前提出发的，对人的本质的理解更应充分考虑这一前提。"为了生活，首先就需要吃喝住穿以及其他一些东西。"④ 因而，人们进行的第一个历史活动，就是生产满足自身需要的资料，也就是生产物质生活本身。从古至今，人们仅是为了能够生活，就必须进行劳动，这是人们创造一切历史的基本条件。生产既是人存在的根本前提，也是人的本质所包含的重要内容。正如阿伦特所言，"马克思的观点是，动物与人类的区别并'不在于他们的思想，而在于他们开始生产自己的生活资料'。他所谓的劳动，和传

---

① 《马克思恩格斯文集》第 1 卷，北京：人民出版社 2009 年版，第 162 页。
② 《马克思恩格斯文集》第 1 卷，北京：人民出版社 2009 年版，第 519 页。
③ 《马克思恩格斯全集》第 3 卷，北京：人民出版社 1960 年版，第 24 页。
④ 《马克思恩格斯文集》第 1 卷，北京：人民出版社 2009 年版，第 531 页。

统一致,是指生产维持生命体必需的物质的手段"①。人们也正是在生产过程中,创造各种新的需求,并且发展了自身。

此外,人和自然之间物质能量的交换过程是在劳动中进行的,"当他通过这种运动作用于他身外的自然并改变自然时,也就同时改变他自身的自然"②。在劳动过程中,人发挥了蕴藏他自身当中的丰富潜能,使自己的本质力量得以展现并外化。劳动使人突破了纯粹的自然状态,超越了单纯的自然条件,建立起属人的世界,使人成其为人。卡西尔赞同此观点,"人的突出特征,人与众不同的标志……是人的劳作"③,也正是人的劳作,确定和限定人的本质,恩格斯概括为"劳动创造了人本身"。

劳动过程不但反映了人与自然的关系,同样也反映了人与人之间的关系,人在生产劳动中形成了广泛的社会联系,这种社会联系反过来也对生产劳动产生重要影响。功利主义者把劳动视为上帝对人类的诅咒,将劳动解释为痛苦而消极的现象,这与劳动本身的社会条件密切相关。伊格尔顿认为,我们所熟知的劳动源于"古希腊语的单词指的是一种自由的、自我实现的改造世界的活动。在古希腊时代,这个词意味着任何自由人的行动,与奴隶的劳作截然不同"④,马克思认同斯密对这一劳动的分析,在奴隶、徭役、雇佣等劳动所处的特殊的历史形式下,劳动成为了令人厌恶的事情,被强制地进行,那么在这些劳动的对立面,人们追求的幸福和自由,便成为了能够不进行劳动。无论是前资本主义的人的依赖关系,还是资本主义的物的依赖关系,都处于私有制的社会条件下,在私有制下,劳动者丧失了生产资料,在劳动产品的分配中处于劣

---

① 汉娜·阿伦特:《马克思与西方政治思想传统》,孙传钊译,南京:江苏人民出版社2008年版,第16页。
② 《马克思恩格斯文集》第5卷,北京:人民出版社2009年版,第208页。
③ 恩斯特·卡西尔:《人论》,甘阳译,上海:译文出版社2004年版,第96页。
④ 特里·伊格尔顿:《马克思为什么是对的》,李杨、任文科、郑义译,北京:新星出版社2011年版,第129页。

势地位，受饥饿所驱迫，他的劳动都是被迫的、不自由的。马克思强调，自由全面的生产活动是人应该追求的目标，"……人的生产是全面的；动物只是在直接的肉体需要的支配下生产，而人甚至不受肉体需要的影响也进行生产，并且只有不受这种需要的影响才进行真正的生产……"人既生产自身，也"再生产整个自然界"，并且人还"自由地面对自己的产品"，"懂得按照任何一个种的尺度来进行生产，并且懂得处处都把固有的尺度运用于对象；因此，人也按照美的规律来构造"①。

在论及社会革命的原因之时，不少学者将革命归结为劳动者的物质需求得不到满足，将革命归结为劳动者的贫困。马克思谈到，这并不是社会革命的根本原因，表面上看，直接导致革命行动的是劳动者的物质需求和贫困，但是，从社会历史发展的总体上看，人们在探究阶级斗争和社会革命时，所指向的并不是消费利益，基本上都是生产利益。② 事实上，是社会基本矛盾的激化，特别是生产力与生产关系矛盾的激化，现有的生产关系成了生产力进一步发展的障碍，为了解放生产力，代表先进生产关系的先进阶级才与代表落后生产关系的反动阶级展开决战，物质需求得不到满足只不过是生产力与生产关系矛盾的一个反映。极端的贫困并不会让一种先进制度取代一种落后制度，相反只会带来无尽的动荡和屠杀，顶多是王朝更替。在论述社会革命的条件时马克思有言，"无论哪一个社会形态，在它所能容纳的全部生产力发挥出来以前，是决不会灭亡的；而新的更高的生产关系，在它的物质存在条件在旧社会的胎胞里成熟以前，是决不会出现的。"③ 这个论述只涉及生产方式，而与贫困无关。正如塔克所言，马克思主义理论主要关心的是生产方式，人作为生产者的活动，人进行这些活动的条件。这一生产性倾向是理解马克思人的本质理论及其社会革命理论的重要出发点。

---

① 《马克思恩格斯文集》第 1 卷，北京：人民出版社 2009 年版，第 162—163 页。
② 罗伯特·查尔斯·塔克：《马克思主义革命观》，高岸起译，北京：人民出版社 2012 年版，第 39 页。
③ 《马克思恩格斯文集》第 2 卷，北京：人民出版社 2009 年版，第 592 页。

三、"人是人的最高本质"：从价值人到现实人

黑格尔把自然界和人的本质归结为抽象思维，认为"逻辑学"是"人和自然界的思辨的思想的价值"。马克思指出"黑格尔有双重错误"，一是当他把国家权力、财富看作同人的本质相异化的本质时，就把它们仅仅当作了"纯粹的即抽象的哲学思维的异化"①。他将全部的现实的对象消除，将抽象思维置于客观世界之上。二是在黑格尔看来，只有思维着的、逻辑的、思辨的精神才是人的真正的本质，是包含着人的本质的内容。马克思批判黑格尔只是从意识层面分析人的现实生活、人的本质和产品，"把人和自我意识等同起来"，始终在"纯思想的辩证法"中兜圈子。另一方面，马克思肯定了黑格尔思想的"伟大之处"，吸收了其辩证法思想的积极因素。"黑格尔把人的自我产生看作一个过程"，分析人的对象化和非对象化，外化和外化的扬弃，从而"抓住了劳动的本质"，"把对象性的人、现实的因而是真正的人理解为人自己的劳动的结果"。② 从对象性的人出发，马克思摒弃了黑格尔将绝对精神作为解释一切的原动力的观点，看到了更为现实的世界。人自身和人之外的自然界、人之外的对象，需要自然界、对象，只有这样，才能满足自身的需要、温饱。因此，马克思得出的观点是：人不仅是具有自然力、生命力和能动性的存在物，也是受到一定客观条件制约的社会的、肉体的、感性的、对象性的存在物。

费尔巴哈反对绝对理念，反对宗教神学，在批判黑格尔思辨哲学为代表的唯心主义人本论的基础上，考虑人的感性存在，将人拉回现实世界，对人的问题进行了系统梳理。费尔巴哈认为，人首先是对象性的存在物，人的对象性使人区别于动物，能把自己作为类、把自己的本质作

---

① 《马克思恩格斯文集》第 1 卷，北京：人民出版社 2009 年版，第 203 页。
② 《马克思恩格斯文集》第 1 卷，北京：人民出版社 2009 年版，第 205 页。

为对象来看待，既具有外在生活，也拥有认识自身的内在生活。其次，人也有着感性存在性这一特征，它是人的类本质的一种表现，包含有人的自然属性、社会属性和精神属性，在费尔巴哈看来，精神、情感也是来自于自然，是自然的产物。费尔巴哈对人的自然本性、人的类本质的说明，为马克思从黑格尔的绝对理念通向现实的人搭建了一座桥梁。马克思肯定了费尔巴哈哲学思想的合理之处，认为他是"唯一对黑格尔辩证法采取严肃的、批判的态度的人"，"真正克服了旧哲学"，"作出了真正的发现"。① 费尔巴哈提出的异化思想，对马克思批判资本主义社会产生了重要的影响，他充分肯定了人的价值和地位，试图将人的本质还给人自身，建立一种"爱的宗教"，以实现人性、人的本质的真正复归。马克思分析费尔巴哈的人本思想，批判其从直观的人的角度去理解活动，"而不是把它们当做感性的人的活动"，"把人的活动本身理解为对象性的活动"。② 恩格斯在《路德维希·费尔巴哈和德国古典哲学的终结》中指出，费尔巴哈在宗教哲学和伦理学方面其实是唯心主义的，尽管有谈到关于政治的命题，但始终是"纯粹的空话"，"关于社会的科学，即社会学，对他来说，是一个 terraincognita（未知的领域）"。③ 马克思揭示费尔巴哈从宗教神学的角度理解人的本质，指出人的本质在其现实性上，"是一切社会关系的总和"，必须要从人的实践或者对实践的理解中去理解人。

费尔巴哈主张，人是自然界的产物，是自然存在物；人具有自然属性和对象性，因而人是类存在物；同时人是社会中的人，构成社会的一部分，是社会存在物。费尔巴哈虽然谈到人与自然、社会的关系，但是并没有深入分析，而只是把他的感性存在这一原则进行了彻底化、具体化。马克思对费尔巴哈的这一思想进行扬弃，从人的价值追求、实践活动和社会历史条件中寻找人的本质。马克思将人性作为批判的尺度。所

---

① 《马克思恩格斯文集》第 1 卷，北京：人民出版社 2009 年版，第 199 页。
② 《马克思恩格斯文集》第 1 卷，北京：人民出版社 2009 年版，第 499 页。
③ 《马克思恩格斯全集》第 21 卷，北京：人民出版社 1965 年版，第 330 页。

谓合乎人性，指的是合乎人作为人应有的、使人成其为人的自由全面发展之性。人的这种应然之性，是人的最高价值和最终目的。从"人的根本就是人本身"出发，马克思肯定人的价值本质。"人是人的最高本质"这一学说可以"归结为这样的绝对命令：必须推翻使人成为被侮辱、被奴役、被遗弃和被蔑视的东西的一切关系"。① 这就进一步表现为："专制制度的唯一原则就是轻视人类，使人不成其为人"，人不仅要在价值维度上实现自身，还要批判现实政治，分析构成具体的社会形态因素，推翻这种让人屈辱、异化的社会关系，才能让人的本性得到全面自由的发展。

在理解人类社会时，马克思把资本主义社会看作人类社会的"最后一个对抗形式"，认为在这个对抗社会中形成的生产力，也是解决对抗形式的物质条件，会推动这一形式的消亡，就代表着人类社会的史前时期的告终，进而肯定"人是人的最高本质"这一命题。人的本质由对人的依赖、对物的依赖，到实现人的本质归落于人自身，在这一过程中所要批判否定的，不仅包括人自身的生活方式和人与人之间的关系，还有旧的阶级关系和政治制度，如此，才能将人的真正本质从现实社会的束缚中释放出来。

奴隶社会的基本阶级包括奴隶主和奴隶。奴隶主是剥削阶级，享有一切特权；奴隶是被剥削阶级，被剥夺了一切权利，后来，奴隶制的剥削形式逐渐为封建剥削的形式所代替。在封建社会，封建领主们拥有土地所有权并世袭，农奴成为被剥削和压迫的对象。地主和农奴"一种人靠另一种人为生，而最终是靠那种像水螅一样附在地上的人为生"②，后一种人在压制和强迫下，只能依靠尘土为生，听命于前一种人，为他们提供所需……马克思称"中世纪是人类史上的动物时期，是人类动物

---

① 《马克思恩格斯文集》第 1 卷，北京：人民出版社 2009 年版，第 11 页。
② 《马克思恩格斯全集》第 1 卷，北京：人民出版社 1995 年版，第 249 页。

学"①。人与人之间的差别和分裂被强制为"个人生存的基础",人依附于他人,其存在毫无独立性、尊严、自由可言。

在资本主义社会中,由于生产力的发展和社会财富的增多,人从过去的剥削关系中解放出来,拥有了更多的空闲时间,人与人之间的交往也更加密切,人的本质得到一定程度的释放。但在市场经济的恶性竞争下,财富逐渐异化,人的真正本质仍然未能实现。工人所获得的"通常工资",只能维持其像牲畜一样生存,使人"完全放弃一切自由来替贪婪者从事奴隶劳动",走向"劳动过度和早死,沦为机器,沦为资本的奴隶……"②的结局。马克思批判资本主义生产方式,指出在资本主义制度下,人成为了非人,人的本质成为了异化存在,人的自由、生活被剥夺。在这里,我们看到的一切都有人的身影,却都不是真正意义上的人。

马克思对人的本质的探究,经历了从批判吸收黑格尔的辩证法思想,到继承超越费尔巴哈的唯物主义,从对人的本质的价值维度为探讨的主要内容,到对人的本质的现实关切为主要对象。在包括《关于费尔巴哈的提纲》之前的马克思早期文献中,主要论述了人的本质的价值之维,应然之维。在这些文献中,马克思为人设定了一个应然的价值理想,并以此批判现实存在,以寻求价值理想客观依据及实现途径;在《提纲》及以后的作品中,马克思致力于揭示人的生存和发展的影响因素,揭示社会历史的发展演变对人的存在的影响,主要涉及人的本质的事实之维,社会关系维度,其代表性成果是《提纲》中有关人的社会关系本质的论述。正是对人的社会关系本质的研究导致了唯物史观的诞生。唯物史观诞生之后,人的本质的事实之维在人的研究中占主导地位,但并不意味着人的事实本质取代了人的价值本质。事实上,人的本质的应然之维依然存在,并作为一种革命性因素融入唯物史观之中,这

---

① 《马克思恩格斯全集》第 3 卷,北京:人民出版社 2002 年版,第 102 页。
② 《马克思恩格斯文集》第 1 卷,北京:人民出版社 2009 年版,第 121 页。

表现在作为历史发展最终结果的共产主义,既是"自然史的过程"的必然结果,也是"作为目的本身的人类能力发展"的最终阶段。就此而言,马克思的人的本质理论是人的事实本质和价值本质的综合。

(作者谢江平系上海师范大学马克思主义学院教授,南开大学哲学博士,吉林大学博士后,主要研究方向为马克思主义理论。作者张亚润系上海师范大学马克思主义学院研究生)

社会主义意识形态引领力建设与文化认同[*]

李 丽

[摘 要] 全球化的进一步发展在世界范围内引起了广泛而深刻的变革，也使文化问题成为国际社会共同关注的重大问题。全球化为民族文化的发展带来了机遇，但同时也带来了许多前所未有的挑战。当今世界文化发展的实践表明，文化的核心性问题之一是意识形态和意识形态的安全问题，而文化认同在意识形态理论和意识形态工作中一直占有基础性的地位。党中央十分重视社会主义意识形态工作，在如何维护和加强我国意识形态安全方面提出了一系列创新性观点和举措，其中最重要的就是不断加强社会主义意识形态及其引领力建设。文化与文化认同作为国家意志、民族精神的基础，在中国特色社会主义伟大事业和中华民族伟大复兴中具有无可替代的地位与作用。如何建构中华民族文化认同，增强社会主义意识形态的亲和力与引领力，是一个值得认真研究的重大问题。

[关键词] 文化认同 国家认同 政治认同 社会主义意识形态建设

---

[*] 本文系教育部项目"中华传统文化与社会主义意识形态引领力建设研究"（18YJA710026）成果。

从当代世界分化与发展的状况看,文化问题越来越成为世界各国关注的重大问题,而文化发展中的核心问题之一是意识形态和意识形态的安全。意识形态和意识形态安全问题一直是党的一项重要工作,具有压倒性地位。从党的十六大开始,党中央就十分重视社会主义意识形态问题,把意识形态安全作为国家安全的重要方面,在如何维护和加强我国意识形态安全方面提出了一系列创新性观点和举措,其中最重要的就是不断加强社会主义意识形态及其引领力建设。文化与文化认同作为国家意志、民族精神的基础,在中国特色社会主义伟大事业和中华民族伟大复兴中占有十分重要的地位。如何建构中华民族文化认同,增强社会主义意识形态的亲和力与引领力,是一个值得认真研究的重大问题。

一、现代性、全球化与文化认同

现代性和全球化的推进,带来了文化的频繁交流和巨大融合,使文化认同成为一个更为复杂的问题。文化是人类独有的,人与动物的区别也在于文化。文化作为自然选择与社会选择的结果,是文明活的灵魂,人类创造世界的思想及其现实生活的图景,都存在于文化之中。"作为一种社会现象,文化具有鲜明的民族性,它以民族为载体依附于具体的国家,成为民族成员深层的历史记忆和民族国家的精神积累。作为特定人群民族性的文化所蕴含的思维方式、价值观念和道德情操,总能在千万次社会实践的重复与强调中,以稳固的社会模式加以沉淀,内化为共同体普遍的社会心理和价值涵量。"[①]

民族有自己的历史,可以在历史中产生、发展,也可能在历史中消亡。但文化与此不同,它与人类共始终。文化认同也与民族认同有很大差异,它是超越民族的。正因为如此,文化认同,要比民族认同更为宽广。但文化认同与民族认同也有深刻的联系,民族是文化认同的载体,

---

① 詹小美:《文化认同视域下的政治认同》,载《中国社会科学》,2013年第9期。

因此，民族认同也是文化认同的基础。但是，文化是认同的灵魂，在民族认同、社会认同和文化认同中，文化认同居于核心地位。事实上，在所有认同中，我们都可以发现文化认同的内容，因此，我们可以说，只有在一定的文化中，各种认同才具有意义和价值。

从文化自身的特点来看，文化认同的本质是民族文化的价值认同。"在现实性上，文化认同总是与民族认同联系在一起，而政治认同则更多地与国家认同如影随形。文化认同侧重的是民族成员不可退出的族属命运，而政治认同则凸显了社会成员选择、判断和评估的主观价值意旨。近代以降，政治认同的现实式微逐渐演变为普遍的社会现象。有鉴于文化认同与政治认同之间高度的互补性和相互促进性，以文化认同固基政治认同，对共同体政治认同的强化就显得格外具有现实意义。"①

文化认同的核心是在民族自身文化特殊性的基础上构建一种新的价值观。中国共产党采取综合创新的文化观念，倡导古今中西文化的融合，以创造社会主义新文化。这种具有博大胸怀的文化理念，超越了近代以来的种种文化理论。共产党所倡导的这种新型文化，就是有中国特色的社会主义新文化，它立足国情世情，融汇民族精神和时代要求，成为建设社会主义伟大事业的精神支柱。建构中华民族文化认同的目标与意义正在于此。

伴随着国家把清明节、端午节、中秋节定为国家法定假日，各种活动都有集体的在场体验和参与。传统节庆总是以其约定俗成的节日活动，一年一次的重复，唤醒和传承民族集体记忆的重要时间段落。没有共同的体验，不会产生共同的集体记忆。周而复始地强化着民族的集体记忆和情感认同。罗宾斯指出："借助集体记忆，借助共享的传统，借助对共同历史和遗产的认识，才能保持集体认同的凝聚性。"②

在集体记忆中，一些传统节日发挥着独特作用。这些节日具有亲民

---

① 詹小美：《文化认同视域下的政治认同》，载《中国社会科学》，2013年第9期。
② 戴维·莫利、凯文·罗宾斯：《认同的空间：全球媒介、电子世界景观和文化边界》，司艳译，南京：南京大学出版社2001年版，第98页。

性和广泛性，在认同构建中具有独特的功能，正是主流精英文化缺少的，它们通常发挥着深层的历史传承和文化认同作用。当然，必须注意的是，这些节日背后，还有深刻的政治、文化和社会原因。这一方面，高小康进行了深入分析，他认为："百年来这种主流文化传统由于一再地经历批判、反思、分化和重构，越来越成为观念性的传统，或者说越来越缺乏真实地存在和传承着的社会交往和情感关系基础。对很多人来说，民族主义是一种宏大的甚至抽象的政治态度、情绪和自我想象，而不是具体地表现为同他人的交流、沟通和情感亲和"。① 因此，必须重视那些深层的民族心理及意识，它们是文化认同丰厚的土壤，也是一个民族国家的家园。一个国家，一个共同体，其凝聚力和向心力的大小，完全在于它是否足够地拥有这种文化认同。

显而易见，文化认同问题具有独特的地位和功能。历史地看，认同是复杂多样的，文化认同尤其如此。泰勒认为，"我们的认同，是某种给予我们根本方向感的东西所规定的，事实上是复杂的和多层次的。"② 正因为如此，我们思考文化认同问题时必须注意，文化认同虽然与文化共性有关，但是我们不能把它建立在这种共性之上。文化是具体的，存在于民族生活实践中，在族群交流和沟通的行为和心理中，具有生命力和凝聚力。文化认同应当建立在这样一个基础之上。文化即人们的生活，构成具体的社会生活环境，这是民族认同的基础。无论什么文化理念和什么样的文化认同，只有在这样的社会生活环境和社会关系中才能得到正确恰当的理解。

在当前全球化的语境中，这一方面更为重要。在资本主义全球化的发展中，西方媒体和文化产业共同努力，制造了一个令人向往的西方，诱使人们复制西方的文化生活方式和价值观念，使其疏离或消散自己民族的文化和传统。西方消费主义意识形态、价值观念和生活方式盛行之

---

① 高小康：《非物质遗产与文学中的文化认同》，载《文艺争鸣》，2007年第3期。
② 查尔斯·泰勒：《自我的根源：现代认同的形成》，韩震等译，上海：译林出版社2001年版，第39页。

后，非西方国家的民族文化传统的深度和历史时空内涵遂被抽空，文化认同于是成为一个悬而未决的问题。

建构文化认同，就必须回到民族文化的现实和历史中。文化认同，在一定意义上具有选择性，我们可以选择特定的思维方式、文化理念和道德规范来建构文化认同。但是，这种体现一定的价值观念的文化认同，只能通过共同的记忆，如集体经验、神话传说和文化符号等，加以实现。这种记忆在文化认同中起着核心性作用。因此，史密斯指出："对于集体文化认同来说，共享的记忆和共同的命运感一样，对其生存非常重要。"①

在当代生活中，这一点尤为重要。当代文化发展进入前所未有的时代，多样性和多元化注入活力，也带来了问题。各种文化混然杂陈，相互碰撞，差异之中有趋同，互相排斥又互相包容，错综复杂，变幻无定，导致文化认同建构充满困难，而又日益迫切。在这种复杂多变的局面下，集体记忆、社会记忆十分重要，具有凝聚民族、延续文化的独特功能。正因为如此，康纳顿认为："至于社会记忆本身，我们会注意到，过去的形象一般会使现在的社会秩序合法化。这是一条暗示的规则：任何社会秩序下的参与者必须具有一个共同的记忆。对于过去社会的记忆在何种程度上有分歧，其成员就在何种程度上不能共享经验或设想。"②

在当代中国，随着社会主义市场经济体制的逐步完善和发展，随着中国国际化进程的加快，不同文化之间、不同价值观念之间的碰撞越来越突出，在文化价值观念多样性多元化的背景下，确立和坚持马克思主义主导的价值观，建构新的文化认同，是一个现实而亟待解决的问题。

文化认同是国家发展的内在动力，文化认同对和谐社会的建设至关重要。当代的文化认同主要是对主流意识形态的认同、对中华传统文化

---

① 安东尼·D.史密斯：《全球化时代的民族与民族主义》，龚维斌、良警宇译，北京：中央编译出版社2002年版，第157页。
② 保罗·康纳顿：《社会如何记忆》，纳日碧力戈译，上海：上海人民出版社2000年版，第3页。

继承和发展的认同，文化认同就是对中华民族凝聚力和民族精神以及社会理想的培育。正因为如此，文化才成为人们争夺的一个重要阵地。所以，萨义德所说："文化成为了一个舞台，各种政治的、意识形态的力量都在这个舞台上较量。文化不但不是一个文雅平静的领地，它甚至可以成为一个战场，各种力量在上面亮相，互相角逐。"[1]

在人类历史发展进程中，同一个民族及其国家通常都具有共同的精神结构、价值系统、心理特征、风俗习惯和行为准则。

必须指出的是，我们应当深入研究文化全球化与经济全球化之间的密切关系。从历史的进程来看，文化全球化是在经济全球化的基础上发生和展开的。事实上，文化全球化实际就是现代性在世界范围内的展开，但是，这种全球化完全是西方国家主导的。正是由于这个原因，我们认为，文化全球化在相当大的程度上也是西方文化的全球化。不容回避的是，在不同文化的博弈、竞争的过程中，文化全球化中的强势文化正在销蚀着一些国家的民族文化传统，解构着它们的价值观念，从而影响着一些国家既有的规范秩序的作用与效果，对这些国家的意识形态构成挑战和威胁。虽然也有一些声音，强调民族文化差异，追求文化平等，但是，无可否认，西方文化试图或正在通过种种方式以西方资本主义文化及价值观的优越贬低其他民族文化，消解它们的文化传统，颠覆它们文化的价值系统。这是文化全球化中一个必须正视的重大问题。

我们必须看到，不管文化的形态如何，不管文化的共同性质如何，也不管文化多样性发展到什么程度，文化的主体都是多元的。换句话说，文化仍然是民族的文化，民族国家仍然是文化的主要单位，也就是说，它仍然是无法取代的文化主体。文化作为民族国家的认同价值观念和价值体系，其核心的内容是意识形态，亦即具有自身世界观的、支持国家政治经济制度和发展道路、规范公民行为和道德水平的一整套信念

---

[1] 爱德华·W. 萨义德：《文化与帝国主义》，李琨译，北京：生活·读书·新知三联书店2003年版。

与理想体系。正因为如此，我们可以说，文化的本质是价值观，那种价值中立或没有价值观的文化是不存在的。因此，文化全球化的一个副产品就是多元政治思潮的出现和盛行。这些政治思潮已经产生了很多重要的影响，深刻地影响甚至制约着人们的价值观念、思维方式和实践生活。其中有些政治思潮则走得更远，比如新自由主义、新保守主义、新干涉主义，等等，已经侵扰到不少国家的政治生活，甚至进入到一些国家决策者的权力之中。正因为如此，文化全球化在带来文化广泛交流、融合的同时，也使一些民族的文化认同和民族认同受到冲击，从而使文化安全和意识形态安全成为一个越来越突出的问题。

  文化认同问题虽然涉及一般文化及其实务，但其意义完全在于某个共同体自身的文化状况。因此，文化认同的主要内容是共同体文化的共源、共生的历史与现实，它的现实背景是多样、多元文化交流、融合而又博弈竞争的文化场域，它的重点是发现和确立与其他群体不同的神话、信仰、符号和共识的意义。因此，在这样的文化认同中，阶级、政党、富人、穷人等的特质或本质属性降低为一般性东西。国家认同重在共同体的政治观念，是国家政治行为的精神和意义，阶级利益、核心价值等，是至关重要的东西。在这个意义上，认同强调的是个体或阶级的价值评判与利益选择。因此，国家认同的主体也不是不变的，比如公民改变身份或国籍，就会直接影响到国家认同及其实现方式。文化认同与此不同，它强调的是民族的历史与传统。在这种情形下，从对大多数人来说最有意义的文化土壤中，可以发现或建构民族的精神和价值，而这一点，可以直接升华为共同体的政治认同。这里内含着三个十分重要的维度，"其一，以文化认同为支点切入共同体政治的实际，带动政治发展的理论思考和实践创新，导引更加细致、贴切的制度建设，固基政治认同。其二，以文化认同为支点切入共同体政治的实际，进行政治资源的利益调适和利益求解，改进和完善共同体内部的利益共享机制，固基政治认同。其三，以文化认同为支点切入共同体政治的实际，促进共同体内部同类价值意识的凝聚，强化共同体成员的心理定式和身份归属，固基政治认同。同类价值意识是政治认同寻求意义、确立归属的源点"。①

文化认同和国家认同具有一种紧密的联系。一般说来,认同首先体现在文化认同上。任何文化冲突、国家对抗,都跟文化认同与国家认同相关联。作为国家认同的前提和基础,文化认同是国家认同形成与展开的一种方式,正因为如此,只有在文化认同中,国家认同才能够实现和升华。文化认同的核心在于价值观及其认同。就国家认同而言,其中最为重要的方面,集中在政治认同、历史认同和文化认同。然而,所有认同,都是历史的,都不是一成不变的。认同总是受到时代发展的制约,集中反映了时代的内容和要求。文化认同与国家认同也是如此。因此,我们应该从具体时代和社会历史发展出发,根据时代要求,建构或发展文化认同与国家认同,将其不断提高到新的水平。

建构和发展文化认同与国家认同,必须与社会主义意识形态紧密结合,也必须与实现中国梦紧密结合。这是时代的要求,也是文化认同与国家认同建构的题中应有之义。文化策略是文化认同的重要内容。文化策略的核心是国家意识形态。建构文化认同,必须注重提升文化软实力。以马克思主义为指导,坚持民族文化自信,加强主流文化的自我认同,以整合与引领社会思潮,清除思想多元化及其混乱,进一步提升民族精神及其凝聚力,团结一致,推动国家与社会的稳定与和谐发展,是建构文化认同必须完成的任务。

二、文化认同与国家认同

文化不是自然现象,而是人的社会属性。文化认同既与民族相关,也与国家政治相关。文化认同是民族认同提升,也是国家认同的一种实现形式。韩震教授指出:"文化认同是人的社会属性的表现形式,文化

---

① 詹小美:《文化认同视域下的政治认同》,载《中国社会科学》,2013 年第 9 期。

认同构成族群认同与国家认同的中介形式。"①

正是因为文化的重要作用和功能，党把文化提高到国家战略的地位。党的十八大报告对文化作了深刻而科学的阐述，指出：文化是民族的血脉，是人民的精神家园，全面建成小康社会，实现中华民族伟大复兴，必须推动社会主义文化大发展大繁荣，兴起社会主义文化建设新高潮，提高国家文化软实力，发挥文化引领风尚，教育人民，服务社会，推动发展的作用。这就是新时代的文化观念，实质在于，它包含着或直接阐明了我们党和国家层面上的文化认同与国家认同。文化认同和国家认同与其他认同不同，它始终贯穿和体现着国家核心价值观念，与核心价值观念一样，它的主体或主旨是国家意识形态。主流文化之所以能够获得社会认同，原因完全在于国家意识形态已经内化为个体社会意识。加强社会主义核心价值体系建设，提高文化认同与国家认同，推动中国特色社会主义伟大事业顺利发展取得成功，是文化建设、文化认同的方向、意义和归宿。

现代性、全球化的发展给民族国家带来深刻影响，也给传统的国家主权概念带来了挑战，国家认同成为一个问题，其重要性不断加强。我国处在一个特殊阶段，从传统社会转向现代社会。很少有国家像我们一样，在社会、经济、政治、文化等领域，都遭受如此巨大的变动。这种社会转型中出现一个十分突出的问题就是国家和民族文化的认同受到冲击，进而使意识形态及其安全成为一个必须解决的问题。

无论何种认同，都有两个因素：一是身份资格，归属于某个群体；二是他者，与个体相对。这两个因素是认同的基本构成。而所谓国家认同，就是说，在某种特定语境中，人们对某一"国家"的身份归属。一般说来，国家认同通常表现为一种主观意识或态度，是国家作用的结果，也是个体社会化的结果，因此，国家认同必须包含两个方面，就是

---

① 韩震：《论国家认同、民族认同及文化认同——一种基于历史哲学的分析与思考》，载《北京师范大学学报》，2010年第1期。

个人和国家。在个人层面上，国家认同的含义是指，某一个体把自己归属于某一个作为政治共同体的国家，接受并承认自己为该国成员，具有该国的身份资格。因此，集体身份必须落实到个人，成为个人的自我认同，只有这样才能具有意义。从这个意义上说，认同具有强烈的主观色彩。但是，认同绝不单单是个人的主观活动，它必须以客观内容为基础，这种客观内容由道德体系、价值观念、行为模式等文化因素组成，任何国家认同都是这样，要从物质的象征物获得支持。就国际层面而言，认同就是另外一些国家对某一国家的认同，意味着对这个国家的传统与文化及其地位的肯定。在国际社会中，只有同时得到本国国民和国际社会认同的国家，才能获得生存与发展的空间。

因此，国家认同具有很强的归属性，某一个体把自己作为一种共同体的成员，根据文化和历史传统，在心理、精神和信仰上确认自己归属于一个国家。从本质上说，现代国家认同是其合法性的来源。国家认同是现代世界中最重要的个人的集体认同，正是这一点，保证了国家主权的合法性。国家认同既是确定的，又是变化的。一个民族或国家的文化基因是不变的，但在不同的阶段，国家认同又有各自不同的形式和内容。正因为如此，国家认同从来都不是抽象的，它永远是具体的和不断变化的。

社会认同理论表明，在个人层面上，国家认同表现为一个人的复杂的心理结构或过程，由一系列的认知构成，包括人们对自己国家的认识、看法和情感，在相当大的程度上主要是人们对于自己国家的情感和评价等。一个人的国家身份是天赋的，但是尽管如此，对于国家的认同是后天培养的，是在漫长的过程中形成的，并非一朝一夕之功，不仅如此，这种认同也是历史的，它总是根据个体经验的积累和环境的变化相应地发生变化。不管怎样变化，国家认同都是一种重要的国民意识，是国家团结的重要纽带，维系着一个国家的生存与发展。对于群体来说，国家认同至关重要，它是一种核心性力量，把各个成员团结成一个坚强的群体。正是由于这个原因，它也是一个社会组织或机构获得自身合法性的依据。我们可以确定地说，在现代世界，国家认同既是个体最重要的集体认同，更是国家主权合法性的重要来源。

近年来，国家认同是一个经常被讨论的问题。学术界对国家认同有着许多不同观点，在一些关键的问题上，尚未达到一种必要的共识。李崇富研究员认为，马克思主义国家观是重要的国家理论，也是国家认同的理论基础和研究指南，必须坚持马克思主义的阶级观点，分析人们的国家认同的具体内容。王卓君教授认为，国家认同出现了危机，全球化又加重了这种危机，尽管如此，我们必须清醒地看到，国家认同危机的根源与其说是全球化造成的，不如说是民族国家自身治理的方面存在的问题造成的。因此，应当以制度、利益、文化、共同体"四者一体"的路径，重塑与建构国家认同。在这种情形下，应当发挥文化的重要作用，因为文化民族成员共同信奉的思想和观念，是一以贯之、代际相承的坚强纽带。所以，把民族文化认同作为一个支点，强化政治认同的基础，能够有效地增强和拓展政治认同的空间，巩固和加强国家与民族团结，这是关键所在。现代国家制度建设的一些重要的方面在于，树立宪法权威，统合政治共同体，实现一体化；完善社会保障制度，保障公民基本社会权利与矫正正义；构建有效的政治整合机制，公开透明，平等参与，民主协商，从而实现身份认同、权威认同、保障认同和程序认同。

在"流动的现代性"的时代背景下，中国的发展面临全球化的外力推动及社会内在转型的双向互动。意识形态引领力建设与国家认同密切相关，把"怎样获得国家认同"的问题，转化成"国家认同何以可能"的问题，将会使我们得到新的观念和途径。消解个人层面的本体性焦虑，使其回归本体性安全及实现国家层面的国家向心力的生产和再生产，彰显国家认同的功能性力量。忽视了国家认同是一种融合与汇聚，忽视一元认同与多元认同相结合，消解国家认同的包容性，无视一元认同下的各种不同的认同形态与理念，将无法构成真正有效的国家认同。

三、国家认同与政治认同

国家认同的成功建构具有十分重要的意义,在国家认同中,国家赋予个人一种身份资格,个人对其意义进行确定和再造,在此基础上,不断进行自我感知、自我构想,不断进行自我选择,使个人安全与发展得到保障。与此相应,个人也不断调整自己,在行为和精神上服从国家规章制度和道德要求,以促进国家的发展。在《自我的根源:现代认同的形成》一书中,泰勒认为:"知道你是谁,就是在道德空间中有方向感;在道德空间中出现的问题是,什么是好的或坏的,什么值得做和什么不值得做,什么是对你有意义和重要的,以及什么是浅薄的和次要的。"[①]

从国家层面上看,国家认同具有特别重要的政治内含,其主要方面表现为对于政治体制的肯定和认可。认同建立在共同文化的基础上,集中表现为个体成员对国家政治体系和文化制度的高度认可与赞同,对于国家的认知、情感和判断及政治参与是其主要内容。因此,民众政治参与的制度化、普遍化,彰显出国家政权稳定,保障并加强着国家政治的合法性。构建这种多元一体的文化认同,能够使不同的政治诉求和政治利益达到新的、理性的和谐,有助于政治共同体发展与稳固。

政治认同与国家认同之间的关系是丰富的,既有复杂性,也有密切的互动性。罗森堡姆指出:"政治认同是指一个人感觉他属于什么政治单位(国家、民族、城镇、区域)、地理区域和团体,在某些重要的主观意识上,这是他自己的社会认同的一部分,特别地,这些认同包括那些他感觉要强烈效忠、尽义务或责任的单位和团体。"[②] 政治认同是一个民族国家政治活动的目标,既包括行政资源的政治整合,又包括共同体

[①] 查尔斯·泰勒:《自我的根源:现代认同的形成》,韩震等译,上海:译林出版社2001年版,第38页。

[②] 罗森堡姆:《政治文化》,陈鸿瑜译,台北:桂冠图书股份有限公司1984年版,第6页。

内部的社会心理和价值观念的文化整合，在国家安全、国民的和睦生活中充分展现出来。政治认知是政治认同的基础，通过一定的政治认知，认知主体实现其政治承认、政治认可和赞同，政治认同得以形成。这是一个民族国家的政治活动的一种结果。政治认同具有主观性，一般表现一种政治心理和政治态度，但它同时具有实践性，表现为一种现实的政治行为。由此可见，政治认同是至关重要的，它既是民族国家的一种标志性的群体特征，也是民族国家团结统一的标志。

我们知道国家认同的形成与国际关系的发展变化是紧密联系在一起的。但是，长期以来，西方主流国际关系理论存在着根深蒂固的理性主义传统，对国家认同不予考虑，只是在建构主义兴起后，才对国家认同有所关注。就现实世界来看，在民族国家内部，有关国家认同问题上尽管有些差异，但那只是程度上不同，而不是本质性的差别。国家认同不是一成不变的，它的发展是一个不断更新的过程。在理性主义者那里，最高的政治认同简化为一种单一的民族国家认同，他们把国家的形成看作理所当然的现象，具有稳定的、坚不可摧的根基。近代以来，民族国家都取得了胜利，但是这种大型的、具有广阔包容性的政治共同体一直遭遇着一些持续不断的压力。政治共同体或者走向中央集权化，成为大的绝对的共同体，或者走向地方分权，分化甚至分裂为一些不同的共同体，都是各种历史因素共同作用的结果。每一种政治共同体，如果能够给人们提供安全和利益，就能够得以存在；如果不能，就会走向崩溃。现在，国际社会有200多个国家，大多已经得到认可，但是要求自治或获得国家地位的政治单位，要远远超过这个数目。建立在国家中心论基础上的国际关系理论，在国家的研究上有一些问题，它忽视国家内部的互动因素，也不注重个体的心理作用。如新现实主义理论，它主要研究国际结构，重点研究这种结构对国家行为的影响，完全不考虑文化和心理方面的影响。它强调一个自明的前提，即国家天然地为其国民提供主要的认同，这些国家和这些国家组成的地区构成了现实的国际社会。

国家是一个共同体,其中有两种制度体系,一种是文化的,一种是政治的,二者不同,但是相互统一。文化的和政治的制度体系代表着不同的主体。文化是普遍的,人们可以共享,但政治集中代表着权力主体。社会成员在政治生活中,积累经验,获得政治知识,发展政治能力,从而形成政治意识和政治立场,这是政治的社会化过程,它是政治能够实现的基础。权力主体是政治社会化的引导者,以共同体的价值观作为导向,这一价值观就是政治意识形态。共同体成员对权力主体的意识形态的认同,也是在政治社会化的过程中实现的。这样的认同有利于政治合法性的维护和巩固,哈贝马斯指出:"合法性意味着某种政治秩序被认可的价值。"[1]

在价值多元的现实状况下,国家认同遇到一些新的问题,就是全球化带来的分化和独立性。传统瓦解,个性张扬,人们的社会存在发生巨大变化,价值体系受到质疑,需要重新定位。价值世界的变化,使各种价值的比较和竞争成为新的现实,极大地影响到国家认同的稳固和发展。研究表明:"所有这些领域均可按照价值从多元获得了认同的前提,进而得到广泛的、普遍的价值认同,并最终以国家、民族这个载体,实现政治认同为归属。"[2]

从这个意义上说,国家认同就是政治认同,或者说政治认同是国家认同的最直接、最主要的表现。王仕民等特别强调个体对于共同体的这种认同,认为"在现实性上,基于共同底线的政治认同是社会成员对共同体政治的制度、利益、价值和绩效的承认、认可和赞同,表现为寻求意义、斥异'他者'的归属过程,同时也是价值多元分殊下重寻安全感与集体感的内化过程。"[3]

现代公民身份取决于民族国家的政治架构。公民具有国家赋予的权利,但他必须承担相应的义务。然而,全球化给民族国家带来的影响,

---

[1] 哈贝马斯:《交往与社会进化》,张博树译,重庆:重庆出版社1989年版,第184页。
[2] 王仕民、詹小美:《价值多元语境中的政治认同》,载《哲学研究》,2014年第9期。
[3] 王仕民、詹小美:《价值多元语境中的政治认同》,载《哲学研究》,2014年第9期。

也在相当大的程度上淡化甚至模糊了公民身份，"我是谁""我们是谁"，成为多元化的价值语境中的典型问题。正是由于这样的原因，公民身份具备了多个层次，展现出前所未有的多样性，这个事实，使身份认同趋向于一种价值多元化的语境。公民获得双重国籍甚至多重国籍，也成为一种常见的现象。这些身份多元的公民，有时会遇到一些问题，当遇到到底要忠诚于哪一个共同体时，价值多元的竞争立刻出现。在多民族国家中，统一的文化和统一的意识形态有利于国家认同的建构，这是确定无疑的。因此，就我国而言，不管国家认同如何建立，但其核心力量都必须是中华文化和社会主义意识形态。在多元文化对意识形态产生重大影响的状况之下，我们把两者结合起来，树立社会主义意识形态的权威，为中华民族发展和中国特色社会主义建设提供力量。

我们必须十分清醒，在建设当代中国国家认同时必须遵循以下路径：把中华文化的文化认同和马克思主义与社会主义意识形态的政治认同紧密结合起来，构建适应当代发展的新型国家认同。随着我国经济政治社会文化的发展，中华文化与马克思主义、社会主义意识形态在各自的层面发挥着不可替代的作用，共同彰显出国家认同的巨大力量。当代的实践也深刻地表明，两者的相融，在一个新维度上加强了马克思主义与社会主义意识形态的文化认同基础。当然，中华文化的再造与发展，也离不开马克思主义，用马克思主义与社会主义意识形态的价值观指引中华文化的发展方向，使其成为新时期建构中国国家认同的重要部分和力量。马克思主义及其意识形态产自西欧，通过社会化的道路，不断实现和推进着中国化的过程，它与中国文化不断融合，有力地和有效地提高着公民对中国共产党及其社会主义意识形态的认同，同时也有力地和有效地提高着当代中国的国家认同。因此，认真学习马克思主义理论，提高认识，提高分辨是非的能力，增强自身的免疫力，以便切实、有效地整合和引领复杂多样的文化现象和社会思潮，把它们纳入马克思主义的指导之中，不断增强马克思主义与社会主义意识形态的权威性和吸引力，真正建立和确保马克思主义意识形态的引领力及其主导地位。因此,《求是》杂志一篇题为《一刻也不能放松和削弱意识形态工作——认真学习贯彻全国宣传思想工作会议精神》文章指出:"一个政权的瓦解往往是从思想领域开始的,政治动荡、政权更迭可能在一夜之间发生,但思想演化是个长期过程。思想防线被攻破了,其他防线也就很难守住。我们必须把意识形态工作的领导权、管理权、引领力牢牢掌握在手中,任何时候都不能旁落,否则就要犯无可挽回的历史性错误。"[1]这是我们加强意识形态工作,不断提升社会主义意识形态引领力所必须思考和解决的问题。

(作者李丽系中山大学马克思主义学院副教授,硕士生导师,马克思主义基本原理教研室副主任;主要研究方向为马克思主义意识形态理论、西方马克思主义和西方马克思主义意识形态理论)

---

[1]《一刻也不能放松和削弱意识形态工作——认真学习贯彻全国宣传思想工作会议精神》,载《求是》,2013年第13期。

马克思实践范畴的本体意蕴刍议*

任祥伟

[摘　要] 实践作为马克思新唯物主义的阿基米德点,是与费尔巴哈旧式唯物论相区分的重要标志。实践范畴在马克思哲学中扮演着重要的角色,一方面为人类改造、创造和理解现实世界提供了基础和依据,另一方面又为人类的自我发展提供最终的动力,构成了人的存在方式。实践不仅是在认识论意义上认识世界和改造世界的方式,更是在本体论意义上构成了现实世界的本质,也构成了人的生存的本体。实践成为一种本体范畴,这还需要更有力地论证,即应该回溯到传统哲学中去厘清本体论和本体等相关概念的内涵,然后从马克思的文本出发,表征和确证马克思的实践范畴符合传统哲学对本体的规定性,最终呈现出对马克思实践范畴进行本体意蕴解读的意义与价值。对实践范畴的这种解读,是我们深化认识马克思实践哲学的必要路径,也必然会焕发出当代实践唯物主义的勃勃生机。

[关键词] 实践　马克思　本体　本体论　实践转向

---

* 本文系国家社会科学基金重大项目"当前主要社会思潮的最新发展动态及其批判研究"(编号16ZDA101)、江苏省高校哲学社会科学研究一般项目"人工智能时代思想政治教育的主体间性范式研究"(2021SJA1042)的阶段性成果。

英国哲学家罗伊·巴斯卡（Roy Bhaskar）指出，"马克思从来没有对经验主义的批判进行理论化，也从来没有对自己的本体论进行理论化"①，甚至在马克思的著作中几乎很少用到本体论这个术语，马克思也没有宣称自己是哪一种本体论，因此我们就会对马克思是何种本体论，甚至马克思有无本体论产生疑问。但是，所有哲学都会有某物存在的本体论预设，这种物可以是物质性的、精神性的，也可以是精神和物质的混合物。尽管有些哲学家拒斥本体论，但他们总会不经意间作出蒯因（Quine）所谓的"本体论承诺"。更有西方学者认为，"不仅对形而上学，而且对一般意义上的哲学而言，本体论都是其核心。"② 根据此说法，马克思理论作为一种哲学思想也有其本体论之实。那么，马克思哲学到底属于哪一种本体论才是合适的，也许马克思的实践范畴能够给出答案。因此，本文试图论证和彰显马克思实践范畴的本体意蕴及其价值。论证的程序分为三步：第一步，厘清传统哲学中的"本体论""本体"等概念的规定与内涵；第二步，从马克思的文献出发表征和确证其实践范畴能够充分地符合传统哲学对本体的要求和规定；第三步，彰显对马克思实践范畴进行本体意蕴解读的重大意义与价值，反过来进一步验证了这种解读的合理性和必要性。

一、传统哲学中"本体论"和"本体"的内涵之厘清

从词源分析，本体论一词源自拉丁文 Ontologia，英译为 Ontology，德文则为 Ontologie，而拉丁文传承自希腊文，希腊文中该词含义是关于 on 的 logos，即研究存在的学问，故 Ontology 也译为存在论。传统哲学关

---

① Roy Bhaskar & Alex Callinicos, Debate, "Maxism And Critical Realism", *Journal of Critical Realism*, 2003, Vol.1.

② Stephen Laurence&Cynthia Machonald（ed.）, *Contemporary Readings in the Foundations of Metaphysics*, Oxford, UK; Malden, Mass.: Blackwell publishers, 1998, p.105.

于"存在"的本体论是作为"形而上学"的主要部门和分支而存在。由于其特有的形而上学性质,本体论在当代哲学的主流中是遭受鄙夷的。尤其是 20 世纪后,本体论经历了前所未有的冷遇,多数哲学家们纷纷悬置、冷落甚至摒弃它们。原因在于人们在对形而上学狭隘的臆构和妄想中抛弃了本体论。这种本体论的消解在巴斯卡那里被称作"认知谬误"(epistemic fallacy),他的批判实在论的一个重要目标就是要指出这种谬误并加以批判,以此恢复本体论的合法地位。巴斯卡将这种"认知谬误"描述为"将存在的问题还原为关于它的知识的问题,换句话说也就是将本体论问题还原为认识论问题"。① 自从人类诞生以来,我们无法回避本体论问题。人类可以不去追问世界的本原是什么以及世界因什么而存在,更不用考虑世界以什么实体方式存在,但我们人类自身及其周围环境的存在是不容忽视的。因此,就像批判实在论做的那样,我们需要重视本体论问题,需要从认知谬误中解脱出来。

不少学者认为"本体论"译为"是论"更符合语言学层面上的原意。②"ontology——本体论,从字面上说就是关于'是'的学问。"③ 最早关于 being 的探讨源自巴门尼德,自此确立了本体论的研究方向:被"是者"所分有的"是",不能来自于感觉之经验,而是通过思维在超验领域获得。亚里士多德区分了"是"与"所是",即把所谓的第一哲学或形而上学的对象"作为存在的存在"。此后,笛卡尔把研究实体的第一哲学视为"形而上学的本体论",再后来,针对"是"与"所是"的本质关系,海德格尔作出了"本体论的区分",含肯定之义的"是"(being),是构成"所是"(beings)成为可能的内在缘由。对于"是"的追问,就是本体论问题。也就是说,在"是其所是"中,"所是"对"是"的解读,使"是"赋予"所是"以理由,从而使其成为可能的关系。

---

① Roy Bhaskar, *A Realist Theory of Science*, London and New York, 2008, p.36.
② 俞宣孟:《西方哲学底本中的 Being 问题》,载《哲学分析》,2013 年第 4 期。
③ 俞宣孟:《本体论研究(第 3 版)》,上海:上海人民出版社 2012 年版,第 25 页。

想要明确本体论是什么，首先应知何谓形而上学。依据发生学的考察论证，在亚里士多德的一部哲学著作里首次出现了"形而上学（Metaphysics）"。德鲁尼克编撰了亚氏的著作，此后人们就把其排在物理学之后的著作叫做"Metaphysics"。亚氏称"物理学"或自然科学为"第二哲学"，而把"研究作为存在的存在"①的学问叫做"第一哲学"，也就是"Metaphysics"。后来，笛卡尔在《哲学原理》中用一个非常形象的比喻来说明，他认为整个哲学是一棵树，树根是形而上学，树干是物理学，树干上长出来的枝就是其他一切科学。形而上学像根一样有着基础性地位并为一切科学奠基。再后来，"沃尔夫根据灵魂的两种机能，即认识和嗜欲，把科学分为理论的和应用的两种。前者包括本体论、宇宙论、心理学和神学，这都属于形而上学；后者包括伦理学、政治学和经济学。"② 至此，本体论从属于形而上学。沃尔夫的这种划分产生了深远影响，康德、黑格尔等人都从沃尔夫意义上作了形而上学的批判。

那么，本体是什么呢？黑格尔指出："存在"是"无规定的直接性，先于一切规定性的无规定性，最原始的无规定性"。③"存在"是最纯粹、最抽象、最贫乏和最原始的无规定性，这就是超验的"本体"特征。与"存在"相对，黑格尔认为"定在"有着固定的内容和形式，而且有规定性地存在于现实世界。具有规定性的"定在"是实际存在于现实世界的，而无规定性的抽象"存在"是不存在于现实世界的。由于人是有思维的特殊存在者，人不仅把握具体的"定在"，还要去把握纯粹的、抽象的"存在"，即寻求一切事物"定在"之所"存在"的理由。在哲学上，这个"存在"就是"本体"，它为世界万物奠基；对"存在"的反思性的探寻，即是哲学的本体论。俗话说"物有本末，事有始终"，"本"与"末"相对，指的就是事物的原始性基础。人作为思想的存在者总是偏好于"穷本溯源"，而不是在思考中"舍本求末"。故

---

① 《亚里士多德全集》第Ⅶ卷，北京：中国人民大学出版社1993年版，第84页。
② 梯利：《西方哲学史》（下册），北京：商务印书馆1979年版，第146页。
③ 黑格尔：《小逻辑》，北京：商务印书馆1980年版，第190页。

"本体"应是带有"本"的特性,即人之寻求的原初性和根基性的东西。人总是为世界万事万物寻求最终的根据和理由。这种根据和理由超出人的经验,但是对本体论的思考体现着人类思维的无限指向性和对世界的终极关怀。

二、马克思实践范畴的本体意蕴之确证

亚里士多德把哲学理解为一切科学的总汇,其中包括实践科学。实践科学又包括伦理学,一直发展到康德,实践生活都是在伦理的视域中进行的。费尔巴哈联系生活领域,以新的方式揭示了实践的创造性,但费氏哲学不能正确地把握实践的本质,这是因为费氏旧唯物主义本身有着无法弥补的缺陷。马克思在批判前人的基础上,发展出现实能动性的实践概念,满足了传统哲学对本体界定的特征,成为了马克思哲学本体论的核心范畴。尤其是,实践范畴符合黑格尔对本体范畴所做的界定,即"先于一切规定性的无规定性,最原始的无规定性"。这里包含两个方面的特征,一个是绝对的优先性,另一个就是绝对的无规定性。

(一)实践的优先性

一方面,实践表现出对感性直观的优先性。费尔巴哈指出:"观察自然,观察人吧!在这里你们可以看到哲学的秘密。"[①] 很明显,费氏把其新哲学的起点建立在人的生理感官之上。这种忽视实践的旁观式的感性直观是马克思坚决批判的,他认为费尔巴哈这种感性直观到的"自然"和"人"是抽象的、无意义的,是与人的实践相脱离的。马克思在《德意志意识形态》(以下简称《形态》)中指出:"在这种情况下(这种活动,这种连续不断的感性劳动和创造——笔者注),外部自然界的

---

① 《费尔巴哈哲学著作选集》上卷,荣震华等译,北京:商务印书馆1984年版,第115页。

优先地位仍然会保持着。"① 这里强调的"外部自然界的优先地位"是指发生学意义上时间维度上的优先。马克思所关注的是，人的在场性所牵涉的自然界和人类社会，而人类诞生之前的自然界并无多大意义。故马克思紧接着说："先于人类历史而存在的那个自然界，不是费尔巴哈生活于其中的自然界"。② 通过现代科学技术的测定可以证明，在时间先后上，自然界存在于人类诞生之前。但从逻辑的角度来说，自然界先于人类而存在的结论只有通过人的实践活动才能得出，因为所有的认知都源于人的实践，因而在逻辑意义上实践有优先性。费尔巴哈所感性直观的对象，事实上都是以实践为基础的自然和人，离开了实践谈直观是不可能的。因而，实践具有对感性直观的优先性。

马克思早在《巴黎手稿》中就指出："被抽象地理解的，自为的，被确定为与人分隔开来的自然界，对人来说也是无。"③ 当然这里批判的是黑格尔思辨的唯心主义，而在《形态》中针对的是那种费尔巴哈基于"感性直观"的旧唯物论。无论是存在于人类诞生之前的自然界还是黑格尔脑海中建构的自然界都是马克思所嗤之以鼻的，而马克思只专注于人的在场性和实践性。传统哲学所研究的超验领域被马克思置换成了人的实践领域，一切问题的解决都要诉诸实践。显然，在《形态》和《巴黎手稿》中马克思关于自然观的论述其内在的精神是基本一致的。

另一方面，实践表现出对抽象思维的优先性。得益于对黑格尔哲学的扬弃，马克思展开了逻辑范畴的研究。黑格尔逻辑研究的精华主要集中于他整个哲学的大纲——《逻辑学》巨著中。一切都从逻辑理念出发为起点，在自身运动中演化出自然界，最后逻辑理念又重新回归到自身。这些思想充分展现在他的《哲学百科全书纲要》里，人及社会存在都成了逻辑理念运行的产物和样态。对于黑格尔来说，"全部外化历史

---

① 《马克思恩格斯文集》第1卷，北京：人民出版社2009年版，第529页。
② 《马克思恩格斯文集》第1卷，北京：人民出版社2009年版，第530页。
③ 《马克思恩格斯文集》第1卷，北京：人民出版社2009年版，第220页。

和外化的全部消除，不过是抽象的、绝对的思维的生产史"①。普鲁东与黑格尔一样，确立了逻辑范畴的固定性、抽象性和神圣性，然后根据逻辑范畴来阐释一直处于变化和发展中的实践活动。对此，马克思反驳道："人们按照自己的物质生产率建立相应的社会关系，正是这些人又按照自己的社会关系创造了相应的原理、观念和范畴。"② 这就是说逻辑范畴只能在实践的基础上生成和展开，实践永远具有内在的原初性。"人的思维是否具有客观的［gegenstndliche］真理性，这不是一个理论的问题，而是一个实践的问题。"③ 只有在实践中才能证实人的思维，而纯粹的逻辑推论是无法证明的。马克思认为无实践奠基的逻辑思维是纯粹经院哲学问题，只有依托在实践经验上的逻辑思维才能合理地引导并制约着人们的活动行为。

（二）实践的无规定性

实践的"无规定性"在其本体论意蕴上是不可缺失的。熊十力指出："我们要知道，本体的自身是无形相的，而却显现为一切的事物。"④在这里毋宁说，实践具有先于一切规定性的无规定性。这是因为，实践在逻辑上先于主客二分，它本身是最抽象、最原始和最贫乏的本体范畴。在历史的现实发展中，实践则外化出绚烂缤纷的人化的世界，世间的一切存在者的规定性都在实践的敞开中得到塑造，而实践本身确是无规定性的，它是作为统筹历史发展的一以贯之的本体范畴而存在的。不断发展变化的人类实践活动是一种动态的历史生成机制，没有一个具体的规定可以指代实践。毋宁说，实践的无规定性的本体意蕴就是通过马克思实践展现的浓厚历史感和过程感得到了充分的表征。

---

① 《马克思恩格斯文集》第 1 卷，北京：人民出版社 2009 年版，第 203 页。
② 《马克思恩格斯文集》第 1 卷，北京：人民出版社 2009 年版，第 603 页。
③ 《马克思恩格斯文集》第 1 卷，北京：人民出版社 2009 年版，第 500 页。
④ 熊十力：《新唯识论》，北京：中华书局 1985 年版，第 248—249 页。

现代西方人本主义思潮的哲学也很重视在本体论层面上坚持过程感,他们大都前赴后继地提出和发展了"活动过程"的思想,以此来批判、改造和超越传统的形而上学。譬如叔本华、尼采、克尔凯郭尔等人主张把与人相关的情感、意志、纯粹意识、意向等当作是活动和过程,而不是不变不动的物质实体。他们都反对把变动不居的抽象的物质或精神实体作为传统形而上学的研究对象。与此类似,马克思的实践更是展现出一种浓厚的历史感。"整个所谓世界历史不外是人通过人的劳动而诞生的过程,是自然界对人来说的生成过程。"① 社会历史在人类实践过程中循序渐进的发展和进行着,其中实践的作用就是塑造和生成历史。因此,如果抹去或排除人的实践,无疑会导致社会历史的虚无化。

柏拉图之后的哲学,总体上来看大都以逻辑思维方式超越历史从而忽视了时间性、历史性和过程感。一直发展到海德格尔这里,这种缺失历史性维度的西方哲学史才被公认地恢复了历史的过程感和时间性,展现出"此在"栖居于世的历史性过程。马克思指出,"我们仅仅知道一门唯一的科学,即历史科学"②。可见,马克思早就已经开始恢复时间性了,这不仅是马克思独特运思方式的必然结果,而且也是马克思创建科学历史观的理论保障。历史感在马克思哲学中有着不可忽略的重大价值,它充当了无规定性的本体范畴与现实生活的发展过程紧密相连的纽带。实践作为"无规定性"的本体范畴统领着历史的发展和人类的进步,在这个历史的现实实践过程中,一切具体存在物的规定性得到生成和塑造,世界万物也因此变得丰富多彩。实践的无规定性表明马克思的实践是一个开放性的系统,按照巴斯卡的说法,"本体论实际上包括了一切,包括矛盾和错误,没有不包含在本体论中的东西"③,马克思的实践本体论也符合这样的特点。

---

① 《马克思恩格斯文集》第 1 卷,北京:人民出版社 2009 年版,第 196 页。
② 《马克思恩格斯文集》第 1 卷,北京:人民出版社 2009 年版,第 516 页。
③ Stephen Laurence & Cynthia Machonald (ed.), *Contemporary Readings in the Foundations of Metaphysics*, Oxford, UK; Malden, Mass.: Blackwell publishers, 1998, p.105.

通过以上两步，实践范畴的本体意蕴得以表征和确证，那么马克思哲学本体论的"实践转向"就是水到渠成的事情了。传统意义上的本体论是探寻固定、永恒的"本原""实体"。这种实体是独立于现实的人和现实的社会而自存的，它作为一种终极存在构成了万事万物存在的基础。因此只能在抽象和超验意义上把握本体。最大的弊端在于，这种抽象的本体直接断绝了从本体论复归现实的路径。传统哲学的本体论一个重大的特点就是"揭示一切"，而"实际上什么都没有讲"。① 传统本体论往往与现实无关，这是因为它是由纯粹先验的逻辑概念来建构的，一切发展都是先验概念在内在体系中的预演，因此在这个意义上是"揭示一切"。但这种"揭示"却与现实世界拉开了巨大的鸿沟，对现实世界来说，它实际上什么都没有讲。

经过"实践转向"，马克思的本体论与传统本体论已经大相径庭。"对象、现实、感性"的对象化实践活动是马克思哲学所关注的，实践便成了本体论哲学诉求从抽象走向具体并达到实现的途径，同时，存在者"是其所是"的过程也被呈现出来。在逻辑上，实践成为先于主客分立的本体论范畴，成为了在概念上最原始、最抽象的无规定性"Being"；在现实上，实践成为了每时每刻都在进行的动态过程，成为了最丰富、最具体的"To be"，毋宁说，这是作为本体范畴的实践的现实化和具体化。通过"实践转向"，马克思彻底改变了传统本体论的思维方式和实现了本体论领域的根本变革。

马克思不拘泥于概念或修辞的辨析，以人的实践及其历史进程来阐释和确证其本体论运思。哲学并非世界之外的遐想，也不是以旁观者的身份去坐而论道式的纯粹思辨，而是更要注重于现实的实践活动。马克思的新唯物主义不是以"旁观者"的角色去解释历史，而是以"参与者"的角色去生成历史。马克思以革命的实践态度做到了对远离现实的传统本体论哲学的真正超越。在存在问题上，抽象的、超验的往往是传

---

① 《马克思恩格斯全集》第 1 卷，北京：人民出版社 2002 年版，第 735—736 页。

统本体论所采取的理解方式。与此不同,马克思则注重人的在场性,存在的意义在实践的历史敞开之中得到澄明,本体论也就从"天上"被带到"人间"。实践成为了马克思哲学的本体范畴,才真正引导了一条从本体论说教到现实革命的路径。

三、马克思实践范畴的本体意蕴之启示

(一) 超越旧唯物和唯心的二元对立

唯心论以精神为基础,主张一种在头脑中进行的思辨逻辑,但是,这只能是哲学家的臆想和虚妄的杜撰罢了,因为他们根本不了解现实的感性活动本身;而旧唯物论以抽象的物质为根基,至多算是已完成之物的堆砌,是"一代马铃薯",徘徊在一个有限的、已然完成了的经验事实的窠臼内,根本不知道感性的、实践批判的活动的意义。这二者的哲学基础都不能引领走向现实。唯心论和旧唯物论是一种虚幻性的意识形态,这是因为它们各自遮蔽了产生其自身的社会基础和历史根源。只有找到产生其自身的根源,然后在历史的作用下,哲学才能逐渐解开意识形态的枷锁,走向共产主义所追求的光明之路。

唯心论的"精神"和旧唯物论的"物质"如果离开了人的实践活动都如"无根之木"一样。因为它们即使被哲学家们一厢情愿抽象化为本体范畴,实际上却都不能承担本体的角色,不能在现实中"是其所是"的实现自身,反而旧唯物论和唯心论都会各自滋生意识形态的遮蔽性,让人在迷雾中前行。旧唯物主义和唯心主义的二元对立关系源自于它们意识形态修辞之间的对立,即总是一方去消解和还原另外一方,并都声称自己才是正确的一方。

马克思则找到了比物质和精神更具原始性的实践范畴,以此真正地超越旧唯物论和唯心论及其二元对立,抓住了解开一切意识形态秘密的

锁钥。正如海德格尔认为的"宁可说'存在'这个概念是最晦涩的概念"①。实践概念在本体论层次上也是最晦涩的概念，包含了各种各样的可能性。实践作为原始性范畴，先于主客二元分裂，开启了一切可能的存在者之存在，一切存在者都在实践境遇的展开之中"是其所是"。实践紧密地与现实相联系，比缺乏能动性的物质和抽象的精神更有资格承担本体的角色。旧唯物论和唯心论两种意识形态修辞之间的对立，只有在实践及其历史的活动中才能消解、扬弃和超越。

（二）超越人和环境之间的二律背反

在18世纪的法国，对于人与环境之间关系的诠释仍然处于困境之中。如唯物主义者爱尔维修认为人是环境的产物，环境包括教育、法律、风俗习惯和传统文化等。这种"环境决定论"在当时产生了深远的影响。但环境都是可改变的，后来环境的改变归结为意见的作用，以致形成了"环境决定人"和"意见决定环境"的二律背反。普列汉诺夫认为："人们的意见为环境所决定；环境为意见所决定。关于这个矛盾不得不如康德在谈到'二律背反'时所说，命题与反命题同样地正确。"②在马克思那里，他为这一悖论的解决找到了更原始可靠的基础——实践。马克思说："环境的改变和人的活动的一致，只能被看作是并合理地理解为变革的实践。"③人和环境统一于实践，在同一个历史过程中，实践消除人与环境的二元性关系，并在实践活动中人与环境相互作用，彼此生成。

追溯"人和环境"二律背反的原因，我们会发现，这是由于在人和环境的改变过程中，人的能动性与人的受动性之间的对立矛盾造成的。在写作巴黎手稿时期，马克思就提出该问题并寻求解决之道。能动性和

---

① M.Heidegger, *Sein und Zeit*, Tuebingen: Max Niemeyer Verlag, 1986, p.3.
② 普列汉诺夫：《论一元论历史观之发展》，北京：生活·读书·新知三联书店1961年版，第9页。
③ 《马克思恩格斯文集》第1卷，北京：人民出版社2009年版，第504页。

受动性又分别表现为人的自为性和自在性，马克思认为人的"能动"和"受动"之间的对立本质上表现为异化状态。他说："异化……就是在自在和自为之间、意识和自我意识之间、客体和主体之间的对立。"① 那么这种状态怎样去扬弃呢？马克思认为，要诉诸完成了的自然主义和人道主义，奠基于一定的历史前提和准备，通过实践去实现对异化的扬弃。可见，只有在实践基础上才可以超越人的能动性和受动性之间的对立，摆脱异化而返回人的真正本质。

（三）超越"宗教"与"世俗"之间的对立

在马克思看来，宗教是人民的鸦片，它产生于对世俗世界的割裂。因此消解宗教与世俗之间的分裂，是消灭宗教这一虚假意识形态的根本。在这个问题上，马克思通过实践来探寻和消解宗教和世俗分裂的生成过程，走出了一条新的道路。因为，马克思认为消解派生意识形态的社会根源和历史基础，只有借助于实践的批判作用才是彻底的。

费尔巴哈哲学诉诸直观性的认知方式使他无法认清宗教与世俗之间的对立，也不可能认识到怎样在现实历史基础上去消解宗教同世俗、理论同现实之间的二元论困境，因为"他做的工作是把宗教世界归结于它的世俗基础。"② 费氏认为宗教世界是世俗世界的幻象，但问题是，世俗世界对他来说只不过是些词句而不是真正的现实，他并没有说明自己头脑中的这些幻象是如何被植入的。于是，费尔巴哈承认世俗与宗教的二元对立，但是却将世俗的基础还原为爱的宗教，以此寻找世俗与宗教的统一。传统哲学的认识方法亦是如此，即将心物二元分裂之后再去还原其分裂，这样通常会将一个归结为另一个，最终也是隔靴搔痒而难以消解产生宗教的根源。费氏的宗教批判完成于世俗与神圣的分裂框架内，费尔巴哈难以阐明世俗与神圣分裂的根本原因，更难以阐明实践的本

---

① 《马克思恩格斯文集》第 1 卷，北京：人民出版社 2009 年版，第 203 页。
② 《马克思恩格斯文集》第 1 卷，北京：人民出版社 2009 年版，第 504 页。

质,仅仅把实践界定为卑污的犹太人的商业活动。

马克思认为,"只能用这个世俗基础的自我分裂和自我矛盾来说明"① 世俗与宗教的分裂。在《论犹太人问题》里,马克思深入揭示了"世俗基础的分裂"体现在"市民社会"和"政治国家"这两种政治形式中。不管是其分裂的生成抑或消解都要诉诸人的实践。其原因体现在:其一,世俗基础的自我分裂和自我矛盾都被人的实践活动所决定,所以马克思认为"宗教情感"本身是社会的产物;其二,"凡是把理论引向神秘主义的神秘东西,都能在人的实践中以及对这个实践的理解中得到合理的解决。"② 只有依赖于人的实践才可以超越世俗基础的分裂、矛盾进而做到对异化的扬弃。这种实践观视域下对宗教的批判,体现了实践的本体向度下意识形态批判的彻底性。

四、结语

法国左翼马克思主义思想家巴迪欧(Alain Badiou)在谈起巴黎公社时感慨道:"我们必须指出,所有的诸如此类的存在都无一例外是实践……只有在那里,人们才能成为主体"。巴黎公社作为整个实践进程中的具体事例充分印证了人在实践中"是其所是",继而同时确证了人的主体地位。实践在历史进程中源源不断地向我们呈现历史的本真状态,社会历史在实践中得到塑造和进步。列宁说:"实践高于(理论的)认识,因为实践不仅有普遍性的品格,并且有直接现实性的品格。"③ 列宁的这句话可以算是对马克思实践本体论的一个精辟的概括。在逻辑意义上,实践成为了先于主客二元分裂的原始性的本体范畴。实践如同一粒种子,未来存在着众多的不确定性,主客、心物二分后的种种可能性都将被潜在地包含在实践之内。从这个意义上说,实践展现了其"普遍

---

① 《马克思恩格斯文集》第1卷,北京:人民出版社2009年版,第500页。
② 《马克思恩格斯文集》第1卷,北京:人民出版社2009年版,第501页。
③ 列宁:《哲学笔记》,北京:人民出版社1974年版,第230页。

性的品格"。在历史意义上,实践塑造了人的一切历史,而人类历史的过程就表现为一直处于发展变化的实践活动的过程。换句话说,实践由普遍的本体范畴外化出所有具体的人类活动,由一颗种子长成参天大树,并且在现实的矛盾道路上自我扬弃、自我超越。这就是实践的"直接现实性的品格"。实践范畴是马克思哲学的基础和核心,在一切理论阐释中具有优先性,"像一条红线贯穿于整个马克思哲学之中"[①]。因此,当我们真正能够领会到马克思实践本体意蕴的真正内涵及其所实现的本体论的"实践转向"意义时,马克思哲学体系中一切涉及存在世界的核心阐释不仅都将摆脱传统哲学的羁绊,而且还将获得全面的理论深化。对马克思实践范畴的这种必要解读,是我们深化认识马克思实践哲学的必要路径,也因此会重新焕发出当代实践唯物主义的勃勃生机。

(作者任祥伟系江苏师范大学马克思主义学院讲师,哲学博士;主要从事马克思主义哲学、伦理学、国外马克思主义研究)

[①] 任祥伟:《对马克思实践哲学的现象学诠释》,载《南昌大学学报》(人文社会科学版),2019年第5期。

四

发展理论

批判逻辑的转变与马克思解放政治学的建构*

——再读《〈黑格尔法哲学批判〉导言》

张天勇　张　雪

[摘　要] 以追求人类解放为旨归的马克思解放政治学的理论建构,在《论犹太人问题》中系统展开,在《〈黑格尔法哲学批判〉导言》(简称《导言》)中夯实原则立场,在《德意志意识形态》(简称《形态》)中强化解放的"历史性"原则,在《共产党宣言》(简称《宣言》)中形成。《导言》中三大批判的转变(从此岸世界到彼岸世界的转变、从批判的武器到武器的批判的转变、从宗教的批判到哲学与无产阶级的结合)确立了马克思解放政治学的唯物立场、实践路径、革命主体和价值指向等基本原则立场。这些原则立场在《宣言》中的系统化革命化意味着,从政治解放到人类解放即马克思解放政治学的理论形成。《导言》基本原则立场的确立在马克思解放政治学的建构过程中具有杠杆意义。

[关键词]《〈黑格尔法哲学批判〉导言》　批判逻辑的转变　马克思解放政治学

---

* 本文系教育部哲学社会科学重大攻关项目"习近平总书记关于'不忘初心牢记使命'重要论述研究"(20JZD001)和国家社科基金重点项目"从'五四'到新时代的百年文化逻辑历史与理论研究"(19AKS001)的阶段性成果。

马克思一生致力于人类解放问题的研究、建构和实践，从本质上看，其理论就是关于人类解放的理论，就是关于工人阶级推翻资产阶级的统治，走出异化，摆脱内外枷锁，实现人的解放的"解放"理论，就是马克思解放政治学。马克思解放政治学理论充分彰显了其"解放"的价值指向、目的旨归，体现了"政治"的工人阶级特质和政治属性。马克思与青年黑格尔派分道扬镳后，以人的解放问题为主线，在探讨犹太人问题和批判黑格尔的法哲学过程中，逐步转变了自己的世界观和政治立场。在《论犹太人问题》中，马克思系统展开对"解放"问题的阐释，在肯定政治解放的进步意义，强调政治解放是个巨大进步同时，也揭示了其局限性，即其并非人类解放完整的、彻底没有矛盾的途径。《导言》中实现的三大批判的转变（从此岸世界到彼岸世界的转变、从批判的武器到武器的批判的转变、从宗教的批判到哲学与无产阶级的结合）确立了马克思解放政治学的唯物立场、实践路径、革命主体和价值指向等基本原则立场。在《德意志意识形态》中强调"'解放'是一种历史活动，不是思想活动，'解放'是由历史的关系，是由工业状况、商业状况、农业状况、交往状况促成的"[①]，突出了解放的"历史性"原则，"解放"是具体的历史的进程。这些原则立场在《宣言》中的系统化革命化意味着，从政治解放到人类解放即马克思解放政治学的理论形成。在马克思解放政治学理论建构的过程中，《导言》中三大批判的转变确立的系列原则具有重要意义和价值。

一、彼岸世界到此岸世界的转变：马克思解放政治学的现实基点

作为黑格尔哲学思想的追随者和拥趸，早期马克思积极拥护青年黑格尔派理论立场，也正因此，理论界认为马克思理论发展经历了一个

[①] 《马克思恩格斯选集》第1卷，北京：人民出版社2012年版，第154页。

"青年黑格尔"阶段。在遭遇"物质利益问题"和与青年黑格尔狭隘宗教批判的理论反驳中，马克思逐渐脱离了以鲍威尔、费尔巴哈为代表的青年黑格尔学派宗教批判思想，宗教批判向现实批判延伸，"政治解放对宗教的关系问题已经成了政治解放对人的解放的关系问题。"① 在《论犹太人问题》中，马克思充分肯定了通过宗教批判获得政治解放的重要意义，但没有停留在宗教解放上，向现实批判的延伸是《导言》的逻辑起点，也是马克思解放政治学关于并立足于"现实的人"这一基本立场的出发点。马克思在《导言》中开门见山地进行了对宗教的批判，一针见血地指出了宗教的恶果："宗教是人民的鸦片"②，是剥削者和统治者保护其核心利益的一种工具。宗教不可能成为解决大众痛苦的真正手段，无法铲除痛苦产生的真实根源，只能起到些许自欺欺人的麻痹效果或暂时的逃避之策。

"马克思关于'人类解放'并非是不证自明的结论，而是在完成前提批判的基础上达到的"③，前提批判第一步便是宗教批判。早期马克思深受黑格尔哲学思想的影响，以鲍威尔、费尔巴哈为代表的青年黑格尔派的宗教批判具有很深的狭隘性，认为宗教是德国现实中一切社会问题的根本源头，认为人可以通过去除宗教的神秘外衣而得到解放。马克思吸收并批判了这些思想，在《论犹太人问题》中洞察到"一旦国家不再从神学的角度对待宗教，一旦国家是作为国家即从政治的角度来对待宗教，对这种关系的批判就不再是对神学的批判了。这样，批判就成了对政治国家的批判"④。宗教是对现实的反映，神学问题要化成世俗问题，第一步是宗教批判。政治国家只要摆脱了宗教，将宗教从公共领域驱逐到个人领域，就能实现宗教世俗化，对宗教的批判也就变成了对产生宗

---

① 《马克思恩格斯文集》第1卷，北京：人民出版社2009年版，第27页。
② 《马克思恩格斯选集》第1卷，北京：人民出版社2012年版，第2页。
③ 罗克全、刘秀：《"人类解放"的前提："〈黑格尔法哲学批判〉导言"再研究》，载《马克思主义理论学科研究》，2018第4期，第15页。
④ 《马克思恩格斯文集》第1卷，北京：人民出版社2009年版，第26页。

教的现实基础的批判。"就德国来说，对宗教的批判基本上已经结束"①，《导言》开头第一句表明了对德国宗教批判的高度评价，在马克思看来，对宗教的批判行将完成，但并不意味着马克思停止了对宗教的批判，他深刻认识宗教的本质，对宗教展开进一步批判，将其他一切批判提上日程。马克思从两个方面揭露宗教的本质，一方面，宗教的实质是人对现实社会的非理性的意识反映，是要被打碎和抛弃的东西。宗教的作用同鸦片别无二致，宗教被视为具有麻痹作用的精神鸦片。对于饱经现实苦难的劳苦大众来说，宗教在人们面对难以改变的困境时，成为一种精神慰藉和寄托的来源，却无法铲除痛苦产生的真实根源。将宗教界定为"颠倒的世界""虚幻的花朵"和"虚幻的太阳"，马克思指明宗教是在世俗基础上表现出来的一种幻觉，是对"天国的幻想"。另一方面，宗教的实质是剥削者和统治者维护其根本利益的统治手段和操纵工具。统治阶级利用宗教去欺骗和精神洗脑，被统治阶级在残酷的剥削与压迫下放弃反抗的念头，"自愿"戴上沉重的镣铐。受费尔巴哈人本学思想影响，马克思将目标导向了"现实的人"，清醒认识到宗教批判的前提是"人创造了宗教，而不是宗教创造人"②，极力倡导"人是人的最高本质"③，迫切地要求揭露人们在宗教与现实国家政治制度的双重压迫下"具有非神圣形象的自我异化"④，即现实的市民社会中的人的自我异化。基于对宗教本质的把握，马克思将批驳的关注点回归到现实社会，"于是，对天国的批判变成对尘世的批判，对宗教的批判变成对法的批判，对神学的批判变成对政治的批判。"⑤ 对宗教的批判拉开了对其他一切批判的序幕，宗教批判转向更深层次的批判，即批判当时的德国旧制度、落后经济、资本主义包括哲学的方面。

---

① 《马克思恩格斯选集》第1卷，北京：人民出版社2012年版，第1页。
② 《马克思恩格斯选集》第1卷，北京：人民出版社2012年版，第1页。
③ 《马克思恩格斯选集》第1卷，北京：人民出版社2012年版，第10页。
④ 《马克思恩格斯选集》第1卷，北京：人民出版社2012年版，第2页。
⑤ 《马克思恩格斯选集》第1卷，北京：人民出版社2012年版，第2页。

四 发展理论

"彼岸世界"的消解同时意味着"此岸世界"的确立。为了探寻现实世界的真理,马克思将批判的矛头直指现实,开启了对德国及其政治制度的批判。在普鲁士政权的统治下,马克思深刻体会德国"只有一次与自由为伍,那就是在自由被埋葬的那一天"①。德国社会有其特殊性和历史性。从发展水平来看,19世纪中期的德国和同时期的英国、法国相较是非常落后的。没有同英法等国一起经历资产阶级革命,在英国和法国结束的事情在德国才开始。德国人民不仅没有享受到资产阶级革命的成果及其"欢乐和局部的满足"②,而且不得不分担封建制度的腐朽和落后的痛苦,以敌视和拒绝的态度对待革命。"当旧制度作为现存的世界制度同新生的世界进行斗争的时候,旧制度犯的是世界历史性的错误,而不是个人的错误"③,德国的旧制度作为历史发展的一个固有趋势出现,它历经时代变迁而腐朽衰败之后,如同沉重的锁链一般阻碍德国的前进。当时的德国在根深蒂固的旧制度下,否定一切要求进步的文明和思想,即使社会上已经出现了资产阶级反对封建专制制度的萌芽,但资产阶级利己和懦弱的本性使其无法撼动和推翻地主贵族阶级的强大根基,只能"到我们史前的条顿原始森林去寻找我们的自由历史"④。马克思认为,德国封建势力仍然强大,但德国的衰败早已不可逆转,德国的政治制度理应被更替取代。德国旧制度的严重缺陷内在地要求了更彻底的批判,即更高水平的革命。马克思通过揭露德国的颓废,激励人民为建立新的政权举起革命的枪口,打破禁锢的枷锁,为使德国加入与欧洲国家齐头并进之列而奋斗。

从拨开宗教虚无的迷雾,到对德国旧制度的猛烈批判,它们之间不可分割的关联在于:对现实的批判是彻底消灭宗教的根本条件。对宗教的批判是解决德国问题迈出的第一步,从公开地反对德国政治制

---

① 《马克思恩格斯选集》第1卷,北京:人民出版社2012年版,第3页。
② 《马克思恩格斯选集》第1卷,北京:人民出版社2012年版,第11页。
③ 《马克思恩格斯选集》第1卷,北京:人民出版社2012年版,第5页。
④ 《马克思恩格斯选集》第1卷,北京:人民出版社2012年版,第4页。

度开始,批判社会现实对人的异化是下一步。通过批判德国政治制度激发了人们反抗压迫、追求自由的热情。对德国缺乏生机的政治制度进行批判,不仅使批判能够成为真正现实的批判,而且对现代各国具有重要意义。"甚至对现代各国来说,这种反对德国现状的狭隘内容的斗争,也不会是没有意义的,因为德国现状是旧制度的公开的完成,而旧制度是现代国家的隐蔽的缺陷。"① 站在现代各国的立场上来看,德国正在经历的正是现代各国的过去,德国现存的政治制度集自身封建专制旧制度的"野蛮缺陷"和现代国家资产阶级民主政治领域的"文明缺陷"于一体,德国政治制度的不合理性暗含着制约现代各国社会发展的因素,德国不仅要跨越自己的障碍,还要克服现代国家已经出现的障碍。面临着"时代错乱",对德国政治制度进行彻底的批评是实现全人类解放的必然要求。向(德国)政治制度开火,由宗教批判走向政治批判是解决问题的必然逻辑,也是从此岸世界转向彼岸世界的必然结果。

值得关注的是,在费尔巴哈等人的影响下,早期马克思的思想形态经过了从唯心主义向唯物主义的转变,除了在标志着唯物史观初步建立的《德意志意识形态》中比较系统地阐述了历史唯物主义之外,马克思的唯物思想在《论犹太人》中初见萌芽,在《导言》中进一步发展。在《导言》中马克思的唯物视野不仅体现在对唯心史观宗教观的批判,还在文本后半部分对德国法哲学和国家哲学的批判中有迹可循。这时期的马克思对宗教的批判早已超越青年黑格尔派,将批判的矛头转向现实,开始研究起抽象与现实的辩证关系,开始关注现实的人,唯物史观思想逐步凸显,并意识到了对现实矛盾的批判必然要指向更高的阶段,这是对黑格尔法哲学最直观的超越。正是这种基于现实的理论精神塑造了后来的马克思哲学,马克思哲学就是一种现实哲学。基于这种考虑,可以说《导言》中的第一重转变——彼岸世界消解到此岸世界建立,标志着

---

① 《马克思恩格斯选集》第 1 卷,北京:人民出版社 2012 年版,第 5 页。

马克思为实现人类解放找到的一条专注于现实的根本道路，确立了马克思解放政治学的现实出发点和唯物主义视野。

二、批判的武器到武器的批判的转变：马克思解放政治学的实践路径

马克思对现实的批判不是最终目的，而是要找到导致德国现状的原因，并消除这些原因。"历史地看，马克思在《导言》中所遵循的从'宗教批判'到'副本批判'再溯源到'原本批判'的基本逻辑，是贯穿马克思恩格斯全部意识形态批判理论的致思理路和思想原则"。① 在批判现实的过程中，马克思有其独特的逻辑思维方式，在宗教批判、政治批判之后，展开了对哲学的批判，并力图将哲学理论导向与现实相结合的实践路径。

在分析德国现状时，马克思发现现代德国与其思想发展存在着严重的错位，德国社会现状与哲学发展严重不同步。德国思想领域现状的起源可以追溯到德国的国家哲学，即黑格尔法哲学。虽然当时德国在经济和工业上没有达到现代国家的标准，德国的封建制度相对于西方世界其他国家的社会制度来说也是远远落后的，但它所拥有的国家哲学和法哲学却一直走在时代前列，"是唯一与正式的当代现实保持在同等水平上的德国历史"②。在《导言》中马克思的批判"首先不是联系原本，而是联系副本即德国的国家哲学和法哲学来进行的"③。马克思阐明了进行哲学批判的根本原因。自近代以来，德国社会的革命都是发生在思想理论领域上的，德国的现实水平远低于哲学水平，即使将焦点放在对德国

---

① 钟启东：《"〈黑格尔法哲学批判〉导言"中意识形态批判的内在逻辑》，载《湖北社会科学》，2022 第 4 期，第 11 页。
② 《马克思恩格斯选集》第 1 卷，北京：人民出版社 2012 年版，第 9 页。
③ 《马克思恩格斯选集》第 1 卷，北京：人民出版社 2012 年版，第 2 页。

现实的批判，它也最多是关注"德国式的现代问题"①，仍然会犯时代的错误。只有当批判指向哲学，揭露和抨击德国国家制度及其法哲学存在的理论基础，才能超越时代，触及解决问题的核心，为重新建立新的社会制度提供理论支撑。

提出批判旧哲学的要求以后，马克思比较分析了"理论政治派"与"实践政治派"的各自症结。前者如青年黑格尔派虽然使用哲学批判德国的现状，但忽略了社会意识是对社会存在的反映，哲学也是现实的一部分，"迄今为止的哲学本身就属于这个世界，而且是这个世界的补充，虽然只是观念的补充。"② 理论政治派对他们的基本前提即黑格尔哲学持着一种完全无批判的态度，批判一切唯独不批判自己，它的问题在于"它以为，不消灭哲学，就能够使哲学成为现实"③，囿限于在自己的哲学体系里出发去讨论德国解放问题。而"实践政治派"虽然对哲学抱有一定的否定态度，但十分消极地止步于哲学本身，并不要求在现实层面上去真正地否定哲学。它的根本问题在于自以为如果不把哲学变为现实，就能够消灭哲学。两者的共同问题就是把哲学和现实分割开，没有意识到哲学本来也是现实的组成部分。事实上，马克思与这两者相反，在直面现实的基础上，以全面系统的角度揭露旧哲学的片面性，他所进行的哲学批判完成了对以往一切哲学的前提批判和超越。在马克思看来，对旧哲学的消灭和对旧现实的抛弃是历史进程中两个相互依存、相互转化的方面。只有随着旧哲学的消失，才有可能使旧现实真正破除；只有随着旧现实的破除，才有可能使旧哲学真正消失。"马克思在言说'消灭哲学'之时，始终伴随有'现实'语境（意蕴），因此，唯有在全面考察哲学和现实之间隐蔽关系之后，才可以全面解读马克思'消灭

---

① 《马克思恩格斯选集》第 1 卷，北京：人民出版社 2012 年版，第 7 页。
② 《马克思恩格斯选集》第 1 卷，北京：人民出版社 2003 年版，第 9 页。
③ 《马克思恩格斯选集》第 1 卷，北京：人民出版社 2012 年版，第 8—9 页。

哲学'的真实意义。"① "消灭哲学"不是对哲学进行简单的否定，其最终落脚点是要将哲学转换为现实，在实现哲学的过程中完善它。马克思对哲学的讨论确凿地证明，黑格尔法哲学的唯心主义色彩太过浓厚，虽然它在意识领域有一定的影响力和穿透力，但它仅停留在意识层面对德国进行隔靴搔痒的影响，终究不是一个实用的解决方案。"马克思哲学是真正的当代哲学，并且作为当代哲学，它超越（而且第一个在理论上终结）了全部形而上学"②，马克思突破"形而上学"的藩篱，转向了关注实践的重要性和必要性。哲学内在地蕴藏着实践的品质，真正的哲学以实践为特征，而实践必然是以哲学为指导。对当时的德国来说，只有超越意识领域才能对现实产生切实的影响。通过批判黑格尔的法哲学，反倒揭示了一种处理德国现实问题的崭新方式。"消灭哲学"这一重要命题的提出，使得抽象的理论转向现实的市民社会，马克思解放政治学确立了专注于实践的哲学基调。

在现实的德国制度和国家哲学下，为了找到实现解放的彻底路径，马克思在《导言》中明确了两条线索："批判的武器"和"武器的批判"。"批判的武器"是从理论层面对宗教和国家制度囚禁迫害人类进行谴责，"武器的批判"是从实践层面对"人类解放"革命立场和历史使命进行解释。从理论的批判跨越到实践、变革的批判，马克思力求将理论转化为物质力量。"批判的武器不能代替武器的批判，物质的力量只能用物质的力量来摧毁。"③ 虽然理论不能取代实践，但理论拥有可以转化为物质力量的可能性，转化的关键途径在于理论必须具有强大的社会公信力，具备说服、掌握群众的能力，归根结底就是要真正代表广大人民群众的利益。这就将问题提高到推翻德国一切奴役人的社会关系的实

---

① 李本洲：《马克思"消灭哲学"的"现实"意蕴》，载《理论月刊》，2016年第4期，第29页。

② 吴晓明：《马克思的哲学革命与全部形而上学的终结》，载《江苏社会科学》，2000第6期，第49页。

③ 《马克思恩格斯选集》第1卷，北京：人民出版社2012年版，第9页

践层面，而不仅仅只是一个理论问题，需要的是"搏斗式的批判"①。为了结束德国正在上演的悲剧，必须使理论的批判指向实践的批判。通过根本的政治变革，被统治阶级在德国政治制度下重新焕发出革命的热情，从市民社会中产生出代表社会发展进步力量的阶级，以实际行动反对封建主义和资本主义双重压制。突破理论的途径就是实践，而实践的归宿就是为了满足社会变革，达成现实的人的解放。《导言》作为马克思解放政治学中的一座重大思想里程碑，其最主要的功绩便是指出了跨越意识范畴的实践课题，迎来了从抽象的理论层面转向现实的市民社会的重要开端，确立了依靠变革的力量实现人类彻底解放的路径。

马克思对于解决人类政治解放的基本问题，已经展开了大量的前提批判，从批判国家制度到批判法哲学再到抛出实践、变革的基本命题，这三者无疑是具有一致方向的，那便是马克思解放政治学的根本旨归——实现"人类解放"。在《导言》之后，马克思解放政治学思想进一步理论化，在政治经济学和唯物主义历史观逐渐形成的基础上，在反对资本主义制度的斗争中，追求从政治解放向全人类解放过渡的伟大历史目标。马克思在《1844年经济学哲学手稿》（简称《手稿》）中继续深入探讨了意识形态、生产力的发展和生产关系的变革之间的关系。他在《神圣家族》《形态》《哲学的贫困》和《宣言》等作品中深化了对公民社会的研究，进一步拓展了对克服公民社会中人的自我异化的讨论。无产阶级自觉扮演着改变旧社会、废除资产阶级意识形态的主体，"武器的批判"找到了实际的承担者，马克思意识到在当时的德国市民社会中，只有无产阶级才可以担当这种解放人的角色。通过层层递进的批判方法，马克思推进了《导言》中的第二重转变——批判的武器到武器的批判。马克思的这个转变是惊人的，他在政治解放的结尾敏锐地找到了人类解放要迈出的下一步，标志着通向人的解放的实践路径确立，为马克思解放政治学从理论到实践的逻辑建构厘清了思路。

---

① 《马克思恩格斯选集》第1卷，北京：人民出版社2012年版，第5页。

三、哲学与无产阶级的有机结合：马克思解放政治学的主体力量和目标指向

马克思采用不断还原的方式，从宗教转向现实，再从理论转向实践，继续推进与政治解放相适应的人类解放的理论建构。马克思没有停留在思想层面，进一步从社会力量层面找到了无产阶级，开启了探索共产主义的理论和实践征程。马克思解放政治学理论必然要求的革命实践获得了更具体的目标，即哲学与无产阶级有机结合。哲学与无产阶级有机结合，为马克思建构解放政治学寻到了阶级力量和价值诉求。解决"人类解放何以可能"这一问题不仅构成了《导言》最后一部分处理的主题，也成为马克思解放政治学的根本旨归。

在德国只有两条路，一是不解放，二是彻底解放，不存在单纯的、部分的解放。"彻底的革命、普遍的人的解放，不是乌托邦式的梦想，相反，局部的纯政治的革命，毫不触犯大厦支柱的革命，才是乌托邦式的梦想"①，德国市民社会的特殊一部分人解放自己并获得统治地位是不可行的，彻底的社会革命和普遍的人的解放才是归宿。支撑革命的阶级力量和物质基础从何而来？针对这个问题，马克思断言，展开革命实践的现实力量不会是在现有的市民社会中活跃着的资产阶级。在把德国革命与它的现状进行比较之后，马克思从原则上拒绝了把革命的领导权交给德国资产阶级的想法。马克思认为，德国资产阶级是庸俗和狭隘的，它没有能力代表工人最根本和最广泛的利益，它没有能力用先进和积极的理论来领导人民进行根本的革命。

马克思公开论证了通过革命的形式实现解放的实际可能性，即要求无产阶级必须成为革命的主体。"社会解体的这个结果，就是无产阶级

---

① 《马克思恩格斯选集》第1卷，北京：人民出版社2012年版，第12页。

这个特殊等级"①，无产阶级是一个特殊的阶级，它是消灭一切阶级的阶级；它与整个德国国家制度发生矛盾；它本身就是人的完全丧失后的表现，只有解放全人类才能解放自己。无产阶级作为"被戴上彻底的锁链的阶级"②承担着德国解放的实际任务，只有无产阶级才能完成实现"人类解放"的伟大历史使命。无产阶级的特殊性给人的解放提供了阶级基础，只有无产阶级的彻底解放才能使整个社会摆脱重重枷锁。无产阶级所受到的残酷剥削象征着劳动群众的现实境况，被戴上"彻底锁链"的无产阶级虽然不能获得其他特殊形式的权利，但变成了整个社会普遍权利的集中代表。无产阶级能够承担这一历史使命和责任，归根结底在于它在世界上最广泛、最普遍的苦难中，意识到劳动群众逐渐丧失的本性和他们最迫切的生存需要，在无数斗争中始终代表着最广大人民的根本利益。在马克思看来，作为一个不能再依靠历史而只能依靠自己的阶级，无产阶级的历史使命就是团结和领导人民进行革命，它具有这种强烈的意愿和能力。"无产阶级宣告迄今为止的世界制度的解体，只不过是揭示自己本身的存在的秘密，因为它就是这个世界制度的实际解体。"③由此可见，无产阶级不同于以往一切阶级的根本区别就在于它的任务是要将其他一切领域解放出来从而解放自己，无产阶级的自身解放在根本上与世界制度的解体、人类的普遍解放是方向一致的。纵观马克思解放政治学思想的发展历程，可以清楚地看到在《宣言》中特别重要的阶级概念，在这里被马克思第一次集中的论述，即使在《导言》里马克思还处于将"阶级"和"等级"概念混用来论述无产阶级的阶段，但到了《宣言》时期马克思对阶级、阶层、等级界定就已完全明晰。

不可否认，《导言》时期马克思对于"无产阶级"和"共产主义"的论证，还只是"哲学无产阶级"和"哲学共产主义"，停留在哲学论证层面，还没有达到"科学社会主义"的理论水平，但马克思解放政治

---

① 《马克思恩格斯选集》第 1 卷，北京：人民出版社 2012 年版，第 15 页。
② 《马克思恩格斯选集》第 1 卷，北京：人民出版社 2012 年版，第 15 页。
③ 《马克思恩格斯选集》第 1 卷，北京：人民出版社 2012 年版，第 15 页。

学的立足点已经转向了无产阶级的彻底的"人的解放"。揭示无产阶级为何存在,即揭示资本主义社会的运行规律,包含了价值、商品、生产关系等政治经济方面。马克思在《手稿》中进一步研究社会现实后,阐明无产阶级身上的所有权问题反映了公民社会的所有权问题。无产阶级是一个有组织的联合体,是个体和共同体的有机结合。无产阶级个人不拥有任何生产资料,但这些个人组成了一个联合体,生产资料成为共同财产,无产阶级作为一个整体拥有它们。这是马克思为无产阶级设想的回归社会的方式之一。私有财产的存在必然造成异化劳动,只有消灭异化劳动才能将人从社会中解放出来。马克思在《宣言》中意识到一切罪恶的根源是私有制,要消灭私有制。资产阶级"锻造了置自身于死地的武器"[①],可以正确地、最大化地使用这些武器的人,必然是无产阶级。可见马克思"转向无产阶级,就是以无产阶级的武器为批判的手段,以实现人类的解放为目的"。[②]

在《导言》中马克思指出,"这个解放的头脑是哲学,它的心脏是无产阶级。"[③]将哲学比喻为解放的"头脑",即思想武器,把无产阶级看作是它的"心脏",即阶级依靠。头脑与心脏的内在统一才是实现彻底革命的现实道路,无产阶级革命不再为了阶级斗争,而是为了实现"人是人的最高本质"[④],回归人的真正本质。"哲学不消灭无产阶级,就不能成为现实;无产阶级不把哲学变成现实,就不能消灭自身。"[⑤] 在将无产阶级作为德国革命的主体之后,无产阶级必须牢牢把握住革命理论与自身相依相存的辩证关系,即哲学只有依靠无产阶级才能真正变为现实,无产阶级只有掌握哲学的力量才能建立消灭私有制和一切奴役、

---

① 《马克思恩格斯选集》第1卷,北京:人民出版社2012年版,第406页。
② 郭艳君:《论马克思德法年鉴时期的思想变革及其理论意义》,载《马克思主义与现实》,2011第1期,第159页。
③ 《马克思恩格斯选集》第1卷,北京:人民出版社2012年版,第16页。
④ 《马克思恩格斯选集》第1卷,北京:人民出版社2012年版,第10页。
⑤ 《马克思恩格斯选集》第1卷,北京:人民出版社2012年版,第16页。

压迫人的关系的强有力的革命武装。在《手稿》中，马克思对人类解放的"头脑"的理解不仅限于哲学，还延伸到自然科学和社会科学，充分利用和肯定了两门学科的积极作用，把"人类解放"的过程与它们的发展联系起来，对它们的指导作用抱有很大的希望和关注。《导言》时期的马克思赋予无产阶级的重任还只是消灭德国旧制度和旧哲学，并未深入到生产关系领域，直到《手稿》开始转向政治经济学的研究，提出了劳动异化和剩余价值观念，马克思的解放政治学得到了哲学和政治经济学二者的支撑，"人类解放"问题真正成为了价值取向和现实运动的统一体。

马克思明确表述，尽管在斗争的形式上各国的解放不尽相同，但"人类解放"是必将作为最终的解放形式出现和被经历的。马克思始终站在人的高度，清醒认识到人类解放的重担必须经由无产阶级来承担的历史任务，一旦无产阶级革命的内在条件成熟，人的解放就能"由高卢雄鸡的高鸣来宣布"①，实现由革命主义向共产主义的转变。哲学与无产阶级第结合找到了解放第主体力量，也指明了未来的（社会）目标方向即共产主义。

总体上看，《导言》中批判逻辑的转变，确立了马克思解放政治学的现实基点、实践途径、主体力量和目标指向，这些原则在《宣言》中的革命化、系统化意味着马克思解放政治学的形成。马克思在《导言》中实现了对当时宗教、哲学、实践的攻击，也为以后系统阐述人类解放理论奠定了基础。本文尝试以一种统一的眼光来考察马克思在《导言》中的批判转变与解放政治学的逻辑建构，追根溯源回到《导言》再研究马克思对"人类解放"的阐明，就是理解马克思解放政治学的首要环节和关键。

在《导言》开始，马克思围绕"德国问题何以解决"的主题展开论述，现代德国的建立虽然消除了封建制度对人的束缚，但在资产阶级统治下，人依旧没有实现自身的解放，他不得不提出并试图分析了另一个问题，即"人类解放是如何可能的"。马克思在解决人类解放的一些基本问题的同时，对以往哲学家的人类解放学说进行了明确区分，并提出了他自己的独特内容。从对宗教的批判开始，以宗教批判作为开场，马克思逐渐打破宗教的

---

① 《马克思恩格斯选集》第1卷，北京：人民出版社2012年版，第16页。

"幻想性",将目光转向现实的人,完成人的部分解放;批驳不合理的国家制度,转向哲学批判,试图构建出为无产阶级服务的革命哲学;提出将理论转化为物质力量,将批判导向了实现人的实践高度,通过实践实现哲学与无产阶级的有机结合,这种实践必然是无产阶级革命。马克思对宗教和德国现实进行批判的最终目的是要将政治解放提升到普遍的人的解放,将人类解放确立为一种现实,阐明人类解放才是解决德国问题的基本途径和根本任务。在马克思一生所有理论著作中,始终不变的是围绕人的解放与发展这条主线,马克思一切批判的最终目的和落脚点都在于实现人的全面而自由的解放,《导言》批判逻辑的转变意味着马克思探寻到了一条实现人类解放的现实道路。《导言》批判路径与逻辑结构的建立标志着马克思唯物立场、实践路径、革命主体和价值指向等基本原则立场的确立,它在马克思解放政治学的建构过程中发挥着重要的杠杆作用。

（作者张天勇系江苏省习近平新时代中国特色社会主义思想研究中心南京信息工程大学理论研究基地教授；张雪系南京信息工程大学马克思主义学院硕士研究生）

"全部历史的真正发源地和舞台"：马克思的市民社会概念解读

何乐如 姜海波

[摘 要] "全部历史的真正发源地和舞台"是马克思在《德意志意识形态》中对市民社会的描述，这一理解与学术界将马克思的市民社会概念解读为资产阶级社会的解释传统相悖。从马克思早期的文本内容和文本表述来看，虽然"全部历史的真正发源地和舞台"这一观点，与《德意志意识形态》之前的其他文本中的市民社会表述存在差异，但在思想逻辑上并不矛盾，它恰恰展现了马克思复杂思想的发展进路，是马克思市民社会认知不断更新的具体呈现。可以说，马克思在《德意志意识形态》中真正形成了以唯物史观为基础的科学的市民社会理论，实现了对传统形而上学的超越。

[关键词] 市民社会 唯物史观 历史性 物质性 现实性

市民社会是马克思在其早期文本中经常使用的一个重要概念，在《德意志意识形态》（以下简称《形态》）之前，他对市民社会的描述往往具有贬义和批判色彩。他认为在市民社会中，"人作为私人进行活

---

* 本文是黑龙江省社科基金专项项目"马克思早期摘录比较研究"（18ZXD416）阶段成果。

动,把他人看做工具,把自己也降为工具,并成为异己力量的玩物"①。个人被金钱所侵蚀和异化,将一切都看成是攫取金钱利益的工具,因为,"实际需要、利己主义是市民社会的原则",而"实际需要和自私自利的神就是金钱"②。即便是在被恩格斯誉为"包含着新世界观的天才萌芽的第一个文献"③(即《关于费尔巴哈的提纲》以下简称《提纲》)中,市民社会的定位仍只是"旧唯物主义的立脚点"④。但在《形态》中,马克思却用"全部历史的真正发源地和舞台"(以下简称"发源地和舞台")、"整个历史的基础"这样的语句来界定市民社会,这种突变的画风令人难以理解和接受。为何一直"不受待见"、需要被批判、被解放、被消灭的市民社会,在《形态》中会获得如此之高的评价?这种变化不禁令人生疑——难道《形态》之前马克思对市民社会的认知是存在缺陷的,所以在标志着唯物史观形成的《形态》中,他才会一反常态,将需要进行革命解放的市民社会高高举起?或者说,马克思在《形态》中对市民社会的界定有着其他深层次的理解?就马克思为何会使用"发源地和舞台"来形容市民社会而言,首先需要对《形态》之前的马克思的市民社会概念进行解读与分析。

一、从"市民社会决定国家"的提出到
市民社会概念的"消失"

马克思的市民社会思想直接来源于黑格尔,黑格尔在其著作《法哲学原理》中详细叙述了他的市民社会理论,他将市民社会分为三个环节:第一是"需要的体系",即通过劳动来满足个人的需要;第二是通

---

① 《马克思恩格斯文集》第1卷,北京:人民出版社2009年版,第30页。
② 《马克思恩格斯文集》第1卷,北京:人民出版社2009年版,第52页。
③ 《马克思恩格斯文集》第4卷,北京:人民出版社2009年版,第266页。
④ 《马克思恩格斯文集》第1卷,北京:人民出版社2009年版,第502页。

过司法来保证所有权；第三是作为利益保障的警察和同业公会。① 黑格尔认识到，市民社会"使家庭成员相互之间变得生疏"②，是"个人私利的战场，是一切人反对一切人的战场"③。由此，黑格尔提出了国家决定市民社会的著名观点。在他看来，市民社会作为一个特殊利益的集合体，生活在其中的个人被非理性的欲望所宰制，而国家作为伦理实体，是包含着特殊利益的普遍利益本身。所以，黑格尔强调"成为国家成员是单个人的最高义务"④。由此可见，市民社会在黑格尔这里并不受待见，他认为市民社会只是个人通往最高伦理实体（国家），实现真正意志自由、需要被扬弃的必经阶段。对此，马克思否认黑格尔赋予国家的优先性，与之相反，他认为不是国家决定市民社会，而是市民社会决定国家。

在《黑格尔法哲学批判》（以下简称《批判》）中，马克思对《法哲学原理》的国家章第261至313节进行了逐节的摘录和评论，以市民社会为"批判的武器"，细致地分析了黑格尔包裹着神秘主义外衣的国家理论。他认为个人主义是市民社会成员的原则，以金钱和教育为主要标准对社会成员的地位和等级进行划分，"个人的存在是最终目的；活动、劳动、内容等等都只是手段"⑤。马克思在研究黑格尔国家观的过程中，批判性地理解和接受了他的部分市民社会思想，初步形成了自身关于市民社会的理论认知。一方面，马克思意识到市民社会是一个私人的领域，"在这个社会中，人作为私人进行活动"⑥；另一方面，他也注意到市民社会所具有的经济内涵，在《批判》中聚焦于市民社会的私有财产、所有权等问题。从《批判》的文本内容来看，马克思虽然认识到了

---

① 黑格尔：《法哲学原理》，范扬、张企泰译，北京：商务印书馆2019年版，第231页。
② 黑格尔：《法哲学原理》，范扬、张企泰译，北京：商务印书馆2019年版，第274页。
③ 黑格尔：《法哲学原理》，范扬、张企泰译，北京：商务印书馆2019年版，第351页。
④ 黑格尔：《法哲学原理》，范扬、张企泰译，北京：商务印书馆2019年版，第289页。
⑤ 《马克思恩格斯全集》第3卷，北京：人民出版社2002年版，第101页。
⑥ 《马克思恩格斯全集》第3卷，北京：人民出版社2002年版，第173页。

市民社会的经济属性,但他并未利用经济学的概念对其进行更为深入的研究,只是在哲学层面批判黑格尔的国家观与市民社会思想。在《批判》文本中,马克思没有对市民社会概念进行详细的界定,这与当时马克思没有完全挖掘和剖析完整的黑格尔市民社会思想有关。他在《批判》中留有这样一句话:"关于这一点要在《市民社会》这一章中作进一步阐述"。① 这就是说,马克思试图对黑格尔《法哲学原理》中的市民社会章进行类似于国家章的研究,时至今日,我们仍未发现马克思单独讨论黑格尔《法哲学原理》中市民社会章的文本。这很可能是因为马克思意识到,想要对黑格尔市民社会理论进行彻底的批判,就需要经济学的理论支援,所以,上文所提及的写作计划只能被搁置,转而研究政治经济学。后来,马克思在《〈政治经济学批判〉序言》中回忆自己的研究时,也提到了这一点:在写作完《批判》后,马克思认识到需要通过政治经济学来解剖市民社会,于是,他"在巴黎开始研究政治经济学"②。

一般认为,巴黎时期有两个阶段,即《德法年鉴》时期和《1844年经济学哲学手稿》(以下简称《手稿》)时期,马克思在《德法年鉴》时期创作了两部作品:《〈黑格尔法哲学批判〉导言》和《论犹太人问题》。从内容上看,这两部作品是对《批判》中市民社会研究思路的延续和发展;从文字表述上看,马克思仍大量运用市民社会概念,对市民社会本身进行纯粹哲学层面的研究,特别是在后一部作品中,他将市民社会、宗教和政治国家相联系,彰显了宗教批判、国家批判和市民社会批判的内在统一性与必要性。但在《手稿》中,马克思只有少数几处运用了市民社会概念:其一,在笔记本 I 谈论工资问题时,马克思认为,社会处于最富裕的状态时,对工人而言仍然是持续不变的贫困;其二,在笔记本 II 谈论私有财产的关系问题时,马克思运用市民社会概念

---

① 《马克思恩格斯全集》第 3 卷,北京:人民出版社 2002 年版,第 102 页。
② 《马克思恩格斯文集》第 2 卷,北京:人民出版社 2009 年版,第 591 页。

讽刺了资产阶级理论家对动产的描述；其三，在笔记本 III 中，马克思通过市民社会概念"对黑格尔的辩证法和整个哲学"进行批判①；其四，在讨论分工问题时，马克思肯定了国民经济学家对于市民社会的看法。与《批判》中大量使用市民社会概念，消解黑格尔唯心主义国家观的神秘性相比，马克思在《手稿》中似乎主动避开探讨市民社会问题，仿佛市民社会在《手稿》中"消失"了。这也使得人们在谈论《手稿》时，往往将目光聚焦于"异化劳动"问题或者是"人的本质"问题等。这一现象引起了国内众多学者的关注，有学者认为，虽然《手稿》并没有像《批判》一样，大量运用市民社会这一概念来剖析市民社会本身，但从文本的内容上看，马克思"这部手稿的主要内容就是剖析市民社会"②。上文提及，马克思在巴黎时期就已经意识到政治经济学的重要性，他开始运用私有财产、分工、交换等概念对市民社会的内部结构进行经济学层面的分析。通过阅读和研究斯密、李嘉图等人的经济学理论，马克思摘录和评论了包括《萨伊笔记》《斯密笔记》等在内的七个笔记本，认识到黑格尔的市民社会思想中还隐藏有斯密的经济学思想，从而在《手稿》中对私有财产、劳动、需要等问题进行更为深入的研究。在一定程度上，这是马克思补充了经济学知识后，于《手稿》中继续研究黑格尔的市民社会思想。

那么，为何《手稿》在内容上延续了对《批判》中市民社会问题的研究，但在对市民社会概念的使用上却与《批判》截然不同？本文认为，产生这一现象的因素是复杂的。在《手稿》时期，马克思极有可能通过学习经济学知识，产生了新的理论认知，开启了"对唯物史观的初步探索"③，认识到市民社会所具有的历史性，使得他对市民社会概念的使用极为谨慎。需要注意的是，目前学界的三种解释也值得关注：其

---

① 《马克思恩格斯文集》第 1 卷，北京：人民出版社 2009 年版，第 214—215 页。
② 阎孟伟：《马克思历史理论中的市民社会概念》，载《天津社会科学》，2010 年第5 期。
③ 曹典顺：《政治经济学与唯物史观的内在关联》，载《中国社会科学》，2016 年第10 期。

一,马克思是为了"避免同以往的市民社会概念产生认知歧义而有所选择地避免谈及市民社会"①。其二,马克思在《手稿》中放弃市民社会概念,主要是因为他意识到"市民社会这个概念是一个资产阶级的意识形态话语"②。其三,将德语的市民转换为法语的市民,其含义会产生巨大的隔阂,这迫使马克思不得不放弃这一概念的使用③。

二、"全部历史的真正发源地和舞台"与"市民社会"的认识论转向

在《形态》中,马克思将市民社会界定为"发源地和舞台",这与之前对市民社会的描述截然不同。这种突兀性的变化背后有着诸多复杂的因素,国内学界的众多学者曾就这一问题进行过讨论。有学者认为,马克思是为了针对坚持唯心史观的德意志意识形态家们,把市民社会理解为"整个历史的基础""发源地和舞台",指的是与上层建筑相对的经济基础。④ 也有学者认为,这种表述体现出"马克思注重从物质利益关系来解释社会生活,即从市民社会本身解释社会历史"⑤。还有学者认为,市民社会被指定为"发源地和舞台",是因为"历史科学"建基于市民社会之中。⑥ 一千个读者有一千个哈姆雷特,不同学者对这一问题

---

① 徐苗:《"消失"还是"隐匿":〈1844年经济学哲学手稿〉中"市民社会"存否辨析》,载《四川大学学报》,2022年第3期。
② 张一兵:《青年马克思:市民社会概念在最初经济学研究中的消失——马克思〈巴黎笔记〉研究》,载《中共福建省委党校学报》,2021年第4期。
③ 望月清司:《马克思历史理论的研究》,韩立新译,北京:北京师范大学出版社2009年版,第35页。
④ 韩立新:《〈德意志意识形态〉中的市民社会概念(上)》,载《马克思主义与现实》,2007年第4期。
⑤ 刘明松:《马克思"市民社会"视域中的社会建设》,载《社会主义研究》,2009年第2期。
⑥ 卢德友、李奇:《市民社会:"历史科学"的理论题域》,载《武汉大学学报》,2012年第3期。

的不同解答体现了这一理论问题的魅力，上述解释都存在一定的理论合理性。概念是思想理论的载体，对同一概念进行不同的界定，往往是由于下定义者自身的思想发生了转变。这就是说，马克思在市民社会的相关理论问题上，发生了认识论转向，这才使得他认为市民社会是"发源地和舞台"。

就马克思"市民社会"的认识论转向而言，这一转向并不是在《形态》中才开始的，在《提纲》中就已然发生。马克思指出"旧唯物主义的立脚点是市民社会，新唯物主义的立脚点则是人类社会或社会的人类"[1]。这里的"旧唯物主义"可以作两种理解，其一，旧唯物主义单纯指费尔巴哈的唯物主义，即以感性、直观、抽象的自然人为根本的人本主义的唯物主义；其二，指的是《提纲》第一条中论述的"从前的一切唯物主义"。按照前一种理解，即费尔巴哈唯物主义的立脚点是市民社会，其产生的根基是资产阶级社会，这里的市民社会就是资产阶级社会；按照后一种理解，市民社会就不应当仅仅指资产阶级社会，因为产生古代朴素唯物主义的古希腊社会肯定不是资产阶级社会。一般而言，《提纲》作为一种概述要点和思路的文字，没有太多具体的文本语境可作参考，这就使得文本本身没有更多的证据来证明上述两种理解，哪一种才是正确的，又或者说，两种理解都是正确的。但从思想关联上看，《提纲》的思想更贴近《形态》，也就是说，《提纲》第十条中的市民社会并不完全等同于资产阶级社会，马克思在新世界观产生的"前夜"，就已经认识到资产阶级社会只是市民社会的典型样态。也正是基于该认知，他才在《形态》中明确提出，"'市民社会'这一用语是在18世纪产生的"，"真正的市民社会只是随同资产阶级发展起来的"[2]。

除此之外，从《形态》文本出发，以马克思思想变化及其对人类社会认知的更新为视角，可以从以下三方面解答，市民社会何以成为"发

---

[1]《马克思恩格斯文集》第1卷，北京：人民出版社2009年版，第502页。
[2]《马克思恩格斯文集》第1卷，北京：人民出版社2009年版，第582—583页。

源地和舞台"。首先，马克思之所以用"发源地和舞台"来界定市民社会，是因为他在《德法年鉴》时期并未认识到，"在'部落制度'之前会存在一个没有阶级和政治活动的原始部族生活（摩尔根的《古代社会》）"①。马克思在《形态》中明确指出，市民社会"是以简单的家庭和复杂的家庭，即所谓部落制度作为自己的前提和基础的"②。对此，望月清司认为，市民社会是马克思研究人类历史的内在驱动力，"马克思正是为了批判地洞察眼前的资本家社会，认识作为资本家社会基础的市民社会，为将市民社会确认为人类长期积累的产物，才追溯到了本源共同体"③。在望月看来，《形态》中的市民社会理论与马克思的历史理论相辅相成。一方面，马克思意识到市民社会具有历史性，他为了证明市民社会是人类社会历史长期发展的产物，才不断地向前追溯，最终追溯到本源共同体，初步形成了他的历史理论；另一方面，马克思是在生成唯物史观、追溯到本源共同体之后，才对市民社会概念进行了诸多方面的界定，确证了全面、科学的市民社会理论。在相当长的一段时间内，马克思都认为在部落所有制基础上生成的部落共同体是人类社会最早的社会组织形态。纵观其全部著述，即便是到了18世纪50年代末，马克思仍未更新这一理论认知。在《政治经济学批判（1857—1858年手稿）》（以下简称《57—58手稿》）中，他用了一节内容（即"资本主义生产以前的各种形式"）详细梳理了资本主义形成之前的各种所有制形式，以所有制的演变来描述人类社会历史的发展进程。在这一节中，马克思指出，家庭和以家庭为基础形成的部落通过游牧、迁徙的方式不断发展、壮大，这种自然形成的部落共同体，是占有与利用土地的

---

① 张一兵：《社会场境存在论与关系意识论中的市民社会话语——〈德意志意识形态〉新探》，载《江苏社会科学》，2022年第1期。
② 《马克思恩格斯文集》第1卷，北京：人民出版社2009年版，第540页。
③ 望月清司：《马克思历史理论的研究》，韩立新译，北京：北京师范大学出版社2009年版，第498页。

前提。① 从理论关联上看，《57—58 手稿》中的部落所有制思想与《形态》中阐述的观点具有一致性。这说明在缺乏史料的情况下，即便是运用唯物史观来研究人类历史的马克思，"也只能通过逆向推导的方式推测人类社会更早时期的部落特征"②。直到接触了摩尔根的《古代社会》，马克思才改变了上述认知。通过对《古代社会》的阅读和摘录，他发现，在部落所有制之前，人类最初是处于原始杂交的群居生活时代，不存在家庭。最初的家庭形式是在原始杂交的群居生活中逐渐形成的血缘家庭，它是"第一个'有组织的社会形式'"③。因此，按照《形态》中，以家庭为基础的原始部落是人类社会第一个社会组织形式的设定，马克思将市民社会界定为"发源地和舞台"在逻辑上完全是自洽的。

其次，马克思敢于在《形态》中使用"发源地和舞台"来描述市民社会，是因为他意识到市民社会并不能够单纯地等同于资产阶级社会，资产阶级社会只是市民社会的一种典型样态。他的这种理解并不是突发奇想，而是通过不断地转换研究视域、更新研究方法，在纯粹哲学批判的基础上，加入了经济学的理论知识，深入研究市民社会内部经济结构后获得的。如果仔细审读《提纲》之前的诸多文本，我们就能够发现潜藏于其中的、马克思研究市民社会思想发展的蛛丝马迹。具体而言，在《批判》中，马克思着重强调了市民社会与国家的关系，运用费尔巴哈主谓颠倒的方法，提出了"市民社会决定国家"的原则，但对市民社会本身并没有做太多的说明。在《论犹太人问题》中，马克思指出利己主义"作为市民社会的特性存在"④。这就是说，马克思开始赋予市民社会

---

① 《马克思恩格斯文集》第 8 卷，北京：人民出版社 2009 年版，第 123 页。
② 王笠：《求解资本主义的史前史："人类学笔记"与"历史学笔记"的思想世界》，北京：中国人民大学出版社 2018 年版，第 64 页。
③ 曹典顺：《马克思〈人类学笔记〉研究读本》，北京：中央编译出版社 2013 年版，第 249 页。
④ 《马克思恩格斯文集》第 1 卷，北京：人民出版社 2009 年版，第 30 页。

具有普遍性的规定,认为利己性是市民社会的本质特性。在《手稿》中,马克思几乎不再使用市民社会概念,他在大量补充经济学的理论知识后,肯定了斯密从分工角度得出的社会是商业社会的观点,指出了"在国民经济学家看来,社会是市民社会"的理论认知。① 由此可见,马克思在《手稿》中基本确证了市民社会所具有的经济内涵。在《神圣家族》中,马克思进一步揭露了市民社会中个体的利己主义:如在谈论自由问题时,他认为作为现代国家自然基础的市民社会中的人,只是为了追求利益,"为挣钱而干活的奴隶"②;在反驳鲍威尔对于国家普遍制度的阐述时,他指出正是出于对利益的追逐,利己主义的人才能够联合起来,从而形成市民社会。③ 从上述文本的分析可得,马克思关于市民社会的理论认知处于不断丰富和发展的进程中,也正是这种理论认知上的不断完善,他才能在《提纲》中明确资产阶级社会只是市民社会的典型样态。

最后,按照马克思在《形态》中,以分工和所有制为核心对人类社会历史的划分理解,将市民社会称作是"发源地和舞台"与"整个历史的基础"也有一定的道理。首先,马克思在《形态》中叙述完市民社会是"发源地和舞台"后,在谈论"国家和法同所有制的关系"问题之前,又对市民社会进行了新的界定,即"市民社会包括各个人在生产力发展的一定阶段上的一切物质交往"④,"这一名称始终标志着直接从生产和交往中发展起来的社会组织"⑤。这两句话可以提炼出市民社会的三个要点:其一,生产与交往是市民社会的必要条件;其二,这种生产与交往必须是物质性的;其三,市民社会作为一种在生产与交往中发展起来的社会组织,具有历史性。也就是说,在这里,马克思赋予了市民社

---

① 《马克思恩格斯文集》第1卷,北京:人民出版社2009年版,第236页。
② 《马克思恩格斯文集》第1卷,北京:人民出版社2009年版,第313页。
③ 《马克思恩格斯文集》第1卷,北京:人民出版社2009年版,第322页。
④ 《马克思恩格斯文集》第1卷,北京:人民出版社2009年版,第582页。
⑤ 《马克思恩格斯文集》第1卷,北京:人民出版社2009年版,第583页。

会以历史性与物质性这两重特性,并且强调,市民社会是基于生产与交往的社会组织。其次,马克思以唯物史观为指导,在《形态》中第一次对人类历史进行了书写。他运用大量的史料证明部落所有制、代的公社所有制和国家所有制以及封建的或等级的所有制,这三种所有制形式是资产阶级所有制产生之前的所有制形式。按照前面分析市民社会应当具备的三个要点,以包括资产阶级所有制在内的上述四种所有制形式为基础的社会形态,都满足市民社会的标准。共产主义社会作为人类历史的最后一种社会形态,应当具备物质财富极大丰富,消费资料按需分配的特征。这说明,在共产主义社会,人们不需要进行物质性的交往来满足自身的消费需求,而且,到了共产主义社会,国家已然消亡,但市民社会"在一切时代都构成国家的基础"①。照此逻辑理解,共产主义社会并不是严格意义上的,马克思在《形态》中定义了市民社会,但市民社会却是通往共产主义社会的必经之路,不存在从原始社会直接发展成为马克思所追求的共产主义社会的可能。由此可见,市民社会确实可以称为"发源地和舞台"与"整个历史的基础"。

三、唯物史观与市民社会概念的革命性变革

马克思于《形态》中展现出的认识论转向被阿尔都塞认为是其思想上的"认识论断裂",《形态》是马克思与费尔巴哈决裂的标志。阿尔都塞发现,"在1842至1844年间,不仅马克思所使用的术语是费尔巴哈的术语","他的哲学总问题在本质上也是费尔巴哈的总问题"②。同时,阿尔都塞也认识到,马克思在《形态》中不仅是同自己以往的意识形态哲学信仰相决裂,也是同自己之前的全部理论进行清算,他在"创立历史理论(历史唯物主义)的同时","创立了一种新的哲学(辩证唯物

---

① 《马克思恩格斯文集》第1卷,北京:人民出版社2009年版,第583页。
② 阿尔都塞:《保卫马克思》,顾良译,北京:商务印书馆2007年版,第28页。

主义）"。① 就马克思在其不同作品中展现出的思想变化而言，阿尔都塞凭借高度的理论敏感性提出的上述观点有其合理性，然而这种思想变化能否被称为是"认识论断裂"，或者说以"认识论断裂"来比喻马克思于《形态》中展现的认识论转向是否合适，还有待商榷。但毋庸置疑的是，马克思在《形态》中实现了具有革命性意义的理论变革。这种理论变革集中体现在唯物史观的创立上，而市民社会则是唯物史观得以创立的核心范畴，它引导着马克思形成了新的研究领域，生成了新的研究方法。从马克思的思想发展历程来看，正是基于对揭开市民社会神秘面纱的执着追求，他才认识到对黑格尔哲学进行彻底的批判，离不开经济学知识的理论支援；认识到对资产阶级社会的剖析与批判，离不开对古典政治经济学的批判。这就是说，如果不理解《形态》中马克思赋予市民社会概念的深刻内涵，就很难理解唯物史观。因为，马克思正是为了解剖市民社会才去研究的政治经济学，并通过对政治经济学批判发现了唯物史观。

在《形态》中，有一段直接阐明唯物史观与市民社会内在关联的论述，"这种历史观就在于：从直接生活的物质生产出发阐述现实的生产过程，把同这种生产方式相联系的、它所产生的交往形式即各个不同阶段上的市民社会理解为整个历史的基础，从市民社会作为国家的活动描述市民社会，同时从市民社会出发阐明意识的所有各种不同的理论产物和形式，如宗教、哲学、道德等，而且追溯它们产生的过程"。② 从文本表述上理解，马克思的这段论述十分清晰地呈现出三方面的理论内容：其一，从唯物史观出发理解的市民社会，是"整个历史的基础"；其二，市民社会是阐明宗教、哲学、道德等意识理论的现实基础；其三，人们能够追溯以市民社会为现实根基生成的理论，研究其产生的过程。唯物史观与市民社会存在上述的理论关联，市民社会能够被解释为"整个历

---

① 阿尔都塞：《保卫马克思》，顾良译，北京：商务印书馆2007年版，第16页。
② 《马克思恩格斯文集》第1卷，北京：人民出版社2009年版，第544页。

史的基础",受到以下两方面因素的影响:一方面,《形态》中马克思市民社会理论的生成,是以唯物史观为基础的。在这里,他的市民社会不同于黑格尔由绝对理念演化而来的市民社会,摒弃了自由、类生活等概念的描述,运用物质生产、生产方式、交往形式等概念,呈现出全新的、具有唯物史观意蕴的市民社会样貌。这就是说,马克思的市民社会具有具体现实性,他明确指出市民社会是"整个历史的基础",需要通过现实的和具体的描绘来展现。因为,"在思辨终止的地方,在现实生活面前,正是描述人们实践活动和实际发展过程的真正的实证科学开始的地方"。① 另一方面,唯物史观的生成是基于对市民社会解剖的理论研究。马克思在明确市民社会具有的历史性与现实性后,进一步打开理论视野,深入到研究古典政治经济学的理论分析之中,抽丝剥茧般地将资产阶级社会的经济运行方式展现出来。更重要的是,为了科学全面地剖析资产阶级社会,马克思以资产阶级社会的生产方式为切入点,对资产阶级社会产生的历史源头进行追溯,再一次证实了市民社会所具有的历史性。就市民社会所具有的历史性而言,它不仅体现为市民社会本身所具有的历史性,是在人类的历史发展进程中生成的;还体现为人们对市民社会的认识,也随着时代的发展,发生相应的改变。如马克思的市民社会思想源自于黑格尔,但又实现了对黑格尔的理论超越,哈贝马斯在马克思市民社会理论的基础上,提出其著名的公共领域理论。

之所以认为马克思在《形态》中实现了唯物史观与市民社会概念的革命性变革,不仅是因为其在《形态》中更新了对市民社会概念的理论认知,深入挖掘和科学还原了市民社会概念的本真面貌,更因为其在《形态》中生成了独特的经济哲学方法论。就马克思的经济哲学方法论而言,他在以生产方式为切入点研究资产阶级社会的运行方式时发现,古典经济学家在研究时采用的方法存在巨大缺陷,对此,他独创出与唯物史观相适应的经济哲学方法,该方法具有三方面的特点:其一,追溯

---

① 《马克思恩格斯文集》第 1 卷,北京:人民出版社 2009 年版,第 526 页。

理论产生源头，进行批判性的研究。古典经济学家们常常把需要证明的东西，当作是确定无疑的前提来直接使用，他们的经济学方法只是对现象的纯粹描述，强调其研究的纯粹客观性与科学性。马克思的经济哲学方法则要求从理论的源头出发，批判性地进行研究。其二，注重在纯粹的经济运行中注入人文关怀。由于古典政治经济学是纯粹科学性的客观描述，这就导致在研究过程中，属人的那部分被丢弃了。这就是说，古典政治经济学研究注重的是客观经济运行的发展规律，其中与人相关的伦理向度消失了，而这正是马克思在进行政治经济学批判时特别重视的方面。当然，马克思重视在经济运行中的伦理向度，注重公平、正义等问题，并不是说人的主体地位的研究能取代经济运行客观规律的研究，而是强调在经济分析的过程中应当与属人的伦理问题相结合。这种在经济分析中结合伦理问题进行研究的方法，就是马克思所采用的经济哲学方法。其三，本文认为，马克思在《57—58手稿》导言部分所提到的"人体解剖对于猴体解剖是一把钥匙"[1]，也就是人们常说的"从后思索法"，这也是马克思的经济哲学方法。总之，马克思正是通过对市民社会的研究，从纯粹的哲学批判转向了对政治经济学的批判，在纯粹客观的经济分析中纳入人的伦理问题，实现了研究方法的变革，创新出其科学的经济哲学方法。

一般而言，作为一名严谨的理论研究者，基本不存在根据个人喜好随意或毫无根据地使用与自身习惯完全相悖的话语模式的可能，马克思更是如此。在《形态》中马克思使用"发源地和舞台""整个历史的基础"这样的语句来界定市民社会，并不代表他真的认同和赞扬市民社会，很大程度上是为了对抗当时占主导地位的唯心主义世界观，彰显他想要彻底清算以前的理论思想，超越整个形而上学的理论决心。从根本上理解，马克思研究市民社会，包括后期撰写《资本论》，都只是为了找寻到通往共产主义的道路，找寻到如何覆灭充满着压榨、剥削，充斥

---

[1] 《马克思恩格斯文集》第8卷，北京：人民出版社2009年版，第29页。

着自私自利、血腥与黑暗的资产阶级社会的方法。马克思在《形态》中用近乎褒义的词句来描述市民社会，一方面，是希望人们能够正视市民社会的重要性，不能狭义地理解市民社会，将其完全等同于资产阶级社会，对资产阶级社会的研究应当深入到作为其基础的市民社会之中，从历史发展的角度，从市民社会产生的源头去挖掘理论资源。另一方面，由于马克思破除了笼罩在市民社会概念上的迷雾，揭示了市民社会概念本身所具有的社会历史性、具体现实性等特点，明确了市民社会的经济内涵。它并不是马克思早期时候的一个不成熟的概念，恰恰相反，它是"发源地和舞台"。

（作者何乐如系黑龙江大学哲学学院在读博士，江苏师范大学哲学范式研究院研究人员，主要研究方向为马克思主义哲学史；作者姜海波系黑龙江大学哲学学院教授、博士生导师，主要研究方向为马克思主义哲学史）

五

中国道路

"中国马克思主义哲学学派"的建设与"中国马克思主义哲学"的范式构筑*

张丽霞

[摘 要] 就"中国马克思主义哲学学派"的建设视角理解,"中国马克思主义哲学"所具有的独特研究内容、学术原创和学派意识,表现在"中国马克思主义哲学"不是"马克思哲学"的生搬硬套,而是以"马克思哲学"为指导的"中国化意蕴"的"哲学范式"形态。"中国马克思主义哲学"的范式构筑,根源于"中国马克思主义哲学学派"产生的现实需要之时,架构于"中国马克思主义哲学学派"建设的内在逻辑之间,形成于"中国马克思主义哲学学派"的学术标识之中。"中国马克思主义哲学范式"是"中国马克思主义哲学学派"产生的学术标志,建设具有中国特色、中国风格、中国气派的"中国马克思主义哲学范式",离不开学术界努力打造"中国马克思主义哲学学派"的学术动机。

[关键词] 中国马克思主义哲学 范式构筑 学术原创 中国马克思主义哲学学派

---

* 本文系国家社科基金项目"新时代党的历史观研究"(22BKS056)阶段性成果。

学术界共识性地认为，承载中国特色、中国风格、中国气派的"中国马克思主义哲学"研究的学术共同体就是"中国马克思主义哲学学派"。打造与"中国马克思主义哲学"范式构筑相适应的"中国马克思主义哲学学派"，应该是也必须是中国马克思主义哲学研究者的学术追求。这种哲学学派，不是与马克思主义哲学的意识形态相冲突的学术派别，而是指在"哲学范式"研究意义上理解的学术共同体。换言之，"中国马克思主义哲学"范式构筑是为了准确诠释中国道路与中国价值的社会改造，或者说，中国马克思主义哲学范式构筑则是为了准确诠释资本主义道路与资本主义精神的哲学批判。这就意味着，通常将"思想学派"当作"中国马克思主义哲学学派"的理解是不尽合理的，因为，确切地理解，当代"中国马克思主义哲学"研究的学派，应该是指以马克思主义哲学为"思想"指导、以"哲学范式形式"为模型的"哲学范式"意义上的"学派"。

一、"中国马克思主义哲学"的范式构筑根源于"中国马克思主义哲学学派"产生的需要

从哲学史的演变理解，无论是中国的先秦时期，还是西方的古希腊时期，哲学学派就已经事实性地产生和存在。就其本质特征判断，先秦时期和古希腊时期的哲学学派，并不是现代哲学范式意义上的"哲学范式学派"，即它们只是价值哲学意义上的"哲学思想学派"。然而，不论是"哲学范式学派"，还是"哲学思想学派"，它们都根源于哲学家们对哲学理论的"共识性"追求和探索，尽管这种共识性是建立在差异性基础上的"限度性共识"。就"哲学范式学派"而言，最为知名的哲学学派之一就是古希腊哲学学派，因为，古希腊哲学学派的存在完整地诠释了哲学范式是哲学学派赖以成立的"学术性共识"。这种学术性共识亦可以称之为"范式思维"，它是把握"哲学学派"之所以是该学派而不是它学派的"标志性要件"。

（一）哲学学派根源于哲学理论的共识性探索

用恩格斯的理论解释，"历史合力论"的共识性逻辑催生了哲学学派。恩格斯指出，历史是诸多单个意志相互冲突而形成的历史合力的结果。① 恩格斯的这一合力论逻辑很明确，历史的结果产生于不同意志达成一定共识的合力。同理，"哲学学派"的产生离不开哲学家们的合力，即人们常常将一些哲学家归为一类或一派，这些哲学家的哲学理论通常被认为具有共性或相似性，如智者学派、黑格尔学派、法兰克福学派、南斯拉夫实践派，等等。马克思和恩格斯创立的哲学理论亦是如此，恩格斯就曾明确表示，他与马克思的哲学是"在劳动发展史中找到了理解全部社会史的锁钥的新派别"②。

从唯物辩证法的逻辑理解，共识性逻辑是差异性理论的内存性逻辑。英国哲学家以赛亚·伯林认为，在人类的历史长河中，尽管在不同的社会历史条件下，也存在某些具有共性的普遍的价值是社会中的绝大多数人能够认可和同意的。③ 不同的哲学理论同样如此，这些千差万别的哲学理论往往也存在某些共性的认识。也正是因为这种共识性认识的存在，黑格尔提出，"我们所要求的，是要能看出异中之同和同中之异"④，即共识性的内容普遍内存于差异性的理论之中。需要说明的是，在现代社会之中，由于人们往往很难形成完全统一和一致的认知，共识性越来越表现为"多元共识"。

哲学之所以出现多种形式，离不开哲学学派以共识性逻辑引领差异性哲学原因的存在。亨廷顿认为，"在多文明的世界里，建设性的道路

---

① 参见《马克思恩格斯文集》第10卷，北京：人民出版社2009年版，第592页。
② 《马克思恩格斯文集》第4卷，北京：人民出版社2009年版，第313页。
③ 参见以赛亚·伯林：《扭曲的人性之材》，岳秀坤译，南京：译林出版社2009年版，第22页。
④ 黑格尔：《小逻辑》，贺麟译，北京：商务印书馆1980年版，第253页。

是弃绝普世主义，接受多样性和寻求共同性"。① 他的意思很明确，文明的本质不应该是趋于统一，而是应该在差异中寻求共同，从而不断实现突破和进步，或者说，人类文明是在不同文明的冲突、碰撞中不断前进的，这种冲突碰撞中的前进，是在共识性思维引导下，在"接受多样性和追求共同性"中实现的。作为人类文明的重要表征，哲学学派的发展同样如此，即不同的哲学理论或哲学思潮在共识性思维引领下发展，形成不同的哲学学派。这些不同的哲学理论虽然在研究视角、研究方法等方面存在不同，但其本质上都是在为解决人的生存问题找寻答案，都是为了摆脱新的生存困境寻求方法。

（二）范式是哲学学派赖以成立的学术性共识

范式是学派之所以成为学派的最大学术共识，即学派的形成有赖于范式的自觉建构，也即是说，既定的范式是学派之所以为该学派的根本性原因。"范式"最早是由托马斯·库恩系统提出的科学哲学概念。库恩用这一术语，"意欲提示出某些实际科学实践的公认范例"②，即库恩认为范式代表的是科学共同体应该遵循的模型。据此逻辑，本文认为"范式"与"学派"的形成之间不可分离，即所谓的"范式"是指"学术共同体共同遵循的研究规范和准则，也是其共同的研究方法和路径"③。反向的理解就是，学派的形成既离不开学术领袖的引导，也离不开学术共同体内部成员的参与，还离不开学术范式的达成。学术范式为学派的形成提供重要标识，即以共有的学术思想、学术路线和学术方法为内核的范式是构成学派的最大学术共识。正是在学术

---

① 塞缪尔·亨廷顿：《文明的冲突与世界秩序的重建》，周琪等译，北京：新华出版社1998年版，第369页。
② 托马斯·库恩：《科学革命的结构》，金吾伦、胡新和译，北京：北京大学出版社2003年版，第9页。
③ 任平：《当代"中国马克思主义哲学"的理论创新逻辑》，载《中国社会科学报》，2018年4月26日，第4版。

范式的作用下，以学术共识为重要表征的学术共同体，即学派获得了其合法性基础。

任何形式都有着与自己相适应的内容，所以，任何哲学学派的存在，也必定有表征自己范式的学术标识。以法兰克福学派为例，作为当代西方社会哲学流派之一，其是以法兰克福大学为中心，以批判性社会哲学为明显标识的哲学流派，其代表人物不仅有社会科学学者赫伯特·马尔库塞，也有哲学家尤尔根·哈贝马斯，还有文艺批评家瓦尔特·本雅明，等等。尽管法兰克福的代表学者擅长的学术领域不同，研究的侧重点也不一样，但其共同的特征就是深入对社会的批判，即"贯穿于其理论体系始终的就是'批判'二字。"[①] 这就是说，批判性反思的学术方法既是链接法兰克福学派不同学术倾向的重要纽带，也是该学派的学术标识所在。

个人意蕴上的哲学理论，不能够构成学派意义上的哲学范式。诚然，哲学学派的存在离不开具有明显标识性或代表性的哲学范式，但这一具有明显标识性或代表性的哲学范式并不是指完全个人意蕴上的哲学范式，而是指学术共同体意蕴上的哲学范式。从个人意蕴上的哲学范式视角理解，由于个体的差异性，个人对哲学原理的具体阐释往往会有所不同，这意味着，个人意蕴上的哲学范式仅能表征哲学学派中个体的差异性，而无法确保学派共同的体的差异性，所以，仅用个人意蕴上的哲学范式来标识哲学学派的构成是远远不够的。从学术共同体意蕴上的哲学范式视角理解，学术共同体是以学术共同体成员的共同信念、共同价值、共同规范为基础的，即学术共同体不是个人意志的代表，而是学术共识的代表，因此，学术共同体意蕴上的哲学范式具有明显的标识性和代表性，能够成为哲学学派意义上的哲学范式的构成依据。

[①] 陈学明：《法兰克福学派的批判理论在当代中国的意义》，载《江海学刊》，2000年第5期。

（三）范式思维是把握哲学学派的标志性要件

范式思维拒斥边界思维为哲学学派存在的合理性立法。边界思维就是指一种具有有界性和限定性的思维方式。就哲学学派理解，边界思维往往通过规定哲学学派的研究范围，使得哲学学派的研究被现定在某一既定的领域之中，从而很难获得突破性发展。"中国马克思主义哲学"的范式构筑和范式创新，就是对哲学理论只能确立一种具有有界性和限定性认知原则的否定，就是为了打破哲学学派之中边界众多、壁垒严重的现状，从而发挥好哲学学派对推动学术创新的积极作用。英国著名的马克思主义理论家蒙德·威廉斯就打破了边界思维的认知方式，跨越多学科界线撰写论著，这些论著用特里·伊格尔顿的观点解释就是，"它们既不是纯粹的社会学著作，也不是纯粹的哲学著作；……同时它们既像是学术著作，又像是'创作性''想象性'作品"①。据此逻辑理解，学派范式拒斥边界思维就是拒斥为哲学学派限定明确的边界。

哲学学派具有多样性表明，范式思维否定共相思维为哲学学派存在的合理性立理。共相思维就是指在具体的社会实践中探寻和抽象出具有普遍性和永恒性的存在的思维方式，本质上是一种形而上学的思维方式。据此逻辑理解，学派范式否定共相思维就是否定以追求同一性、绝对性和无限性为目标的哲学学派。因为，共识并非共相，即虽然哲学学派具有范式化的共识性，但这并不要求哲学学派的思维方式具有共相性。学派范式否定共相思维，原因在于，一方面，哲学学派以差异性理论为逻辑前提导致共相思维的破产。另一方面，共相思维的历史唯心主义本质无法构筑真正能够改造世界意义上的哲学学派。共相思维对普遍性的贪恋，在黑格尔绝对理念的自我同一性中达到巅峰，即黑格尔将绝对理念视为"包含有形式的全体"②。

---

① 特里·伊格尔顿：《纵论雷·威廉斯》，王尔勃译，见刘纲纪主编：《马克思主义美学研究（第2辑）》，桂林：广西师范大学出版社1999年版，第404页。
② 黑格尔：《小逻辑》，贺麟译，北京：商务印书馆1980年版，第422页。

哲学思维是具有既定哲学内涵的哲学形态表明，范式思维拥有知性思维的特点为哲学学派存在的合理性立论。知性思维是介于常识的感性思维和哲学的理性思维之间的"科学"的思维方式，和理性思维共同构成了理论思维的两种基本方式。康德明确把人类的认识能力分为感性、知性和理性，目的在于探讨"知性和理性脱离一切经验能够认识什么、认识多少"的问题①。马克思和恩格斯指出，"在思辨终止的地方，在现实生活面前，正是描述人们实践活动和实际发展过程的真正的实证科学开始的地方"②。这就是说，现实世界的社会实践离不开知性思维的理解和把握，基于现实的实践活动的学派范式也不可避免地需要知性思维来阐释和论证其理论逻辑。

二、"中国马克思主义哲学学派"建设需要"中国马克思主义哲学"进行范式构筑

"中国马克思主义哲学学派"建设既是学者们的理想，也是学者们的学术责任和学术良心，因为，"中国马克思主义哲学学派"建设的根本目的（或者称之为"中国马克思主义哲学学派"的社会责任）是对中国道路和中国价值给出中国判断、发出中国声音、表明中国态度。之所以中国道路概括需要哲学发出"中国马克思主义哲学学派"声音，既是因为外国学派对中国道路的概括取代不了"中国马克思主义哲学学派"的哲学研究，也是因为中国道路的哲学把握是一个需要"中国马克思主义哲学学派"力量才能够完成的浩瀚工程，当然，更为重要的是"中国马克思主义哲学学派"学者还是中国精神的亲临者。之所以倡导"中国马克思主义哲学学派"建设，是因为此前的哲学研究只是侧重方法论意义上的哲学创新，而这种方法论意义上的哲学创新，一定意义上理解，

---

① 康德：《纯粹理性批判》，邓晓芒译，北京：人民出版社 2004 年版，"第一版序"，第 6 页。

② 《马克思恩格斯文集》第 1 卷，北京：人民出版社 2009 年版，第 526 页。

是不能够归结为"范式创新"的，因为，"中国马克思主义哲学"的范式构筑实现与否，需要用"中国马克思主义哲学学派"的建设与否为衡量标准。

（一）中国道路概括需要哲学发出"中国马克思主义哲学学派"的声音

对当今时代精神精华的把握，是一个需要以"中国马克思主义哲学学派"为主体才能够完成的浩瀚工程。这一判断的做出，是基于对"中国马克思主义哲学学派"作用的理解而形成的。例如，在传统教科书的改革过程中，由于传统教科书在我国推广时间长、影响较为深刻，表现出了强调的生命力和理论权威性，这使得改革传统马克思主义哲学教科书、重新理解马克思主义哲学革命变得十分艰难①，这就要求改革后的教科书既要反映时代的文化发展水平，同时也应该契合我国的基本国情②。因此，只有以"中国马克思主义哲学"为指引进行教科书改革，才能够使得改革才有据可依、有章可循，才能够反映时代发展的现实需求、突破和克服传统教科书所存在的问题与不足。按此逻辑理解，把握当今时代精神精华这一浩瀚工程，如果离开"中国马克思主义哲学学派"的参与，是很难完成的。

外国学派学者对中国道路的概括，取代不了"中国马克思主义哲学学派"的哲学研究。随着全球化的深入发展，越来越多的外国学者、外国学派也开始关注中国道路。相较于外国学派对中国道路的哲学概括，"中国马克思主义哲学学派"对中国道路的哲学概括更加具有研究与参考价值。这是因为，一方面，由于"中国马克思主义哲学学派"的学者既是中国道路的研究者，还是中国道路建设的深度参与者，这使得外国学派对中国道路的哲学概括，无论在准确性，还是在深刻性方面，都很

---

① 参见孙利天、孙旭武：《对马克思哲学革命的多重理解及思想意义》，载《河北学刊》，2009年第6期。

② 参见《邓小平文选》第二卷，北京：人民出版社1994年版，第55页。

难超越"中国马克思主义哲学学派"。另一方面，由于语言、习俗、历史、社会等诸多因素的影响，外国学派的学者们在对中国道路进行哲学概括时容易受到既定学术思维的影响，尤其是资本逻辑思维的影响，从而容易在误用或错用学术资源的同时，对中国道路存在的理论前提和价值前提作出误判。

"中国马克思主义哲学学派"学者的不可替代表现为，他们是中国道路的亲临者。"近年来，哲学社会科学领域建设智库热情很高，成果也不少，为各级党政部门决策提供了有益帮助"。①既然"中国马克思主义哲学学派"的学者们已经成为中国道路建设的参与者，成了中国道路建构过程中的智力支持，以及中国道路宣传过程中的实际阐释者，那么，"中国马克思主义哲学学派"对中国道路的哲学概括既属于中国道路的原初表达，也更具有说服力。此外，"中国马克思主义哲学学派"的学者们在向世界阐述中国道路所展现的中国智慧和中国精神的过程，亦是中国道路建设和获取世界认同的过程，对于不断完善和丰富中国道路、开创中国道路理论发展的新境界具有不可或缺的价值和作用。

（二）方法论创新的非范式化制约"中国马克思主义哲学学派"的形成

尽管范式化创新包含方法论创新，但方法论创新意义上的研究方法创新无法弥补中国道路实践意义上的困难。换句话说，如果不进行范式化意义上的哲学方法论创新，就无法弥补中国道路实践意义上的理论困难。一方面，非范式化的马克思主义哲学研究只是在具体的研究方法上有所不同，并没有使马克思主义哲学本身得到系统性、原创性的发展。由于中国特色哲学社会科学不仅应该体现原创性和时代性，而且应该体

---

① 《在哲学社会科学工作座谈会上的讲话》，载《人民日报》，2016年5月19日，第2版。

现系统性和专业性①，所以，应该构筑"中国马克思主义哲学"范式，以实现对马克思主义哲学的创新性发展。另一方面，单纯创新马克思主义哲学的研究方法无法真正指导中国道路的具体实践。弥补中国道路实践意义上困难的方法要到中国道路发展的实践中的寻求，如果只是对马克思主义哲学的研究方法进行创新，是无法解决中国道路建设中所遇到的实际问题的，也就是说，中国道路实践的特殊性和复杂性要求进行范式化意义的哲学方法论创新。

研究路线创新是必不可少的哲学创新，但它并不能穷尽中国道路开拓的认知逻辑。就国外马克思主义研究理解，对苏联教科书的解读、以西方马克思主义阐述马克思主义，以及通过东欧马克思主义重新认识马克思主义哲学等，构成了国外学者创新马克思主义研究的主要路线。就国内马克思主义研究理解，以黑解马、以海解马、"回到马克思"② 等为代表的研究路线逐渐成为学界推进中国马克思主义研究的标识，成为马克思主义研究的重要路线。这些研究路线的创新，尽管内容丰富、各具特色，但是由于实践逻辑下的中国道路建设所面临的现实问题不仅复杂，而且多变，所以，很难被准确概括。然而，中国道路建设如果要想获得合法性基础，并且进一步发展又需要得到准确概括，也就是说，中国道路的实践线性逻辑要求"中国马克思主义哲学"研究实现立足于中国特色社会主义实践的范式构筑。

解释原则是学术研究基于一定的方法阐释某种理论所依据的标准或准则，但解释原则创新也不能取代对中国道路的世界观表达。新中国成立后"中国马克思主义哲学"研究主要基于以苏解马的解释原则，即以苏联教科书模式来解释马克思主义哲学。改革开放后，随着以徐崇温主编的"国外马克思主义和社会主义研究丛书"为代表的国外马克思主义

---

① 参见《在哲学社会科学工作座谈会上的讲话》，载《人民日报》，2016年5月19日，第2版。

② 参见张一兵：《回到马克思：经济学语境中的哲学话语》，南京：江苏人民出版社1999年版。

著作的译介和研究，以海解马等马克思主义哲学的解释原则成为马克思主义哲学研究的重要内容。这种解释原则的创新，本质上只是从不同的视域深化对马克思主义哲学的认知，对中国道路建设的现实关切并不够明显。中国道路理论是在关切中国的现实生活问题基础上，运用马克思主义基本原理实现的"中国马克思主义哲学"理论创新成果。这就意味着，实现范式构筑的"中国马克思主义哲学学派"的研究还要基于中国特色社会主义实践，即仅有创新解释原则还远远不够。

（三）中国马克思主义哲学范式构筑有利于导引"中国马克思主义哲学学派"的理想

中国马克思主义哲学的范式构筑，是一个有利于催生"中国马克思主义哲学学派"建构意识的创新。既然中国马克思主义哲学范式构筑根源于学派化哲学产生的需要，那么，"中国马克思主义哲学学派"的形成也必然需要中国马克思主义哲学范式构筑，因为，中国马克思主义哲学范式构筑有利于导引"中国马克思主义哲学学派"理想的坚定。范式是哲学学派赖以成立的学术性共识，范式的更新和转换表征着"一种范式是，也仅仅是一个科学共同体成员所共有的东西"[①]。就"中国马克思主义哲学学派"建构而言，由于中国马克思主义哲学范式构筑不是传统意识形态意蕴上的转向，即它是以范式构筑为标识的中国马克思主义哲学范式构筑，因此，基于范式构筑的"中国马克思主义哲学学派"也不是传统意识形态意蕴上的学派，而是以现实世界关切为问题意识的学派，即是哲学范式意义上的"哲学范式学派"。

中国马克思主义哲学的范式构筑，是一个有利于催生"中国马克思主义哲学学派"发展意识的创新。学派的建构有赖于范式，学派的发展同样离不开范式，即"取得了一个范式……是任何一个科学领域在发展

---

① 托马斯·库恩：《必要的张力》，范岱年、纪树立等译，北京：北京大学出版社 2004 年版，第 288 页。

中达到成熟的标志"①。这就是说，学派发展的过程同样是作为该学派建构基础的范式不断形成并走向成熟的过程。换言之，作为学派共同体成员所共同遵循的规范和符合时代需求的准则，范式并不是一成不变的。由于范式的变化通常导致问题及其解答标准的改变②，所以，以范式作为赖以成立的学术性共识的学派也必然是发展变化的。这就是说，"中国马克思主义哲学学派"能够实现怎样的发展，以及如何发展不仅依赖于学派共同体的成员的学术性共识，也依赖于时代发展的现实需求。

中国马克思主义哲学的范式构筑，是一个有利于催生"中国马克思主义哲学学派"目标意识的创新。马克思已经明确指出，真正地具有划时代意义的理论体系都是根据特定的时代的需要而发展起来的。③ 按照马克思的这一理论逻辑理解，如果说历史方位的变化必然要求切合社会发展的学派在场，那么，中国特色社会主义进入新时代的方位变化要求适应中国特色社会主义道路发展需要的"中国马克思主义哲学学派"出场，而伴随这一学派出场必然是哲学范式转化所提出的不断追求准确化、完善化、系统化的目标要求。按照黑格尔曾提出的"只有当一个民族用自己的语言掌握了一门科学的时候，我们才能说这门科学属于这个民族"④ 的逻辑理解，只有建设好"中国马克思主义哲学学派"，才能够更加准确化、完善化地表达中国话语、发出中国声音。

---

① 托马斯·库恩：《科学革命的结构》，金吾伦、胡新和译，北京：北京大学出版社 2003年版，第 10 页。

② 参见托马斯·库恩：《科学革命的结构》，金吾伦、胡新和译，北京：北京大学出版社 2003 年版，第 100 页。

③ 参见《马克思恩格斯全集》第 3 卷，北京：人民出版社 1960 年版，第 544 页。

④ 黑格尔：《哲学史讲演录》第 4 卷，贺麟、王太庆译，北京：商务印书馆 1978 年版，第 187 页。

三、"中国马克思主义哲学"的范式构筑需要"中国马克思主义哲学学派"的标识

或许有些学者并不赞同中国马克思主义哲学研究的范式化道路，或者说，不赞同范式的合理性，但当下而言，中国马克思主义哲学范式依然是学术界普遍关注和基本赞同的学术性共识。之所以出现这种现象，是因为学者们在不断地校正对范式的"界说"。也正是因为此，本文在此尝试用学派视角来诠释何为范式。这就是说，本文不为范式下概念性的"裁定"，因为我们认为，给范式下一个概念性质的裁定，等于扼杀了范式作为动态概念的生命力，即学派视角的"中国马克思主义哲学"范式构筑标识是宏观意蕴上的"界说"，如它从理论前提、思维方式和学术道路上界说了"中国马克思主义哲学学派"的学术性共识。

（一）中国马克思主义哲学范式构筑预设"中国马克思主义哲学学派"的理论前提

中国马克思主义哲学范式构筑，需要预设中国道路是"中国马克思主义哲学学派"理论前提确立的实践性根据。中国道路与"中国马克思主义哲学学派"相适应的逻辑表明，要形成今天的马克思主义哲学研究的"中国马克思主义哲学学派"，"就必须要面对中国问题、中国道路、中国经验，这在当今中国是无可回避的"①。这就是说，对"中国马克思主义哲学学派"形成的把握，不可忽视实践性是"中国道路"根本属性。这种内蕴于中国道路的实践性是"中国马克思主义哲学"范式构筑的基本要求，同时马克思主义哲学的实践性也内在地要求"中国马克思主义哲学学派"应当在中国道路的实践中得到完善与发展。

中国马克思主义哲学范式构筑，需要预设唯物史观是"中国马克思

---

① 孙利天：《作为学派的出场学》，载《江海学刊》，2017年第2期。

主义哲学学派"的第一层次理论前提。恩格斯指出,"正像达尔文发现有机界的发展规律一样,马克思发现了人类历史的发展规律。"[①] 这里所理解的"人类历史的发展规律"就是指马克思唯物史观——"中国马克思主义哲学学派"的第一层次理论前提,即"中国马克思主义哲学学派"的第一层次理论前提就是指关于社会发展一般规律的唯物史观。由于中国道路的发展需要以遵循人类历史发展的一般规律为前提,或者说,中国道路既包含促进社会生产关系变革的内容,也包含促进社会生产力发展的要素,所以,与中国道路相适应的"中国马克思主义哲学学派"既需要唯物史观的指导,也应该将唯物史观作为理论前提。

中国马克思主义哲学范式构筑,还需要预设"中国马克思主义哲学学派"认为的第二层次理论前提的确客观存在。如果说马克思唯物史观作为一般规律存在是"中国马克思主义哲学学派"的第一层次理论前提,那么,唯物史观东方逻辑就是"中国马克思主义哲学学派"的第二层次理论前提。之所以如此认为,是因为唯物史观只是从一般意义上对人类社会发展规律的概括与总结,唯物史观东方逻辑则具体回答了东方落后国家的发展可能性,以及发展道路选择的问题,更加具有社会实践意义上的可操作性。事实上,中国道路之所以能够和西方道路区分开来,之所以独具中国特色与唯物史观的东方逻辑紧密相关。因此,将唯物史观东方逻辑解读为"中国马克思主义哲学学派"的第二层次理论前提是合法且合理的。

(二)中国马克思主义哲学范式构筑规定"中国马克思主义哲学学派"的思维方式

中国马克思主义哲学的范式构筑规定"中国马克思主义哲学学派"应该确立实践观点的思维方式。马克思认为,那些理论自身无法解决的

[①] 《马克思恩格斯文集》第3卷,北京:人民出版社2009年版,第601页。

问题，都可以在人们现实的实践中找到合理的解决方法和路径。① 这就意味着，中国道路建设的实践性要求是"中国马克思主义哲学学派"应该树立实践观点的思维方式。因为，中国道路是"中国马克思主义哲学学派"建构的现实基础，即离开中国道路建设的现实问题，"中国马克思主义哲学学派"就会缺乏问题意识。当然，"中国马克思主义哲学学派"是否成功建立，还需要看它是否能够指导和检验中国道路的实践。

中国马克思主义哲学的范式构筑，规定唯物辩证法是"中国马克思主义哲学学派"的第一层次思维方式。恩格斯指出："一个民族要想站在科学的最高峰，就一刻也不能没有理论思维"②，这里的理论思维主要是指唯物辩证法的思维方式。卢卡奇将这一思维方式理解为马克思主义问题的正统，即卢卡奇认为，作为正确的研究方法的辩证的马克思主义，其方法需要在其理论发现者的基础上不断深化。③ 既然唯物辩证法的思维方式无论是对民族的发展，还是对马克思主义的发展都具有重要价值，那么，实现中国马克思主义哲学范式构筑的"中国马克思主义哲学学派"不能没有唯物辩证法的思维方式，而且应该将其作为第一层次的思维方式。由于辩证法所揭示的规律是关于自然界和人类社会的历史的最一般的规律④，所以，将唯物辩证法作为"中国马克思主义哲学学派"的第一层次思维方式，就是指"中国马克思主义哲学学派"需要唯物辩证法的基本原理为其提供一般规律的指导。

中国马克思主义哲学的范式构筑，规定实证科学思维应该是"中国马克思主义哲学学派"的第二层次思维方式。所谓第二层次的思维方式，就是指具有可操作性的科学意蕴上的思维方式。之所以要将实证科学思维作为第二层次的思维方式，是因为实现范式构筑的"中国马克思

---

① 参见《马克思恩格斯文集》第 1 卷，北京：人民出版社 2009 年版，第 501 页。
② 《马克思恩格斯文集》第 9 卷，北京：人民出版社 2009 年版，第 437 页。
③ 参见卢卡奇：《历史与阶级意识》，杜章智等译，北京：商务印书馆 1992 年版，第 48 页。
④ 参见《马克思恩格斯文集》第 9 卷，北京：人民出版社 2009 年版，第 463 页。

主义哲学学派"不仅需要一般规律意义上的唯物辩证法的思维方式,而且需要能够在现实生活世界中准确贯彻和切实运用唯物史观逻辑的思维方式。相较于抽象的理论思维,实证科学思维方式的介入既能够满足"中国马克思主义哲学学派"建构哲学理论的需要,又能够保证理论被运用到现实的中国道路建设之中,充分彰显理论与实践相统一的逻辑。

(三) 中国马克思主义哲学范式构筑确立"中国马克思主义哲学学派"的学术道路

打造"中国马克思主义哲学学派",是"中国马克思主义哲学学派"建设的最高学术理想。这一理想,既是解决中国道路进程中问题的需要,也是完成中国道路理论性概括的需要。由于"问题就是时代的口号,是它表现自己精神状态的最实际的呼声"①,所以,每个时代的哲学都是解决所处时代问题的回应。"中国马克思主义哲学学派"是根源于新时代需要而产生的,必然致力于回应中国道路进程中所遇到的问题。就后者来看,时代的哲学既受时代的影响,又影响时代的发展,即"中国马克思主义哲学学派"还应该是学界致力于中国特色社会主义发展需要而建设的学术派别。

确立"中国马克思主义哲学学派"的学术道路,应该围绕中国逻辑构筑的问题意识而展开。真理具有条件性和具体性,超出了其适用的范围,真理也会变成谬误。习近平指出,如果要把在特定的历史文化和地区中具有合理性的理论观点套用到所有的国家和民族身上,是很荒谬的②,学派的构建和发展同样要遵循具体的社会发展规律。就"中国马克思主义哲学学派"的学术道路而言,"中国马克思主义哲学学派"要想植根于现实生活世界,要想获得长远、稳固的发展,就应该以中国道路和中国价值逻辑为准则,以便解决中国道路进程中遇到的问题,即如

---

① 《马克思恩格斯全集》第40卷,北京:人民出版社1982年版,第289—290页。
② 参见《在哲学社会科学工作座谈会上的讲话》,载《人民日报》,2016年5月19日,第2版。

果说，马克思主义哲学范式形成是为了准确诠释资本主义道路灭亡的合理性，那么，"中国马克思主义哲学"范式构筑则是为了准确诠释中国道路的合理性。

预设"中国马克思主义哲学学派"研究内容的广泛性，是"中国马克思主义哲学学派"的学术路线。中国马克思主义哲学范式构筑确立"中国马克思主义哲学学派"研究内容的广泛性体现在，"中国马克思主义哲学学派"的研究内容既包括深研当代中国社会政治问题的当代中国马克思主义政治哲学，也包括致力于经济社会发展的当代中国马克思主义经济哲学，当然还包括立足于中国现实、关注时代问题的当代中国马克思主义实践哲学等等。之所以确立这一研究内容广泛的学术路线，一方面在于时代发展要求"中国马克思主义哲学学派"研究内容广泛，另一方面在于"中国马克思主义哲学学派"自身的发展要求研究内容广泛。当然，繁荣发展哲学社会科学不仅要坚持"百花齐放、百家争鸣"的方针，也要"尊重差异、包容多样"[①]，即"中国马克思主义哲学学派"的发展壮大也要遵循这一原则。

（作者张丽霞系江苏师范大学哲学范式研究院副教授，江苏省习近平新时代中国特色社会主义思想研究中心特约研究员，哲学博士；主要研究方向为马克思主义哲学基础理论）

[①] 参见《在哲学社会科学工作座谈会上的讲话》，载《人民日报》，2016年5月19日，第2版。

唯物史观视阈中的新时代城市哲学的前提意义[*]

曾 东 王天成

[**摘 要**] 准确把握新时代城市哲学,最为关键的问题之一就是要明确新时代城市哲学是指马克思唯物史观指导下的中国特色城市哲学,要明确马克思城市哲学是新时代城市哲学的哲学根据。唯物史观是马克思城市哲学的理论前提表明,新时代城市哲学的前提意义就是新时代城市哲学的唯物史观意义。从新时代城市哲学的理论前提意义理解,马克思城市哲学理论能够正确揭示当下城市化的本质、科学预见新时代城市化的趋势和城乡融合的发展趋势。从新时代城市哲学的制度前提意义理解,马克思城市哲学的城市建构理论系统回答了城市制度是如何确立的和为什么要建设城市制度的问题。从新时代城市哲学的价值前提意义理解,马克思城市哲学的城市功能理论虽然将消灭城乡差别作为追求目标,但是并不否认城市的功能作用。从新时代城市哲学的政治前提意义理解,马克思指出的城市问题的根源在于资本主义制度而不在于城市本身,为新时代城市治理提出了方向性前提。

[**关键词**] 新时代城市哲学 马克思城市哲学 唯物史观 前提意义

---

[*] 本文系吉林大学劳动关系专项研究课题(2022LD010)、吉林大学基本科研业务费项目(451210324132)成果。

"制定城市发展规划,打造宜居城市、韧性城市、智能城市,建立高质量的城市生态系统和安全系统"①,是习近平总书记对城市文明建设和发展所提出的任务和要求。这种任务和要求表明,在实践中用科学的新时代城市哲学指导和推进城市建设和发展愈来愈成为新时代中国道路发展的重要内容。在当下中国,新时代城市哲学就是指中国特色的马克思城市哲学,或者说,新时代城市哲学就是指马克思唯物史观指导下的中国特色城市哲学。由于马克思城市哲学理论是理解马克思城市哲学的哲学根据,且本质上理解,马克思城市哲学理论的前提是唯物史观,因此,唯物史观视阈中的马克思城市哲学理论既是新时代城市哲学的理论前提、制度前提,也是新时代城市哲学的价值前提和政治前提。换言之,根源于唯物史观的马克思城市哲学对于新时代城市哲学具有不容忽视的前提性意义。从唯物史观视阈深度认知新时代城市哲学的理论前提、制度前提、价值前提和政治前提,既是科学理解马克思城市哲学理论的学术需要,也是准确把握新时代城市哲学的理论需要。

一、马克思城市哲学理论是新时代
城市建设的理论前提

通过对资本主义运行规律的把握,马克思城市哲学理论正确揭示了近代城市化的本质,科学预见了人类城市化的趋势和城乡融合的发展趋势。马克思城市哲学的这一逻辑表明,既然城市化是现代化的重要方面,也是社会发展和进步的重要标志,那么,新时代中国特色社会主义的发展既要求解决好城市建设问题,也要求以科学的理论指导新时代城市建设。城市作为社会生产力发展的产物,是人类文明进步的表现,而分工的发展水平又是生产力发展水平的根本标志。马克思认为,在一定地域范围内,其社会分工导致农业劳动与工业劳动的分离,从而导致城

---

① 《国家中长期经济社会发展战略若干重大问题》,载《求是》,2020年第21期。

乡的分离①。城乡的界限原本还处于混沌的状态，而在资本逻辑的统治下，社会分工进一步得到发展，城市与乡村之间的区别便明晰化了。城市化的本质在于它是集中体现了资本的力量，在资本主义生产条件下，城市的发展状况取决于该城市分工的发展水平。一方面，分工的进一步发展促进城市人口的增长，从而导致部分农村人口可以摆脱过去落后的状态②；另一方面，由于资本的逐利本质，"使财产聚集在少数人的手里""使农村屈服于城市的统治"③，作为资本显现领域的城市成为了社会活动的中心，城乡之间的矛盾愈发尖锐化。需要指出的是，尽管城市化在推动文明的发展进程中，也造成着城乡之间的对立，但这种对立却是社会发展过程中的必然产物，只有其成为了"一切进一步发展的障碍"时，这种旧的城乡关系才会被打破。

城市建设问题既是现实问题，也是历史问题，对城市建设及其历史变迁等问题的反思与论述，构成了新时代城市建设必须关注的主要内容。首先，就城市的产生问题而言，在马克思看来，城市不是本来就存在的，而是社会生产发展到一定阶段的产物，即分工在社会发展以及城市产生的过程中发挥着重要作用，是它引起城市的产生。城市因生产要素的集中而存在，乡村则因为其分散而存在。④ 其次，就城市的变迁问题而言，变迁与发展是两个不等同的概念，发展主要指事物进步的一面，具有一维性和单向性，而变迁既包括事物进步的一面也有退步的一面，具有多维性和多向性。因此，对城市变迁问题的反思，也应该从两方面来进行阐述。一方面，城市的发展意味着社会生产力和生产水平的提高，意味着大部分人民脱离隔离和分散的农村，许多人会因此而摆脱相对的愚昧状态。另一方面，"城乡之间的对立只有在私有制的范围内

---

① 参见《马克思恩格斯文集》第 1 卷，北京：人民出版社 2009 年版，第 520 页。
② 参见《马克思恩格斯文集》第 2 卷，北京：人民出版社 2009 年版，第 36 页。
③ 《马克思恩格斯文集》第 2 卷，北京：人民出版社 2009 年版，第 36 页。
④ 参见《马克思恩格斯文集》第 1 卷，北京：人民出版社 2009 年版，第 556 页。

才能存在"①，即是说，城市的出现带来大量生产力的同时，也将人民限制在特定的活动范围之内，即压迫了人民的自由发展。再次，就城市的发展问题而言，城市的发展从来都不是一蹴而就的。在部落所有制时期，人民主要以狩猎、捕鱼等为生，与当时不发达的生产力相适应，社会结构还仅限于家庭，城市还未形成。在公社所有制和国家所有制时期，所谓的人类社会是由"几个部落通过契约或征服联合为一个城市而产生的"②，在这个阶段，社会分工发展，私有制出现，城乡对立随之产生。在封建的或等级的所有制时期，"一些城市不是从前期历史中现成地继承下来的，而是由获得自由的农奴重新建立起来的"③。这就是说，分工是城乡得以分离、城市得以发展的核心要素，但这种分离与发展还受其他复杂因素的影响，如该时期的一些城市，是通过"获得自由的农奴重新建立起来的"。

马克思城市哲学理论之所以能够成为新时代城市建设的理论前提，不仅是因为马克思城市哲学理论自身存在着无可比拟的理论优越性，更是因为这种优越性能够指导新时代城市建设理论。就理论特质而言，马克思城市哲学自身具有理论优越性，其一，马克思城市哲学理论以城市现实状况为基础。马克思指出，"由于工业革命，产生了无产阶级。……这是上面所描述的英国社会状况必然产生的结果"④。马克思以英国城市状况为基础，而非从纯粹思辨的观念出发，建构其城市哲学理论。其二，马克思城市哲学理论是对资本主义社会城市生活的反思与批判。在马克思城市哲学那里，私有制是导致资本主义社会城市与乡村分离的原因，其城市哲学理论以当时资本主义社会的城市状况为基础，是对资本主义私有制导致的城乡对立的反思与批判。其三，马克思城市哲学理论要求实现无产阶级的城市文明。马克思城市哲学坚持唯物史观的理论原

---

① 《马克思恩格斯文集》第1卷，北京：人民出版社2009年版，第556页。
② 《马克思恩格斯文集》第1卷，北京：人民出版社2009年版，第521页。
③ 《马克思恩格斯文集》第1卷，北京：人民出版社2009年版，第557页。
④ 《马克思恩格斯文集》第1卷，北京：人民出版社2009年版，第107页。

则，反对资产阶级的城市哲学，坚持无产阶级的城市哲学，要求实现无产阶级的城市发展。就马克思城市哲学理论与新时代城市建设的关系而言，首先，新时代城市建设需要科学的城市哲学理论指导。其次，马克思城市哲学理论又能够满足新时代城市建设的需要。之所以如此判断，是因为正如马克思所指出的那样，虽然理论在形式上是抽象的，但"理论一经掌握群众，也会变成物质力量"①。按此逻辑，新时代城市建设不仅需要现实的物质力量，更离不开马克思城市哲学理论的指导，因为马克思城市哲学理论能够通过掌握群众转换成物质力量。也就是说，虽然"时代在变化，社会在发展，但马克思主义基本原理依然是科学真理"②，马克思城市哲学理论作为科学理论的时效性仍然在线，马克思城市哲学理论仍然能够满足新时代城市建设的需要。

马克思城市哲学理论作为新时代城市建设的理论前提，至少表现在以下三个方面：其一，马克思城市哲学的"城市化理论"是新时代城市建设的理论前提。"在农村建立的每一个新工厂都包含工厂城市的萌芽"③，也就是说，工商业的发展使得城市与乡村之间形成竞争，其结果导致乡村逐渐演化成城市。新时代城市建设以马克思城市化理论为理论前提，就是要求新时代城市建设坚持城市的形成具有从乡村演化为城市的过程，城市化是新时代城市建设的必由之路，中国道路建设应在坚持城市化的过程中，不断推进新时代城市建设走向现代化和智能化。其二，马克思城市哲学的"城市发展必然性理论"是新时代城市建设的理论前提。马克思城市哲学认为，乡村向城市的转型和城市阶层分化是现代社会发展的必然结果。马克思指出，"资本的积累扩大分工，而分工则增加工人的人数"④，随着社会分工的扩大，工人的数量和规模不断增加，加入这一队伍的不但有城市内部因破产而沦落的工厂主，还有乡村

---

① 《马克思恩格斯文集》第 1 卷，北京：人民出版社 2009 年版，第 11 页。
② 《习近平谈治国理政》第 2 卷，北京：外文出版社 2017 年版，第 66 页。
③ 《马克思恩格斯文集》第 1 卷，北京：人民出版社 2009 年版，第 407 页。
④ 《马克思恩格斯文集》第 1 卷，北京：人民出版社 2009 年版，第 120 页。

因失去土地家园而被迫流向城市的农民和其他无产者。新时代城市建设以马克思城市发展必然性理论为理论前提,就是要求新时代城市建设避免出现城市发展过程中因乡村城镇化和城市阶层分化而出现的诸多社会性问题。其三,马克思城市哲学的"城市发展阶段性理论"是新时代城市建设的理论前提。按照所有制形式理解,马克思城市哲学视阈中的城市发展主要有三个阶段,即前资本主义社会的城市、资本主义社会的城市和共产主义社会的城市。马克思城市哲学的城市发展阶段性理论表明,城市规模和功能的形成不是一蹴而就的,而是在社会历史发展过程中不断丰富和发展的,城市与乡村之间的矛盾也不是朝夕之间就能解决的。新时代城市建设以马克思城市哲学的城市发展阶段性理论为理论前提,就是指新时代城市建设仍会面临城乡冲突的问题,城市化建设不能一蹴而就,要按阶段发展,即人们在认清我国城市发展的阶段性特点的前提下,努力把握新时代城市建设的规律,有序推进新时代城市建设的进程。

二、马克思城市建构理论是新时代城市建设的制度前提

通过对城乡差别的存在、城市制度的特点与优势的准确把握,马克思城市哲学的城市建构理论系统回答了城市制度是如何确立的和为什么要建设城市制度等问题,因此,它应该成为新时代城市建设的制度前提。之所以要重视新时代城市制度建设,是因为城市制度是城市存在的内在根据,是城市发展的重要资源,也就是说,城市制度如果不完善,城市发展就会滞后。马克思对历史发展过程中资本与地产的对立的考察,是对城乡差别的根本原因及其对立的必然性的揭示。在资本与地产的斗争中,资本成了胜利方,即资本家不仅把土地所有权据为己有并赋予了其资本的形式,而且促使"土地所有者"要么向"资本家"转化要么成为工人。正是在此种意义上,马克思指出,"作为土地的土地……

变成了毫无内涵的资本和利息"①,"资本家必然战胜土地所有者"②。资本家胜利的外在形式表现为工业集中化、人口集中化以及财产集中化,因此必然发展为"政治的集中……结合为一个拥有统一的政府……的民族"③。在马克思看来,这是作为工业资本的必然发展,也是城市形成的标志。马克思并不反对城市化,相反他认为城市化是社会历史发展中的必然环节,而资本是城市发展的内在驱动力,因此他认为"城市的建造是一大进步"④;就城乡差别及其对立来说,马克思也充分肯定了其历史意义,"城乡之间的对立是随着野蛮向文明的过渡"⑤而开始的。人口向城市的大量聚集意味着必然需要通过一定的社会秩序以维持社会稳定,而公共机构的出现以及城市制度的建立就是对这种需求的实现,这恰恰也是体现人类文明的所在。可以说正是由于资本主导下的城市化,把人从封建社会状态中解救出来。需要注意的是,虽然资本主义的生产方式前所未有地推动了生产力的发展,但不可忽视其中的弊端所在,城市制度的建设是在保留其优势的情况下为减少弊端存在的必然产物。

马克思城市哲学的城市建构理论,虽然没有具体回答新时代理想的城市制度是什么,但是从城乡分工、城市主体、城市空间等方面将城市与乡村区别开来,阐明了城市建构的未来趋势,为新时代城市制度建设明确了方向指引。首先,就城乡分工方面而言,马克思认为,城乡的分离是物质劳动与精神劳动相区别的重要结果⑥,即城市社会不再是简单地进行着人与自然之间的物质交换,而主要是人与人之间进行的交换,并且体力劳动与脑力劳动之间已经开始实行分工,工业也在分工的基础上发展起来,呈现出社会相互交流集中的状态。其次,就城市主体方面

---

① 《马克思恩格斯文集》第1卷,北京:人民出版社2009年版,第172—173页。
② 《马克思恩格斯文集》第1卷,北京:人民出版社2009年版,第176页。
③ 《马克思恩格斯文集》第2卷,北京:人民出版社2009年版,第36页。
④ 《马克思恩格斯文集》第1卷,北京:人民出版社2009年版,第568页。
⑤ 《马克思恩格斯文集》第1卷,北京:人民出版社2009年版,第556页。
⑥ 参见《马克思恩格斯文集》第1卷,北京:人民出版社2009年版,第556页。

而言，城市主体的变化主要体现为农村向城市的人口流入和人与人之间交往形式的扩大，即市场的扩大、资本的积累，以及各阶级社会地位的变化，剥夺了一大批人的生活来源，使得"大批农民不断被赶出乡村而流入城市"①。需要指出的是，"乡村变城市……造成新的交往方式"②，流入城市的一大批人开始摆脱无知，并由原先的分散居住转变为聚集居住，扩大了人与人之间的交往。这一转变同时加大了生产与交往之间的分工，使得城市与城市之间建立联系，在一定程度上消除了地域上的局限性。再者，就城市空间方面而言，农村人口的涌入，以及对利益的追求，对自然城市的改造发展才能满足城市人民的物质需要。当然，城市的发展也为人民提供了新的精神文明的空间。大工业的发展消除了旧社会壁垒，使得雇佣工人代替了农民，此时的城市社会关系不再是之前的宗法关系。

马克思城市哲学的城市建构理论之所以能够成为新时代城市建设的制度前提，与马克思城市建构理论自身的理论特质和新时代城市建设的制度需要等息息相关。就理论特质而言，马克思城市建构理论至少具有三个方面的理论特点：其一，马克思城市建构理论坚持城市建构的必然性。马克思在阐述亚细亚所有制形式时表示，"真正的城市只是在特别适宜于对外贸易的地方才形成起来"③，城市的形成是在出现劳动产品交换的地方才成为可能，城市是人们的劳动成果出现了剩余，并试图通过产品交换以满足人们生产与生活需要的产物。这就是说，分工的细化，使得城市的规模越来越大，其功能也更加丰富，为了进一步推动社会生产力的发展，城市建构就成为城市和国家领导者维护自身统治的必然要求。其二，马克思城市建构理论认为城市建构需要物质遗产。马克思明确指出，人们"是在直接碰到的、既定的、从过去承继下来的条件下创

---

① 《马克思恩格斯文集》第 1 卷，北京：人民出版社 2009 年版，第 625 页。
② 《马克思恩格斯全集》第 30 卷，北京：人民出版社 1995 年版，第 487 页。
③ 《马克思恩格斯文集》第 8 卷，北京：人民出版社 2009 年版，第 125—126 页。

造"自己的历史的①。按此逻辑,城市的建构不是人们在头脑中搭建空中楼阁,而是在继承其前人所创造的城市财富的基础上,历史地建构而成。城市的建构不仅体现其创造社会物质财富的能力,还是对以往社会物质财富的继承,尤其是对劳动资料的继承。这即是说,城市建构需要继承劳动资料在内的社会物质遗产。其三,马克思城市建构理论主张城市建构需要制度保障。马克思指出,"一种劳动条件……部分地表现为城市行会制度的结果"②。城市行会制度规定了手工业劳动者使用劳动工具的要求,保障了劳动者学习劳动技能的权益,正是在这种意义上,劳动技能和劳动工具通过城市行会制度获得制度保障,从而促进社会生产力的发展。就马克思城市建构理论与新时代城市建设的关系而言,马克思城市建构理论满足了新时代城市制度建设和发展的需要。其一,马克思城市建构理论确立了新时代城市制度建设的任务和要求,即马克思城市建构理论的人民主体性原则新时代城市制度建设应该站在人民群众的立场上,制定符合与满足人民群众利益的城市制度。其次,马克思城市建构理论为新时代城市制度建设提供构建思路,即马克思城市建构理论的人与自然关系原则为新时代城市建设提供努力实现人与自然和谐共生的建构制度。

马克思城市哲学的城市建构理论作为新时代城市建设的制度前提,至少表现在以下三个方面。其一,马克思"城镇化理论"是新时代城市建设的制度前提。马克思认为,"现代的[历史]是乡村城市化,而不像在古代那样,是城市乡村化",因为,古代的历史是城市的历史,但这种城市以农业为基础③,即现代的历史虽然也发源于城市,但随着大工业的发展,乡村的农民和手工业者由于失去土地或破产,导致乡村人口大量涌入城市,即乡村城镇化是现代工业社会历史发展的必然结果。

---

① 《马克思恩格斯文集》第2卷,北京:人民出版社2009年版,第470—471页。
② 《马克思恩格斯文集》第8卷,北京:人民出版社2009年版,第158页。
③ 参见《马克思恩格斯文集》第8卷,北京:人民出版社2009年版,第131页。

尽管当下的新时代处于第四次工业革命的时代，但本质上还是在马克思所说的现代历史范畴内。按此逻辑，新时代城市建设依然应该依循马克思城市建构理论的城镇化制度构想，加快推进新时代新型城镇化发展进程。其二，马克思"大城市化理论"是新时代城市建设的制度前提。由于工业的发展和资本的集中，不仅乡村会转变为城市，而且原本的小城市也会扩张为巨大的工业城市，大城市化不仅是城市规模的扩大，还有城市数量的增长，进而导致城市群的出现。习近平指出，新时代"社会建设要以共建共享为基本原则，在体制机制、制度政策上系统谋划"①。这即是说，马克思城市哲学的大城市化理论应该是新时代城市建设的制度前提。新时代城市制度建设要以马克思大城市化理论为前提，就是要求新时代城市制度建设既要符合马克思大城市化理论揭示的城市发展规律，又要体现新时代城市建设的时代要求。其三，马克思的"城乡融合理论"是新时代城市建设的制度前提。马克思和恩格斯所指出的要"把农业和工业结合起来，促使城乡对立逐步消灭"②，就是指待到共产主义社会，城市与乡村相融合成为其城市建构的主要特征。新时代城市建设以城乡融合为其制度建设的前提，就是要求新时代城市建设应坚持以实现城乡融合为其经济体制改革的前提性导向；新时代城市民主政治建设应以实现城乡融合为制度建设的出发点；新时代城市建设应以实现城乡融合为其精神文明体制建设的基础；新时代城市建设应以实现城乡融合为其城市社会保障制度建设的着眼点；新时代城市建设应以实现城乡融合为其城市生态制度体系建设的立足点。

---

① 《习近平关于社会主义社会建设论述摘编》，北京：中央文献出版社2017年版，第130页。

② 《马克思恩格斯文集》第2卷，北京：人民出版社2009年版，第53页。

三、马克思城市功能理论是新时代城市建设的价值前提

马克思城市哲学的城市功能理论虽然将消灭城乡差别作为追求目标,但是并不否认城市所具有的功能作用,所以,它依然应该是新时代城市建设的价值前提。首先,城市的出现是人类社会进入文明时代的标志。在资本主义生产方式下,城市作为工业化的产物,又进一步推动了工业化的发展,城市因此不断扩大,生产力水平也不断发展。由于生产资料和人口的集中,城市不断地扩大,为了保障工业生产以及社会生活的顺利进行,不可避免地要求城市进行秩序化管理。在此意义上,城市便从乡村生活的落后、愚昧中脱离出来,作为文明的代表产生了。其次,城市是社会发展的中心。城市不仅聚集了各种生产资料,而且具有公共机构等体现了文明进步的产物,由此,也反过来促使了人口和生产资料不断地向城市聚拢。作为资本的集中领域——城市毫无疑问地成为了一个区域的中心。城市的开拓及其辐射效应把世界各工业国家联系起来,使得其人民需求的满足依赖于整个世界。正是在此意义上,马克思认为,大工业"开创了世界历史"[①]。最后,城市的发展是消除城乡差别的前提。城乡差别只有在资本主义私有制条件下才存在,在资本逻辑的主导下,无产阶级的诞生成了历史趋势,阶级间的对立也会因此发展到极端。当然,马克思充分肯定城市的积极作用,在于无产阶级不会从封建制度中诞生,"只有在解决它的物质条件已经存在或者至少是在生成过程中的时候,才会产生"[②]。换言之,城市是无产阶级与资产阶级的矛盾及其斗争产生的物质前提,亦是消除城乡差别实现城乡融合的必然环节。

[①] 《马克思恩格斯文集》第 1 卷,北京:人民出版社 2009 年版,第 566 页。
[②] 《马克思恩格斯文集》第 2 卷,北京:人民出版社 2009 年版,第 592 页。

五　中国道路

马克思城市哲学的城市功能理论从唯物史观的视角，综合分析了城市的经济功能、政治功能、文化功能、社会功能，为保障新时代城市功能的确立提供了前提性能力。第一，就城市的经济功能而言，城市的发展能够促进全球性经济的发展。马克思认为，城市的出现加大了人与人、城市与城市之间的交往范围，正如当时巴黎所展示出来的，"是各国人物在此进行个人交往的唯一城市"①。即是说，城市之间的沟通发展联结起全世界各国人民，促进了全世界生产工具和生产水平的提高。第二，就城市的政治功能而言，城市的政治功能使得城市管理实现了从简单到复杂、从传统到现代化的转变。马克思认为，城市由部落制度向国家的过渡，不再是从前简单的宗法关系，而是为了完成发展的需要，构建起合适的社会政治结构来完成统一管理。他评价城市"聚集着社会的历史动力"②，使封建制度逐渐趋于衰落，推动了社会的现代化发展。第三，就城市的文化功能而言，农业不再像之前一样作为支柱性的产业，即随着物质劳动和精神劳动的分工，工业得以发展起来，也正是因为大工业的发展，城市进而才能够为人民提供崭新的精神文明空间，"它贯穿着文明的全部历史直至现在"③。在原来封闭保守的封建社会走向文明开化的现代社会里，人民开始注重到自由的重要性。再者，就城市的社会功能而言，城市关乎到人对其生存方式的不同要求，即资本主义在创造城市的同时，也锻造了自身的掘墓人。因为，城市的发展使得工人从原来愚昧无知的状态，开始逐渐认识到资产者对自身的压榨，他们为了摆脱这种压榨，开始组织无产阶级运动。这一运动是马克思所认为的通往共产主义社会的必经之路，对实现人的自由发展有着极其重要的意义。

马克思城市哲学的城市功能理论之所以是新时代城市建设的价值前提，不仅因为马克思城市功能理论自身所具有的共产主义性质的价值导

---

① 《马克思恩格斯全集》第3卷，北京：人民出版社1960年版，第482页。
② 《马克思恩格斯文集》第5卷，北京：人民出版社2009年版，第579页。
③ 《马克思恩格斯文集》第1卷，北京：人民出版社2009年版，第556页。

向，还因为新时代城市建设需要科学的价值引导。就理论特质而言，马克思城市功能理论至少具有以下三个方面的特点。首先，马克思城市功能理论将城市理解为具有为历史发展创造物质基础的功能。马克思城市功能理论认为，城市化与工业化相伴而生，工业化促进了城市化的发展，城市化也推动了工业化的进步，即城市化过程本质就是工业社会生产不断发展的过程，资本主义社会的城市化为社会主义社会生产力的发展"创造了物质前提"①。正是在此意义上，城市具有为历史发展创造物质基础的功能。其次，马克思城市功能理论将城市理解为具有为实现人类解放创造条件的功能。马克思城市功能理论认为，在城市化过程中，不仅社会物质生产得到发展，而且劳动者的劳动能力和素质也取得了长足的进步。正是在此意义上，城市建设为人类解放不仅创造了物质基础，而且促进了人类主体各方面素质的发展。再者，马克思城市功能理论将城市理解为具有服务人民群众生产生活需要的功能。马克思城市功能理论认为，共产主义社会的城市及其生产的目的在于满足人民群众的生产生活需要，即到了共产主义社会，生产力获得极大发展，城市建设不再是为了促进工业生产力的发展，而是为了实现人的全面发展，即以满足人民群众的发展需要为首要目标。总体而言，城市，一方面是"为日常民用和经济活动服务的物质结构"。另一方面，是"为了有着更重大意义的行为以及人类文化更崇高目的而服务的戏剧性场景"②。换言之，共产主义社会的城市不但与乡村相融合，而且以服务人民群众，满足其各方面需求为第一要务。就社会现实而言，新时代城市建设需要科学的价值观指引。唯物史观认为，社会实践离不开科学理论的指导，理论对实践的指导内含有价值观的指引。同样，新时代城市建设也需要科学理论指导其城市价值观的建设。马克思城市功能理论作为科学的城市建设理论，应该能够满足新时代城市建设的理论需要。

---

① 《马克思恩格斯文集》第 5 卷，北京：人民出版社 2009 年版，第 579 页。
② 刘易斯·芒福德：《城市文化》，宋俊岭等译，北京：中国建筑工业出版社 2009 年版，第 507 页。

马克思城市哲学的城市功能理论是新时代城市建设的价值前提,至少表现在以下三个方面:首先,马克思的城市化作为"社会文明进步发展标识理论"是新时代城市建设的价值前提。城市化过程是现代社会的生产力发展过程的具体表现,而正是这种发展促进了人类文明的进步。新时代城市建设以马克思的城市化作为社会文明进步的标识理论为价值前提,就是要求新时代城市建设合理地理解城市化过程,即虽然城市化导致了城乡冲突与矛盾的加剧,但其极大促进了社会生产力的发展和人类文明的进步。当然,这并不是说要放任城乡冲突不顾,而是要在承认其促进文明进步的前提下,努力解决城乡冲突和城市内部矛盾等问题。其次,马克思的城市发展作为"世界历史形成和发展的重要基础理论"是新时代城市建设的价值前提。马克思城市功能理论认为,随着城市化的发展和城市规模的扩大,世界市场得以形成,人类历史逐渐打破地域界限,人类开始从区域历史走向世界历史。新时代城市建设以马克思的城市发展作为世界历史形成和发展的重要基础理论为价值前提,就是要求新时代城市建设肯定城市发展在世界历史形成和发展中的积极作用,积极处理好城市建设与世界历史发展之间的关系,将城市建设与国际政治经济秩序重建相联系,为世界历史发展提供中国方案。其三,马克思的城市发展作为"实现共产主义准备条件理论"是新时代城市建设的价值前提。马克思和恩格斯指出,"共产主义运动决不会起源于农村,而总是起源于城市"①,原因在于,农村人口相对分散,城市人口相对集中。近代大机器生产使得城市人口更加集中,它不仅促进了资本主义生产关系的发展,也孕育了作为共产主义运动主体的城市无产阶级。正是在此意义上,马克思认为,城市发展为共产主义社会的形成准备了条件。新时代城市建设以马克思城市发展作为实现共产主义准备条件为价值前提,就是要求新时代城市建设处理好社会主义社会的主要矛盾,妥善处理好城市与乡村之间的矛盾和城市内部各阶层之间关系。

---

① 《马克思恩格斯全集》第3卷,北京:人民出版社1960年版,第410页。

四、马克思城市治理理论是新时代
城市建设的政治前提

　　通过对城市问题病根的揭示，马克思城市哲学的城市治理理论指出了城市问题的根源在于资本主义制度而不在于城市本身，即其阐明的城市治理必要性是新时代城市建设的政治前提。之所以城市建设要有政治前提保证，是因为城市发展固然重要，但是如果城市问题得不到有效解决，城市发展不仅无法发挥其功能作用，还会带来诸多的社会问题。首先，人类的生存环境问题日益凸显。这种环境问题不是由于城市本身的存在而造成的，本质上是因为资本家的逐利本性促使他以获利为导向进行的生产所导致的。用马克思的话讲就是，"在资本主义制度下自然界才不过是人的对象，不过是有用物"①。因此，自然界遭到破坏的同时，自然灾害、空气污染等也对人的生存造成了威胁，人与自然之间的矛盾不断加剧。其次，工人的生存状况不佳。由于资本的快速发展，城市中工人的生存条件并没有因此而变得更好，相反，工人的大量流动远远超过了城市扩张的速度，在这种供大于求的现象中工人受到的剥削与压迫只会更重，生存条件也愈发严峻。对此，马克思指出，"资本主义的积累越迅速，工人的居住状况就越悲惨"②。由于工人所受到的剥削加重，其中绝大多数无法为城市中心的房屋支付昂贵的租金，只能向边缘地带靠拢，被迫居住在治安管理差、房屋状况欠佳的狭小空间。再者，资本的剥削与压榨所带来的后果不仅是工人居住状况的糟糕，而且会伴随着一系列社会问题。正如恩格斯所指出的那样，当工人的贫困达到"食不果腹"的境地时，那么，他们就会"蔑视一切社会秩序"③。如果工人已经无法满足最基本的生存需

---

　　① 《马克思恩格斯全集》第46卷（上），北京：人民出版社1979年版，第393页。
　　② 《马克思恩格斯文集》第5卷，北京：人民出版社2009年版，第757页。
　　③ 《马克思恩格斯文集》第1卷，北京：人民出版社2009年版，第429页。

求了,那么他们又怎么会遵守社会秩序呢,因此,"蔑视社会秩序的最明显最极端的表现就是犯罪"①。

虽然马克思城市哲学的城市治理理论对城市问题的分析和考察是基于资本主义的社会现实所做出的,但是其对于当今时代城市治理的政治前提依然具有十分重要的参考与借鉴价值。城市问题的根源来自资本主义社会的问题,因此,想要从根本上解决问题就要消灭私有制。这即是说,马克思始终坚持一分为二的辩证分析方法,一方面肯定城市发展带来的巨大生产力,另一方面揭露了在资本主义条件下城市发展由于劳动分工不公所带来的压迫剥削,进而引发的农村衰落、城乡对立尖锐等一系列问题。首先,马克思城市治理理论从理论层面围绕城市问题进行深刻分析,阐明了城市问题的出现始终遵循着唯物辩证法的理论。"一种历史生产形式的矛盾的发展,是这种形式瓦解和新形式形成的惟一的历史道路"②。这就是说,马克思认为,矛盾是推动事物发展的动力,生产社会化与生产资料私人占有的矛盾使得资产阶级在不到一百年里,创造出比过去一切世代还要多的生产力,然而,在资本主义的社会条件下,生产工具的提高使社会必要劳动时间缩短,原来对工人的大量需求现在就变得多余,使得社会出现大量工人失业现象。工人受到无限压榨,尽管他们辛勤工作,但仍然收不到与自身劳动等值的报酬,使得社会贫富差距拉大。社会上出现了各种各样奢侈品,但工人根本无力支付得起,使得社会出现商品过剩的问题。其次,马克思城市治理理论从实践层面对现存的城市问题进行考察,阐明了在资本主义条件下对剩余价值的过度追求加深了城市问题。虽然城市和乡村的分离是"以劳动和交换为基础的所有制的开始"③,但城乡分离不止表现为劳动上的物质与精神的分离,还能够体现出资本主义的经济规律。例如,中世纪时期农奴流入城市,农奴为了生存只能出卖自身的劳动力,与城市原先的手工业者形成

---

① 《马克思恩格斯文集》第1卷,北京:人民出版社2009年版,第443页。
② 《马克思恩格斯文集》第5卷,北京:人民出版社2009年版,第562页。
③ 《马克思恩格斯文集》第1卷,北京:人民出版社2009年版,第557页。

了表面上的师傅与学徒关系，实际是一种主仆关系。城市原先的手工业者为了获取更多的剩余价值便会延长工人劳动时间压榨工人劳动力，以至于学徒想成为师傅的想法就与制度相结合。然而，这种变化并不能够彻底地解决劳动压榨问题，获得真正人的自由。当然，"他们对工作的屈从程度远远超过对本身工作漠不关心的现代工人"①，这即是说，作为师傅的手工业者表面上是作为支配者的存在，实际上，他们完全被专业化工作束缚。

马克思城市哲学的城市治理理论之所以是新时代城市建设的政治前提，不仅是因为马克思城市治理理论具有丰富的政治内涵，还因为新时代城市建设需要科学的政治理论来指引。就治理理论的理论特质而言，马克思城市治理理论至少具有以下三个方面的政治特点：首先，马克思城市治理理论以揭示资本主义城市内部的阶级矛盾和阶级剥削为前提。马克思城市治理理论认为，资本主义社会的城市发展矛盾根源于资本主义私有制形式，资本主义私有制的发展使得城市分化出两个主要阶级，即城市资产阶级和城市无产阶级，作为统治阶级的城市资产阶级对无产阶级的剥削主要表现为"减少原料费用，压住（即使还不能压低）工资"②。这种剥削的后果就是，城市资产阶级越来越富足，城市无产阶级越来越穷困。在马克思看来，城市社会治理应当首先揭示资本主义社会城市内部存在的剥削本质。其次，马克思城市治理理论强调社会成员参与城市治理过程。恩格斯在分析工业革命影响下的英国工人阶级状况时表示，城市工人阶级已经具备要求参与政权的意识并采取一定的行动，他们由于拒绝与旧的政党联合，而取得了前所未有的政治成就。③ 工人阶级要求参与城市治理，是其阶级意识觉醒的表现。与马克思思想具有高度一致性的恩格斯对这一现象的肯定表明，马克思城市治理理论反对统治阶级一元化的城市管理模式，强调治理主体多元化。再者，马克思

---

① 《马克思恩格斯文集》第1卷，北京：人民出版社2009年版，第559页。
② 《马克思恩格斯文集》第1卷，北京：人民出版社2009年版，第372页。
③ 参见《马克思恩格斯文集》第1卷，北京：人民出版社2009年版，第372、380页。

城市治理理论要求在城市治理进程中推进政党建设。马克思在《哲学的贫困》中指出，英国城市中的"工人们正在宪章派的名义下形成一个巨大的政党"①。这就是说，英国工人阶级在城市治理过程中为了维护自身利益而团结成一个政党，目的有两个方面：一方面是指工人阶级的政党在城市治理过程中能够代表城市最广大工人阶级的利益诉求，满足工人阶级在城市空间发展中的各种需要，另一方面是指以政党建设推进城市治理有助于节约政治资源，保障人民民主。就社会现实而言，新时代城市建设需要科学理论的政治指引就是指新时代中国道路建设以马克思主义为指导思想。按此逻辑，新时代城市建设也需要作为科学政治理论的马克思城市治理理论的指导。

马克思城市哲学的治理理论是新时代城市建设的政治前提，至少表现在以下三个方面：首先，马克思的"城市治理主体理论"是新时代城市建设的政治前提。马克思城市治理主体理论认为，"随着城市的出现……必然要有公共机构，从而也就必然要有一般政治"②，城市治理不仅是政府部门的工作，而且还应该允许作为城市主体的人民群众的深度参与。新时代城市建设以马克思城市治理主体理论为政治前提，就是要求新时代城市治理主体由政府主导转变为政府引导，人民群众和社会组织等多方参与，即要求推进新时代城市治理主体多元化建设。其次，马克思的"城市治理方式理论"是新时代城市建设的政治前提。马克思城市治理理论认为，不同于城市管理以国家行政部门为主体，以城市运行和发展为对象的自上而下的城市建设形式，城市治理即包含了政府、群众和社会各方面主体，对城市经济、政治、文化、生态等内容进行多层次和宽维度的要素整合，以保障城市合理有序运行。这就是说，城市治理不仅应该考虑到城市建设的方方面面，系统解决城市发展过程中出现的问题，而且还应该通过制定相关城市治理法律法规规范治理内容和形

---

① 《马克思恩格斯文集》第1卷，北京：人民出版社2009年版，第653页。
② 《马克思恩格斯文集》第1卷，北京：人民出版社2009年版，第556页。

式。新时代城市建设以马克思城市治理方式理论为政治前提，就是要求新时代城市建设既要做到依法治理和系统治理，有重点地开展城市治理工程；又要抓住城市问题的根本，实现源头治理。再者，马克思的"城市治理原则理论"是新时代城市建设的政治前提。马克思城市治理原则理论认为，人民群众是城市历史的创造者，城市治理应该坚持以人民群众的利益为出发点的根本原则。新时代城市建设以马克思城市治理原则理论为政治前提，就是要求新时代城市建设既要与人民群众商议城市建设问题，也要努力与人民群众一起，共同治理城市发展过程中出现的问题，与人民群众共享城市发展的红利与成果。

（作者曾东系吉林大学哲学社会学院讲师，主要研究方向为马克思主义城市哲学；王天成系吉林大学哲学社会学院教授，博士生导师，主要研究方向为马克思主义哲学基础理论）

图书在版编目（CIP）数据

当代中国马克思主义哲学研究.2022/曹典顺
主编. —北京：中央编译出版社，2022.12

ISBN 978-7-5117-4315-2

Ⅰ.①当… Ⅱ.①曹… Ⅲ.①马克思主义哲学-研究
-中国 Ⅳ.①B0-0

中国版本图书馆 CIP 数据核字（2022）第 201205 号

当代中国马克思主义哲学研究. 2022

责任编辑	李媛媛
责任印制	刘　慧
出版发行	中央编译出版社
地　　址	北京市海淀区北四环西路 69 号（100080）
电　　话	（010）55627391（总编室）　（010）55627307（编辑室）
	（010）55627320（发行部）　（010）55627377（新技术部）
经　　销	全国新华书店
印　　刷	北京时捷印刷有限公司
开　　本	710 毫米×1000 毫米　1/16
字　　数	275 千字
印　　张	22.5
版　　次	2022 年 12 月第 1 版
印　　次	2022 年 12 月第 1 次印刷
定　　价	85.00 元

网　　址	www.cctphome.com　　邮　箱　cctp@cctphome.com
新浪微博	@中央编译出版社　　微　信　中央编译出版社（ID：cctphome）
淘宝店铺	中央编译出版社直销店（http://shop108367160.taobao.com）　（010）55627331

本社常年法律顾问　北京市吴栾赵阎律师事务所律师　闫军　梁勤
凡有印装质量问题，本社负责调换。电话：（010）55626985